本书得到教育部人文社会科学研究青年项目
“越轨创新行为的双刃剑效应及对策研究”(22XJC630005)的资助

越轨创新行为的
双刃剑效应及对策研究

万鹏宇 / 著

图书在版编目（CIP）数据

越轨创新行为的双刃剑效应及对策研究/万鹏宇著．—北京：经济管理出版社，2024.5
ISBN 978-7-5096-9711-5

Ⅰ.①越…　Ⅱ.①万…　Ⅲ.①企业创新—创新管理—研究　Ⅳ.①F273.1

中国国家版本馆 CIP 数据核字(2024)第 101799 号

组稿编辑：王　洋
责任编辑：王　洋
责任印制：许　艳
责任校对：王淑卿

出版发行：经济管理出版社
（北京市海淀区北蜂窝 8 号中雅大厦 A 座 11 层　100038）
网　　址：www. E-mp. com. cn
电　　话：（010）51915602
印　　刷：唐山玺诚印务有限公司
经　　销：新华书店
开　　本：720mm×1000mm/16
印　　张：16.25
字　　数：283 千字
版　　次：2024 年 8 月第 1 版　　2024 年 8 月第 1 次印刷
书　　号：ISBN 978-7-5096-9711-5
定　　价：98.00 元

联系地址：北京市海淀区北蜂窝 8 号中雅大厦 11 层
电话：（010）68022974　　邮编：100038

前 言

2019年1月，习近平总书记在视察天津滨海—中关村科技园时强调，“让每一个有创新梦想的人都能专注创新，让每一份创新活力都能充分迸发”。在创新驱动的战略背景下，鼓励员工创新俨然成为企业发展和优势获取途径中最受欢迎的方式（贾俊生，2020）。但是，在实际管理过程中，组织鼓励员工创意产生的努力与推动员工创意实施方面的努力并不一致（Augsdorfer，1994）。受限于相对滞后的制度、僵化的层级结构和组织资源的有限性等（Lin，Mainemelis & Kark，2016），员工仅有少部分创新想法会被正式采纳。对于那些无法获批甚至受到否定的创新想法仍有相当多的个体会借助越轨方式践行（王弘钰、万鹏宇和张振铎，2020），这种员工坚信自己的创意会为组织或组织成员带来预期利好，主动违背重要群体参照规范的创新行为，则被称为越轨创新行为（Creative Deviance）（Augsdorfer，2012；黄玮等，2017；王弘钰、万鹏宇和张振铎，2020）。

近年来，越轨创新行为在组织内频发（Augsdorfer，2005），加上越轨创新行为“目的合理”“手段违规”的双重复杂属性，越轨创新行为引发了学者的广泛关注和研究：①越轨创新行为的结构测量。Criscuolo 团队、Lin 团队分别开发了单维结构的越轨创新行为量表，邹纯龙（2020）基于过程视角将两者组合后修订出了二维结构量表。②越轨创新行为的形成机制。越轨创新行为的形成机制被学者广泛探讨，形成了完备的体系。③越轨创新行为的影响结果。针对这一问题研究相对薄弱，对于探究越轨创新行为影响结果需要回答的最基本问题“越轨创新行为促进还是抑制了员工创新绩效？”出现了较大争议，且实证结果不一致。

已有关于越轨创新行为的研究虽然取得一定进展，但还存在以下不足：

（1）未能基于组织规范视角开发出越轨创新行为的有效测量工具。越来越多的学者指出目前越轨创新行为结构和测量中存在重大缺陷：①混淆了越轨创新行为与抗令创新行为（吴颖宣等，2018；陈超、刘新梅和段成钢，2020），多数研究将创新行为是否越轨等同于创新行为是否直接或潜在违背领导命令，认为公开违背或私下违背领导命令的创新行为，就叫作越轨创新行为（邹纯龙，2020）。这种做法显然曲解了“轨”的内涵，以偏概全，缩小了越轨创新行为的范畴（吴颖宣等，2018）。②现有越轨创新行为量表缺乏合适的理论基础。Criscuolo 团队、Lin 团队的量表开发缺乏理论支撑，邹纯龙（2020）基于过程理论将现有量表合并，但基于过程理论的划分法适配范围过于广泛（各种形式的创新行为甚至变革行为、建言行为等都是想法到行为的过程），没有抓住越轨创新行为区别于创新行为整体范畴的核心特征，不能剖析出越轨创新行为在内涵与结构上的独特之处。

（2）越轨创新行为对员工创新绩效的双刃剑效应问题尚未解决。探究越轨创新行为影响结果首先要回答的问题就是越轨创新行为是否提高员工创新绩效？遗憾的是，该问题争议较大，测量工具的缺陷和不统一更加剧了争议，出现 3 种结论：①越轨创新行为促进员工创新绩效（Criscuolo，Salter & Wal，2014；王弘钰和万鹏宇，2020）；②越轨创新行为总体上促进员工创新绩效，但有些情况下会抑制员工创新绩效（黄玮等，2017）；③仅当员工和领导同时具备某些条件时，越轨创新行为才会带来创新绩效，缺失任一条件，都将导致该路径不成立（赵斌、古睿和李瑶，2019）。彻底弄清越轨创新行为和员工创新绩效的不一致关系，才能为探究越轨创新行为对团队、组织的影响构建基础，否则，越轨创新行为在其他层面上影响结果的研究都会成为“空中楼阁”。

（3）对越轨创新行为差异化影响员工创新绩效的情境边界关注不足。以往研究从地位、创新自我效能等角度尝试解答越轨创新行为与员工创新绩效关系不一致的问题（黄玮等，2017；王弘钰和万鹏宇，2020），但仍存在以下不足：①越轨创新行为测量上的缺陷和不统一，导致研究结果存在差异并诱发争议。黄玮等（2017）采用私下角色创新视角的越轨创新行为量表，赵斌、古睿和李瑶（2019）则采用违抗领导命令视角（又称抗令创新视角）的越轨创新行为量表，这两个测量工具均存在内涵和维度上的缺陷。②情境因素的选择过于零散，并未基于系统理论及其子理论进行合理甄选。③情境因素的选择缺乏针对性，难以区分在何种情境下越轨创新行为对员工创新绩效"赋能"或"负担"。

（4）对越轨创新行为差异化影响员工创新绩效的双刃剑机制关注不足。以往研究仅关注越轨创新行为对员工创新绩效的直接作用，鲜有从微观视角关注其中的作用机制，更缺乏从辩证和整合的视角探讨越轨创新行为对员工创新绩效"资源增益—资源减损"的双刃剑机制（Halbesleben，Harvey & Bolino，2009；段锦云、杨静和朱月龙，2020）。作为建设性与叛逆性的集合体，越轨创新行为通过什么样的内在"收益"机制正向影响员工创新绩效？通过什么样的内在"代价"机制阻碍员工创新绩效？双刃剑机制的边界又是什么？还不得而知。

针对以上不足，本书构建了三个子研究予以解决。子研究1回溯国内外越轨学派维度划分的依据，选取组织规范理论，通过个人访谈（20名员工）、焦点小组访谈（8个小组）、探索性因子分析（N＝311）和验证性因子分析（N＝325）等，探索基于组织规范理论的越轨创新行为结构，开发对应的测量工具。针对越轨创新行为对员工创新绩效的差异化影响，本书分别构建了子研究2和子研究3两个子研究。子研究2基于个人—环境匹配理论，借助219名员工的两阶段数据，从宏观的情境边界视角探索越轨创新行为对员工创新绩效的差异化影响，检验了组织创新氛围、领导权变激励和领导容错性的调节作用，揭示了越轨创新行为何时正向影响、何时负向影响以及何时无法影响员工创新绩效。子研究3基于资源保存理论，借助399名员工的两阶段数据，从微观的资源机制视角探索越轨创新行为对员工创新绩效的差异化影响，揭示了越轨创新行为通过促进资源整合提升员工创新绩效的资源增益路径以及个人声誉对这一路径的调节作用，同时揭示了越轨创新行为通过导致自我损耗抑制员工创新绩效的资源减损路径以及心理韧性对这一路径的调节作用。

通过三个子研究，得出如下结论：①越轨创新行为是一个包含三个维度的二阶三因子构念，组织型越轨创新行为是之前量表未包含的新维度。②越轨创新行为是员工创新绩效的重要前因变量。③组织创新氛围是越轨创新行为与员工创新绩效之间关系的调节变量。在高组织创新氛围的情境下，越轨创新行为显著正向影响员工创新绩效；在低组织创新氛围的情境下，越轨创新行为无法显著影响员工创新绩效。④领导权变激励是越轨创新行为与员工创新绩效之间关系的调节变量。在高领导权变激励的情境下，越轨创新行为显著正向影响员工创新绩效；在低领导权变激励的情境下，越轨创新行为显著负向影响员工创新绩效。⑤领导容错性是越轨创新行为与员工创新绩效之间关系的调节变量。在高领导容错性的情境下，越轨创新行为显著正向影响员工创新绩效；在低领导容错性的情境下，越轨创新行为显著负向影响员工创新绩效。⑥越轨创新行为通过资源整合这一中介变量提升员工创新绩效，个人声誉对该条资源增益路径起强化作用。研究发现，资源整合在越轨创新行为与员工创新绩效之间的正向中介效应随着个人声誉水平的提高变强，在高个人声誉水平下，资源整合的中介效应最大。⑦越轨创新行为通过自我损耗这一中介变量抑制员工创新绩效，心理韧性对该条资源减损路径起弱化作用。研究发现，自我损耗在越轨创新行为与员工创新绩效之间的负向中介效应随着心理韧性水平的提高变弱，在高心理韧性水平下，自我损耗的中介效应最弱且不显著。

研究理论贡献如下：①界定了越轨创新行为的内涵与结构，丰富了组织规范理论的应用范围；②发现了组织型越轨创新行为的新维度，增加了越轨创新行为测量的完整性与科学性；③揭示了组织创新氛围对越轨创新行为影响员工创新绩效的边界作用，推动了个人—组织匹配理论的应用和发展；④揭示了领导权变激励、领导容错性对于区分越轨创新行为何时显著正向、何时显著负向影响员工创新绩效的边界作用，推动了个人—上级匹配理论的应用和发展；⑤揭示了越轨创新行为资源增益的作用机制和边界，从资源整合与个人声誉的视角丰富了资源保存理论的研究；⑥揭示了越轨创新行为资源减损的作用机制和边界，从自我损耗与心理韧性的视角丰富了资源保存理论的研究。

研究对策启示如下：①有助于企业识别越轨创新行为，更好地管理员工和完善组织规范；②有助于企业强化组织创新氛围，推动越轨创新行为的创新绩效转化；③有助于企业加强领导权变激励和领导容错性建设，推动越轨创新行为的创新绩效转化；④有助于企业和员工借助越轨创新行为完成资源整合与绩效增益，借助个人声誉强化越轨创新行为的“收益”；⑤有助于企业和员工减少越轨创新行为导致的自我损耗与绩效减损，借助心理韧性阻断越轨创新行为的“代价”。

目　录

第一章 绪论

第一节 研究背景

习近平总书记2019年视察天津滨海—中关村科技园时强调，“自主创新是推动高质量发展、动能转换的迫切要求和重要支撑，必须创造条件、营造氛围，调动各方面创新积极性，让每一个有创新梦想的人都能专注创新，让每一份创新活力都能充分迸发”。在鼓励创新、尊重创新的时代背景下，员工创新行为也呈现出多元化趋势：初登经营部部长的董明珠不顾群体反对，创新变革营销策略，格力销售额迅增；董明珠不顾上司朱江洪反对，创新了格力收发货的财务制度，促进了资金流通；王小川不顾上司张朝阳反对，成功开发了搜狗浏览器；微信支付团队的年轻人在缺乏经理吴毅知情授权的情况下，为了好玩开发了微信红包功能；科学家中村修二坚持自己的想法，违反企业规范和领导命令，于废旧实验室当中开发LED技术，获得诺贝尔物理学奖并开创了新型节能光源产业。本书将这些员工坚信自己的创意会为组织或组织成员带来预期利好、主动违背重要群体参照规范的创新行为定义为越轨创新行为（Creative Deviance）（Augsdorfer，2012；黄玮等，2017；王弘钰、万鹏宇和张振铎，2020）。

据调查显示，超过10%的研发人员从事过上述的越轨创新行为，超过80%的企业报告在其组织内部曾经出现过越轨创新行为（Augsdorfer，2012；江依，

2018），而且，随着时代发展，越轨创新行为在管理实践中的涌现越发频繁：①组织内竞争加剧，员工意识到通过激发内在动力增加一些额外的创造性价值、贡献，是自身和组织生存发展的必要手段，然而，要做到这一点，现有的规范、程序和组织惯性定律可能是难以支撑的，个体需要基于一线的实践和客户市场需要随时调整程序或方法，通过越轨创新行为创造额外价值（Paraskevas，Dimitri & Catalina，2018；王弘钰和万鹏宇，2020）；②在创新驱动战略的宏观背景下，员工的个性和冒险精神凸显，员工创新的主动性不断增加，其创新行为的多元化趋势更加明显（王弘钰、万鹏宇和夏天添，2021）；③组织资源总是有限的，而创新需要的支撑性资源是庞大的，资源矛盾势必造成诸多创新方案无法被授权和支持，这些数量众多的被否方案，为越轨创新行为提供了"孵化基地"（Paraskevas，Dimitri & Catalina，2018）；④市场需求的变化迅速，机会转瞬即逝，但组织内的制度和领导、团队的命令并不总是最优的，相较于市场和行业内领先企业总是相对滞后甚至是失调的，部分员工具有前瞻的创新想法，这些想法可能是超前于组织规范的，并会被员工坚持践行（Augsdorfer，2012；Criscuolo，Salter & Wal，2014）。综上所述，越轨创新行为在创新时代下还将不断涌现，并以更加丰富的形式涌现。

鉴于越轨创新行为不断涌现，以及越轨创新行为本身"目的合理""手段违规"的双重复杂属性，学术界和管理者对越轨创新行为的关注和思考也与日俱增：越轨创新行为到底是"忠诚"还是"叛逆"，如何产生？又在员工和组织成长中扮演着什么样的角色？围绕越轨创新行为这一主题，主要取得了以下成果：

1. 越轨创新行为的测量

Mainemelis（2010）基于违抗领导命令（抗令创新）的视角将越轨创新行为定义为员工公开违反上级命令，非法追求并实践新想法的创新行为，Lin（林碧莲）、Mainemelis 和 Kark（2016）公开发表了对应的越轨创新行为量表。而吴颖宣等（2018）指出，从定义和测量上看，Lin 团队的越轨创新研究实为违抗领导创新研究。Criscuolo、Salter 和 Wal（2014）在 *Organization Science* 上定义了另一种越轨强度更为"柔和"和越轨形式更为"隐密"的越轨创新行为：在大型、成熟的组织中，个人为了发展往往需要从事没有组织正式支持或授权的地下"非法”活动，这种超越角色限定、与角色内任务冲突并逃避组织责任约束的创新行为，则被称为越轨创新行为。以上两个量表虽然被广泛运用，但黄玮等（2017）、王弘钰和万鹏宇（2020）发现，Criscuolo、Salter 和 Wal（2014）在西方情境下判定不达标的题项却在中国情境下测量效果良好。

2. 越轨创新行为的形成机制

围绕越轨创新行为的形成机制，学术界取得了丰富、多层次的研究成果。

（1）领导层面：上下级关系（吴玉明、潘诚和周银珍，2020）、共享型领导（王弘钰和万鹏宇，2020）、包容性领导（吴士健、杜梦贞和周忠宝，2020）、真实型领导（吴士健和杜梦贞，2021）、变革型领导（张弘和刘士平，2020）、交易型领导（郭萌，2020）、谦卑型领导（吴玉明、潘诚和周银珍，2020）等被作为前因探讨和检验，视角丰富。

（2）组织层面：组织冲突（王弘钰和邹纯龙，2018）、组织创新氛围（王弘钰和于佳利，2019）和组织资源紧张（赵乐、乐嘉昂和王雷，2019）会增加员工越轨创新行为，游戏动态性和远程办公的组织工作环境特征也会增加越轨创新行为的发生率（李树文、姚柱和张显春，2019；肖志明，2020）。组织规范强化发展阶段则会减少越轨创新行为的发生（Mainemelis，2010）。总体上，现有研究从冲突、氛围、资源、远程和规范强化等不同视角揭示了越轨创新行为的前因。

（3）个体因素：在探究领导或组织层面因素影响越轨创新行为的过程中，诸多学者借助个体的情感、心理等因素来解释其中的作用机制，这更充实了个体层面前因变量的研究。研究发现：人格特质中冒险特质、前瞻性人格等会显著增加员工越轨创新行为（Tenzer & Yang，2019；杨剑钊和李晓娣，2019）。此外，个体创造力诱发的道德推脱（杨刚、宋建敏和纪谱华，2019）、资质过剩感（王弘钰、万鹏宇和张振铎，2020）、工作自主性（肖志明，2020）、工作价值观（侯烜方等，2021）、心理安全感（吴士健、杜梦贞和周忠宝，2020）和心理特权（王弘钰、邹纯龙和崔智淞，2018）等个体的知觉、心理或价值观也会影响越轨创新行为。

3. 越轨创新行为的影响结果

相比于越轨创新行为多层次形成机制的丰富研究成果，越轨创新行为的影响结果研究薄弱，实证研究匮乏并存在诸多争议。已有研究基于案例分析了越轨创新行为对企业突破性创新产品的积极作用，通过实证分析验证了越轨创新行为对团队创新绩效、员工创新绩效的影响（吴颖宣等，2018；邹纯龙，2020）。同时，研究发现，越轨创新行为也会诱发领导惩罚（Lin，Mainemelis & Kark，2016；陈伍洋等，2017）、离职意向（邹纯龙，2020）等消极后果。

一个核心问题和争议点是“越轨创新行为促进还是抑制了员工创新绩效”，该问题是探究越轨创新行为影响后果必须解答的最核心、最首要问题，只有弄明白了该问题，才能帮助我们理解越轨创新行为对团队创新绩效、创新产品和人际反应的影响。围绕该问题国内外学者展开了一系列探讨：Criscuolo、Salter 和 Wal（2014）、王弘钰和万鹏宇（2020）从拓荒式、资源整合和延迟公开的视角验证了越轨创新行为对员工创新绩效的促进作用；黄玮等（2017）则提出越轨创新行为总体上是促进员工创新绩效的，但两者之间不是简单的正向关系，在低创造力和低正式地位的情况下，越轨创新行为反而抑制了员工创新绩效；赵斌、古睿和李瑶（2019）指出当员工具备高信息资本且领导采取悖论式领导风格时，越轨创新行为才能显著影响员工创新绩效，否则越轨创新行为无法显著影响员工创新绩效。国外学者基于规范执行和冲突视角指出，考虑到制度刚性和领导的权威性，越轨创新行为不会被肆意纵容（Staw & Boettger，1990），因此，员工从事越轨创新行为后必然面临惩罚（如降级、解雇、劝退等），最终导致员工无法完成创新绩效（Mainemelis，2010；Criscuolo，Salter & Wal，2014）。

虽然越轨创新行为的研究取得了一些进展，但仍存在以下明显不足和争议，有待本书解决：

1. 未能基于组织规范理论厘清越轨创新行为的结构和测量问题

如何对越轨创新行为进行定义并测量，目前学术界出现了巨大分歧和争论，更没有基于中国情境下开发的、经过信效度等标准化检验的测评量表。在越轨创新行为的构念上，国内外学者不仅尚未达成一致意见，而且随着研究的进展暴露出更多问题，越来越多的学者指出，目前越轨创新测量领域研究的重大缺陷主要表现在以下两个方面：

（1）混淆了越轨创新行为与抗令创新行为的概念（吴颖宣等，2018；陈超、刘新梅和段成钢，2020）。现有的多数研究将创新行为是否越轨等同并局限于创

新行为是否直接或潜在违背领导命令，认为公开违背或私下违背领导命令的创新行为，就叫作越轨创新行为（邹纯龙，2020）。那么，组织当中的“轨”仅代表领导命令吗？违背组织层面制度的创新行为不属于越轨创新行为吗？显然，越轨创新行为是不能等同于抗令创新行为的，将违背领导命令的抗令创新行为等同于越轨创新行为，显然曲解了“轨”的内涵（吴颖宣等，2018；陈超、刘新梅和段成钢，2020）。研究越轨创新行为，首先要弄清楚越轨创新行为区别于普通创新行为的判定标准，只有确定了“轨”，拥有了判断标准，才能判断创新行为是否越轨。遗憾的是，并未有学者对“轨”进行深入探讨，进而导致以偏概全和概念混淆，缩小了越轨创新行为的范畴。

（2）现有越轨创新行为量表缺乏合适的理论基础。Criscuolo 团队和 Lin 团队开发的越轨创新行为量表缺乏理论支撑，邹纯龙（2020）沿着过程理论将两者开发的量表进行合并，但基于过程的划分法过于缺乏针对性，因为几乎所有行为的产生都是一个想法到实践的过程，显然没有抓住“越轨”这一越轨创新行为区别于创新行为整体范畴的显著特征，不能剖析出越轨创新行为相较于创新行为在内涵与结构上的独特之处。

综上所述，现有的越轨创新行为测量工具存在漏洞，结构上不具备完整性，最终阻碍了学术界对越轨创新行为形成机制及影响效果的进一步研究。鉴于此，拟通过子研究 1，系统梳理国内外越轨学派的经典研究，选取组织规范理论，将组织中的“轨”定义为重要群体参照规范，包括角色规范、人际规范以及组织制度规范三个重要部分（Warren，2003；Dahling et al.，2012；Galperin，2012），将员工越轨创新定义为挑战其中一项或多项规范的创新行为，结合访谈和实证检验，厘清越轨创新行为的结构，开发出相对全面的越轨创新行为量表。

2. 对越轨创新行为对员工创新绩效的双刃剑效应关注不足

已有研究对越轨创新行为的形成机制展开了广泛探讨，但对越轨创新行为的影响结果研究并不重视，越轨创新行为与员工创新绩效关系不一致问题更是未能解决。越轨创新行为是“忠诚”还是“叛逆”，应当“鼓励”还是“打压”？要回答这一基本问题，就须弄清越轨创新行为的影响结果。而探究越轨创新行为影响结果首要回答的基本问题就是越轨创新行为是否提高个体的创新绩效？遗憾的是，该问题存在较大争议：①越轨创新行为促进员工创新绩效（Criscuolo，Salter & Wal，2014；王弘钰和万鹏宇，2020；邹纯龙，2020）；②越轨创新行为总体上促进员工创新绩效，但有时会抑制员工创新绩效（黄玮等，2017）；③员工和领导同时具备某些条件时，越轨创新行为才会带来创新绩效，缺失任一条件，都将导致该路径不成立（赵斌、古睿和李瑶，2019）。可见，越轨创新行为差异化影响员工创新绩效，问题较为复杂，需要从多个视角分析才能彻底解答。

回顾以往研究，本书认为可以通过以下两个视角解决上述问题：第一，情境边界。从宏观视角展开，在越轨创新行为转化为员工创新绩效的过程中，外部情境是影响越轨创新行为成功或失败的重要边界（Criscuolo，Salter & Wal，2014；赵斌、古睿和李瑶，2019），在某些不利情境下，越轨创新行为会降低创新绩效，成为个体工作开展的“负担”（Kristof-Brown et al.，2005；黄玮等，2017）。第二，双刃剑机制。从微观视角展开，越轨创新行为对员工创新绩效具有双刃剑作用机制，一方面，越轨创新行为推动员工对创新相关资源的搜索与整合，帮助个体取得创新绩效，为员工“赋能”；另一方面，越轨创新行为因其“叛逆”色彩和探索式压力为自身带来麻烦和负担，加上缺乏授权资源支持，容易造成自我损耗，进而抑制创新绩效，成为员工的“负担”。

厘清上述问题，才能为探究越轨创新行为对团队创新绩效、组织创新产品的影响构建基础，才能加深学术界对其人际影响的理解。然而，现有研究并未全面解决该问题，使学术界无法对越轨创新行为进行判断，更导致其在人际、团队和组织层面上影响结果的研究成为“空中楼阁”。因此，厘清越轨创新行为“赋能”还是“负担”员工创新绩效，何时“负担”又何时“赋能”？如何“负担”又如何“赋能”？是开展越轨创新行为影响结果研究必须首要解决的问题。

3. 对越轨创新行为差异化影响员工创新绩效的组织和领导情境关注不足

随着研究深入，越来越多的学者指出宏观的情境边界是解答“越轨创新行为促进还是抑制创新绩效”这一问题的途径之一（Criscuolo，Salter & Wal，2014；赵斌、古睿和李瑶，2019；Bennett & Robinson，2000）。以往研究虽然尝试从不同角度回应这一建议（黄玮等，2017；王弘钰和万鹏宇，2020），但仍存在以下不足：①由于越轨创新行为测量上的不统一和缺陷，导致研究结果存在差异并诱发争议（黄玮等，2017；赵斌、古睿和李瑶，2019）；②情境因素的选择过于零散，并未基于系统理论及其子理论进行合理甄选，有拼凑之嫌；③情境因素的选择缺乏针对性，难以区分在何种情境下越轨创新行为对创新绩效“赋能”“负担”，导致差异化影响无法通过强有力的调节变量彻底解答。

针对以上问题，本书根据 Kristof-Brown 等（2005）、Chuang 等（2015）的建议，选取个人—环境匹配理论中的个人—组织匹配和个人—上级匹配子理论，将组织创新氛围（组织情境）、领导权变激励和领导容错性（领导情境）作为员工从事越轨创新行为的情境边界，探究其在越轨创新行为向员工创新绩效转化中的边界意义。因此，在子研究 2 中拟通过组织创新氛围、领导权变激励和领导容错性对越轨创新行为差异化影响员工创新绩效的边界进行揭示，探究在哪些外部情境下推动越轨创新行为向员工创新绩效转化，又在哪些特殊情境下导致越轨创新行为抑制或无法影响员工创新绩效，最终从宏观的情境边界视角解答越轨创新行为与员工创新绩效关系不一致的问题。

4. 对越轨创新行为差异化影响员工创新绩效的双刃剑机制关注不足

根据资源保存理论，资源“增益—减损”的双元过程是解答问题的另一重要途径（Halbesleben et al.，2014；Lin et al.，2017；段锦云、杨静和朱月龙，2020）。以往研究探讨了越轨创新行为对员工创新绩效的直接路径，鲜有从微观视角辩证地探讨越轨创新行为对员工创新绩效“资源增益—资源减损”的双刃剑机制（Halbesleben，Harvey & Bolino，2009）。越轨创新行为通过何种内在“收益”机制增加员工创新绩效？其“叛逆”表征，以及角色外高负荷探索，又会通过哪些“代价”阻碍员工创新绩效？

根据资源保存理论的“增益—减损”模型，越轨创新行为对员工创新绩效会存在双刃剑机制：①资源增益机制：越轨创新行为对创意的坚持和未知领域的大胆探索，会推动个体的资源获取与整合，促进创新绩效（Masoudnia & Szwejczewski，2012；段锦云、杨静和朱月龙，2020）；②资源减损机制：越轨创新行为偏离规范和任务，会给个体带来质疑和角色超载，导致自我损耗最终抑制创新绩效（Masoudnia & Szwejczewski，2012；段锦云、杨静和朱月龙，2020）。在揭示双刃剑机制的基础上，研究根据“增益—减损”模型关于调节变量设置的建议，在资源增益路径中引入个人声誉这一促进性因素作为调节变量，探究其对资源整合中介效应“锦上添花”的强化作用；在资源减损路径中引入心理韧性这一防御性因素作为调节变量，探究其对自我损耗中介效应“雪中送炭”的弱化作用。在丰富研究情境性的同时，进一步增加研究的实践价值。鉴于此，拟在子研究3中构建资源整合和自我损耗的双刃剑路径，同时引入个人声誉和心理韧性作为调节变量，最终从微观的机制视角解答越轨创新行为与员工创新绩效关系不一致的问题。

第二节 研究目的

针对越轨创新行为现有的研究不足和理论缺口，本书回溯国内外越轨学派维度划分的经典，选取组织规范理论，厘清越轨创新行为的结构，开发出相对全面的越轨创新行为量表（子研究1）。

针对越轨创新行为促进还是抑制员工创新绩效的观点碰撞，本书基于个人—环境匹配理论和资源保存理论分别构建子研究2和子研究3：基于个人—环境匹配理论，从宏观视角探索越轨创新行为差异化影响员工创新绩效的情境边界，揭示越轨创新行为何时正向影响、何时负向以及何时无法影响员工创新绩效（子研究2）；基于资源保存理论，从微观视角探索越轨创新行为差异化影响员工创新绩效的作用机制，揭示越轨创新行为如何正向并同时负向影响员工创新绩效（子研究3）。子研究2和子研究3从不同视角跨越了越轨创新行为有益（Bright Side）或有害（Dark Side）单一结果研究的鸿沟，通过整体性研究，在不同的研究流派之间建立共识，最终实现以全面视角推进个人—环境匹配理论、资源保存理论“增益—减损”模型在组织行为学中应用和发展的目的。具体而言，本书包括以下研究目的：

1. 基于组织规范理论厘清越轨创新行为的结构和测量问题

子研究1通过梳理越轨学派经典文献，选取组织规范理论，开发出越轨创新行为量表，实现以下三个目的：第一，解决越轨创新行为量表跨文化测量争议问题。黄玮等（2017）、王弘钰和万鹏宇（2020）发现Criscuolo团队在西方情境下判定因子载荷不达标的题项在中国情境下测量效果良好，对于该量表的跨文化争议，本书拟通过科学的量表编制开发出适合本土测量的越轨创新行为量表，对跨文化测量争议问题予以解决。第二，解决现有越轨创新行为在定义上的重大缺陷。Lin、Mainemelis 和 Kark（2016）、邹纯龙（2020）的越轨创新行为定义中，均明确将是否违背领导命令作为判断创新行为是否越轨的唯一标准，而吴颖宣等（2018）及陈超、刘新梅和段成钢（2020）纷纷指出，根据概念和测量，这种创新行为应当定义为抗令创新而不是越轨创新。针对概念上的漏洞，本书拟通过文献梳理和访谈等资料，以更加全面的视角界定越轨创新行为，弥补现有研究中的概念漏洞。第三，为越轨创新行为的概念界定和结构划分找到有力的支撑。判断创新行为是否越轨的前提条件是确定一个合适的判断标准，遗憾的是现有研究并未就越轨创新行为的判断标准展开系统论述。本书拟回溯国内外学者关于越轨行为和建设性越轨行为的经典研究，寻找重要依据，选取组织规范理论作为支撑，最终实现明晰越轨创新行为概念和结构、开发出测量量表的目的。

2. 从宏观的组织和领导情境视角厘清越轨创新行为差异化影响员工创新绩效的边界

已有学者从情境视角揭示了越轨创新行为何时最大程度促进员工创新绩效提升，但越轨创新行为何时显著抑制员工创新绩效，还不得而知（赵斌、古睿和李瑶，2019）。子研究 2 基于个人—环境匹配理论，选取个人—组织匹配和个人—上级匹配两个具有本土文化意义的子理论，从组织情境（组织创新氛围）和领导情境（领导权变激励和领导容错性）的视角解答越轨创新行为对员工创新绩效的差异化影响。通过组织创新氛围、领导权变激励和领导容错性作为“分水岭”，帮助学术界理解何种有利情境带来的匹配使得越轨创新行为正向影响员工创新绩效，何种不利情境带来的不匹配会导致越轨创新行为负向影响员工创新绩效，最终从宏观情境视角解答越轨创新行为对员工创新绩效的差异化影响。

3. 从微观的双刃剑视角厘清越轨创新行为差异化影响员工创新绩效的机制

仅从宏观情境视角不足以彻底解决困扰学术界、持续争议的越轨创新行为和员工创新绩效关系不一致问题。因此，子研究 3 基于资源保存理论，从资源增益

（Resource Conservation）与资源减损（Depletion Perspectives）的微观视角提出越轨创新行为影响员工创新绩效的双刃剑路径。首先，研究关注“越轨创新收益”，构建“越轨创新行为—资源整合—员工创新绩效”的资源增益路径，探究越轨创新行为通过资源整合这一中介变量提升员工创新绩效。其次，研究关注“越轨创新代价”，构建“越轨创新行为—自我损耗—员工创新绩效”的资源减损路径，探究越轨创新行为通过自我损耗这一中介变量抑制员工创新绩效。在此基础上，根据 Koopman、Lanaj 和 Scot（2016）对资源增益过程和资源减损过程中调节变量应当有区分和针对性的建议，在“越轨创新行为—资源整合—员工创新绩效”的资源增益路径中引入“促进性因素”个人声誉作为调节变量，在“越轨创新行为—自我损耗—员工创新绩效”的资源减损路径中引入“防御性因素”心理韧性作为调节变量，最终从微观的双刃剑视角达到厘清越轨创新行为差异化影响员工创新绩效机制的目的。

第三节　研究意义

本书在国内外现有研究基础上，结合定性研究和定量研究开发出结构完整的越轨创新行为量表。为解决越轨创新行为与员工创新绩效关系不一致的问题，本书从宏观的情境边界视角和微观的双刃剑机制视角分别构建子研究 2 和子研究 3，不仅丰富了个人—环境匹配理论和资源保存理论在越轨创新行为领域的研究成果，还能为企业管理者和员工促进越轨创新行为的绩效转化提供建议。

一、理论意义

（一）加深了学术界对越轨创新行为结构内涵的理解，拓展了组织规范理论的应用

越轨创新行为的本质虽然是创新行为，但其区别于一般创新行为的判断标准和显著特征是“越轨”，这也是其引发学术界和管理者广泛关注的重要原因（吴

颖宣等，2018；陈超、刘新梅和段成钢，2020；王弘钰和万鹏宇，2020）。显然，Criscuolo团队和Lin团队的量表并未就创新行为是否越轨的判断标准进行系统论述，后者更被指出从内涵和测量上应当定义为违抗领导创新或者抗令创新，为越轨创新行为中具有人际特征的形式之一（吴颖宣等，2018；陈超、刘新梅和段成钢，2020）。邹纯龙（2020）虽然沿着创新过程的理论视角对越轨创新行为进行定义，但依然没有抓住越轨创新行为区别于创新行为整体范畴的显著特征，避重就轻（杨杰、凌文辁和方俐洛，2004），按照想法产生过程的划分法适配范围过于广泛，几乎所有行为（如被动创新行为、变革行为等）都是想法到实践、不被知晓到被知晓的过程。在研究越轨创新行为时抛开判断标准的系统论述，更严重的问题是，该量表在对前人量表组合后，不仅没有发现新的维度，还再次掉入将“越轨”等同于“违抗领导命令”的“陷阱”（吴颖宣等，2018；陈超、刘新梅和段成钢，2020）。

本书通过回溯国内外学者对越轨行为和建设性越轨行为界定和维度划分的成熟研究，发现组织规范在越轨学派研究中的重要意义。基于此选取组织规范理论，为判断创新行为是否越轨找到一个系统、全面和详细的判断标准，并在该理论的基础上厘清了越轨创新行为的内涵与维度，开发出相对完善、科学的越轨创新行为量表，弥补了现有的理论漏洞。具体而言，角色型越轨创新行为这一维度在一定程度上对应了Criscuolo团队的量表，人际型越轨创新行为这一维度不仅涵盖了Lin团队的量表（违抗领导创新的子维度），更发现了另一子维度，即违抗群体创新。最重要的是，研究发现了组织型越轨创新行为这一维度，并将其划分为违反正式制度创新和违反非正式制度创新两个子维度，这是以往越轨创新行为测量和结构探索中忽略的。开发出基于组织规范理论的越轨创新行为量表，必然推动组织规范理论在多元创新时代的发展，深化学术界对越轨创新理论的理解，并为后续研究奠定测量基础。

（二）加深了学术界从情境角度理解越轨创新行为和员工创新绩效关系不一致问题，拓展了个人—环境匹配理论的应用

以往鲜有研究对越轨创新行为与员工创新绩效之间不一致的关系进行深入剖析，无法从理论和实证上揭示个体的越轨创新行为究竟在何种环境下会抑制员工创新绩效。鉴于此，本书将个人—环境匹配理论引入越轨创新行为的研究领域进

行探讨，结果发现：①组织创新氛围是越轨创新行为与员工创新绩效之间关系的调节变量。在高组织创新氛围的情境下，越轨创新行为显著正向影响员工创新绩效；在低组织创新氛围的情境下，越轨创新行为无法显著影响员工创新绩效。②领导权变激励是越轨创新行为与员工创新绩效之间关系的调节变量。在高领导权变激励的情境下，越轨创新行为显著正向影响员工创新绩效；在低领导权变激励的情境下，越轨创新行为显著负向影响员工创新绩效。③领导容错性是越轨创新行为与员工创新绩效之间关系的调节变量。在高领导容错性的情境下，越轨创新行为显著正向影响员工创新绩效；在低领导容错性的情境下，越轨创新行为显著负向影响员工创新绩效。研究在检验越轨创新行为总体上正向影响员工创新绩效的基础上，进一步揭示了越轨创新行为正、负向影响员工创新绩效的特殊边界条件，加深了学术界对越轨创新行为的认识，推动学术界从情境匹配视角理解越轨创新行为成功的边界条件，为促进越轨创新行为的绩效转化提供针对性的理论支撑。

（三）加深了学术界从双刃剑机制角度理解越轨创新行为和员工创新绩效关系不一致问题，拓展了资源保存理论的应用

虽然学者围绕越轨创新行为促进还是抑制员工创新绩效争论已久，但鲜有学者采用辩证的视角关注其中复杂、双向的作用机制。本书借助资源保存理论跨越了越轨创新行为有益或有害单一后果研究的鸿沟，揭示了越轨创新行为既可以促进资源整合进而提高员工创新绩效，也会导致自我损耗进而抑制员工创新绩效，在不同流派间建立了理论共识。而且，研究引入个人声誉作为促进性的宝贵资源，探究了个人声誉对资源整合正向中介作用的强化，引入心理韧性作为防御性的保护资源，探究了心理韧性对自我损耗负向中介作用的弱化，丰富了声誉资源和韧性资源在资源保存理论中的应用。研究在揭示越轨创新行为总体上正向影响创新绩效的基础上，揭示了其中资源整合与自我损耗的双刃剑机制，借助个人声誉和心理韧性揭示了越轨创新行为双刃剑过程的边界，加深了学术界对越轨创新行为的认识，丰富了资源保存理论的内涵，推动学术界从资源“增益—减损”视角理解越轨创新行为成功的内在机制，为促进越轨创新行为的绩效转化提供针对性的理论支撑。

二、现实意义

（一）助力管理者有效识别越轨创新行为，对员工和组织进行有效管理

伴随着创新时代和扁平组织的发展，资源有限性和员工创新资源需求缺口、组织规范与员工自主之间的冲突会长期存在（赵斌、古睿和李瑶，2019；王弘钰和万鹏宇，2020），越轨创新行为会不断涌现和凸显。虽然总体上有利，也会潜在造成组织无序、领导威胁感等。因此，企业需要对员工的越轨创新行为进行识别，做好控制和引导工作，最大程度地促进其实现创新收益的初衷。

识别越轨创新行为的另一个重要意义在于推动管理者对组织规范的思考。基于现有理念、认知设计的组织制度、工作流程和政策往往存在相对滞后性，这些规制本意是促使组织变得更加有序、风险可控，但“循规蹈矩”的程序化流程往往限制了员工的创新，也将组织发展引入了死胡同（王弘钰和万鹏宇，2020）。因此，当管理者识别出越轨创新行为频繁出现、员工选择性地遵守规范时，就要思考组织惯例是否陈旧、制度是否失调和命令是否脱离一线和实际，而这一切都要建立在对越轨创新行为本质把握、准确识别和精准测量的基础上。

（二）助力管理者从组织情境和领导情境上引导控制越轨创新行为

本书不仅揭示了越轨创新行为最大程度地转化为员工创新绩效的有利情境（高组织创新氛围、高领导权变激励或高领导容错性），还揭示了越轨创新行为无法显著影响员工创新绩效的情境（低组织创新氛围）、越轨创新行为失败并抑制员工创新绩效的情境（低领导权变激励或低领导容错性）。这为企业管理者和员工引导控制越轨创新行为的绩效转化、筛选和共同建设组织创新氛围以及推进领导权变激励水平、领导容错性提升提供借鉴，对促进越轨创新行为的绩效转化提供针对性的组织氛围和领导策略的培养建议。

（三）助力管理者和员工借助越轨创新行为实现资源整合与绩效增益，控制“阴暗面”并及时止损

本书帮助企业管理者更加直观地了解越轨创新行为影响员工创新绩效的关键资源增益路径与过程，同时挖掘出潜在资源减损过程，启发企业管理者与员工从资源管理角度分析、审视越轨创新行为。员工要辩证地分析越轨创新行为可能带

来的利好与危害，客观评判自身的优势与劣势，扬长避短、物尽其用，做到个人声誉与心理韧性的内外兼修，方能改进与提升创新质量与效益，促进自身持续成长。同时，这为企业推进越轨创新行为的资源转化，以促进员工创新绩效、缓解其变为沉没成本并抑制员工创新绩效提供重要的实践启示。

（四）利于激发员工创新行为，助力创新型团队和组织的建设

在长期的管理实践中，学者广泛探讨了被组织支持的正式创新行为，但是那些没有被组织采纳甚至否决的、占比重更大的创新想法最终走向哪里并没被管理者关注。这在一定程度上造成了资源浪费，因为提出创新想法是一个资源消耗的过程，放弃创新想法意味着员工承担沉没成本，更挫伤了员工的积极性。而且，创新必然面临大量新想法涌现，却仅有少量新想法被支持的问题，这在创新时代更为凸显，占较高比重的被否想法将走向何处？是一个亟须解决的问题。本书为多余创新想法的非正式途径践行、绩效转化提供了一条新思路，更解决了困扰学术界和管理界十年之久的越轨创新行为与员工创新绩效的关系不一致问题，帮助企业重新审视了越轨创新行为，助力管理者理解越轨创新行为的本质，为激发员工多元创新行为、助力创新型团队和组织建设提供了借鉴。

第四节　创新点

（一）揭示了越轨创新行为是一个二阶三因子构念，识别出组织型越轨创新行为的新维度

为了避免掉入现有越轨创新行为和抗令创新行为混为一谈的概念“陷阱”（吴颖宣等，2018；陈超、刘新梅和段成钢，2020），本书抓住“越轨”这一越轨创新行为区别于创新行为范畴的显著特征，回溯了国内外越轨行为和建设性越轨行为维度划分的成熟研究，为判断创新行为是否越轨找到了一个科学、全面的判别标准，即组织中重要的群体参照规范。进而选取组织规范理论对越轨创新行为进行概念界定，通过文献梳理、个人深度访谈、焦点小组访谈、问卷调查及实证检验等，发现越轨创新行为是一个二阶三因子的构念，包含角色型越轨创新行

为、人际型越轨创新行为和组织型越轨创新行为三个维度，为后期越轨创新行为的实证研究开展提供了可靠的测量工具。

具体而言，子研究1包括以下三个创新点：第一，为越轨创新行为提供一个科学的判别标准。研究越轨创新行为需要确定一个标准来判断什么样的创新行为才叫作越轨创新行为，遗憾的是，以往研究仅考虑到角色规范或领导命令作为判别标准，对判别标准的定义过于模糊和狭义，本书则为越轨创新行为提供了一个多层面、系统化的判别标准，将“越轨”等同于“违背角色规范”或“违抗领导命令”的狭义判定标准拓展到组织中重要群体参照规范这一科学全面的判定标准上。第二，识别出了组织型越轨创新行为这一新维度。新维度的发现推动了学术界和实践界从一个更全面的规范视角理解和认识越轨创新行为，帮助识别出更多形式的越轨创新行为。第三，用人际型越轨创新行为统领和涵盖了以往违抗领导创新的子维度。以往违抗领导创新的越轨创新行为研究已经具备了人际型越轨创新行为的雏形，本书同时识别出了人际型越轨创新行为的另一子维度，即违抗群体创新，与违抗领导创新共同构成了人际型越轨创新行为，完善了人际型越轨创新行为的内涵。

（二）揭示了组织情境和领导情境是越轨创新行为差异化影响员工创新绩效的边界

已有研究虽然指出情境是解答越轨创新行为与员工创新绩效关系不一致问题的途径之一，但并未通过合理的情境变量设置区分越轨创新行为何时正向、何时负向以及何时无法影响员工创新绩效的差异化。本书选取个人—环境匹配理论及其子理论，从中甄选具有代表意义的组织情境（组织创新氛围）和领导情境（领导权变激励和领导容错性），将研究问题具体化和可操作化，揭示了组织创新氛围、领导权变激励和领导容错性对于越轨创新行为差异化影响员工创新绩效的情境边界意义，同时揭示了三条特殊路径：低组织创新氛围下越轨创新行为无法影响员工创新绩效；低领导权变激励下越轨创新行为显著负向影响员工创新绩效；低领导容错性下越轨创新行为显著负向影响员工创新绩效。这助力了管理者从组织创新氛围、领导权变激励和领导容错性上引导控制越轨创新行为，加深了学术界从宏观的情境角度理解越轨创新行为和员工创新绩效关系不一致问题，拓展了个人—环境匹配理论的应用。

（三）从双刃剑机制视角构建了越轨创新行为差异化影响员工创新绩效的资源“增益—减损”模型

虽然学术界围绕越轨创新行为促进还是抑制员工创新绩效争论已久，但鲜有学者从全面、辩证的作用机制视角将两个观点整合并加以理论构建和实证检验。为了测底解答越轨创新行为与员工创新绩效关系不一致的问题，本书首次将资源整合和自我损耗的双向中介机制用于解释越轨创新行为与员工创新绩效的关系不一致问题。本书发现，越轨创新行为对员工创新绩效的差异化影响中，同时存在着越轨创新行为通过促进资源整合提升员工创新绩效的资源增益路径与通过导致自我损耗抑制员工创新绩效的资源减损路径。本书还发现，个人声誉对越轨创新行为资源增益路径起强化作用，心理韧性对越轨创新行为资源减损路径起弱化作用，在高心理韧性的情况下，越轨创新行为的资源减损路径不再显著。本书从资源增益与减损的辩证视角对以往研究结论的分歧给予解释，加深了学术界从微观的双刃剑机制视角理解越轨创新行为和员工创新绩效的关系不一致问题，丰富了资源保存理论“增益—减损”模型的内涵，为促进越轨创新行为的绩效转化提供针对性的理论支撑。

第五节　研究方法与技术路线

一、研究方法

本书的研究兼顾了定性与定量的研究方法，在组织规范理论、个人—环境匹配理论和资源保存理论的基础上，分别开展了越轨创新行为的结构与测量研究、越轨创新行为对员工创新绩效差异化影响的情境边界研究和越轨创新行为对员工创新绩效差异化影响的双刃剑机制研究。具体研究方法如下：

（一）文献研究法

本书借助中国知网、中国科学引文数据库、Springer、Web of Science、Wiley Inter Science 和 Google 等中外文数据库，获得了越轨创新行为、员工创新绩效、

组织创新氛围、领导权变激励、领导容错性、资源整合、自我损耗、个人声誉、心理韧性等核心概念和组织规范理论、个人—环境匹配理论、资源保存理论等核心理论的相关文献，在对国内外相关文献进行系统查阅，追溯核心经典文献的基础上，归纳并总结了越轨创新行为的结构测量、形成因素和影响结果，通过评述找出现有研究的理论缺口、研究不足和研究空白，明确要解决的问题和作出理论贡献的突破口，形成本书的整体思路和研究框架。

（二）个人深度访谈和焦点小组访谈

通过个人深度访谈和焦点小组访谈，获得关于越轨创新行为内涵及前因结果的一手资料，与文献研究相结合并征求学术团队、企业员工的意见，通过三轮编码形成越轨创新行为量表的维度与测量题项。为了更真实并尽可能多地了解中国情境下越轨创新行为的表现形式和特征，本书在研究初期对员工进行一对一的深度访谈，受访者尽量包括多类人口学背景，根据访谈对象和访谈进度随时调整访谈内容，一步步深入挖掘和获取越轨创新行为的经验资料。同时采用焦点小组法，邀请不同企业工作小组里的多个成员进行访谈，通过互相引导启发，尽可能多地发表意见，来获得更多关于越轨创新行为的信息和文本资料。

（三）问卷调查法

问卷调查法是国内外社会科学研究中广泛采纳、用于资料收集的研究方法。在实证分析与假设检验方面，本书借助 SPSS 26.0 和 AMOS 21.0 进行统计分析。子研究 1 中开展了探索性因子分析、验证性因子分析和信效度检验，形成了越轨创新行为的测量量表。子研究 2 和子研究 3 中分别进行了预调研后，对子研究 2 的两阶段数据和子研究 3 的两阶段数据进行了控制变量虚拟化、描述性统计、相关分析、信效度检验和回归分析等。

二、技术路线

合理的研究技术路线设计为研究后期的开展打下了良好的基础，根据本书的内容和目的，制定了研究技术路线，如图 1.1 所示。

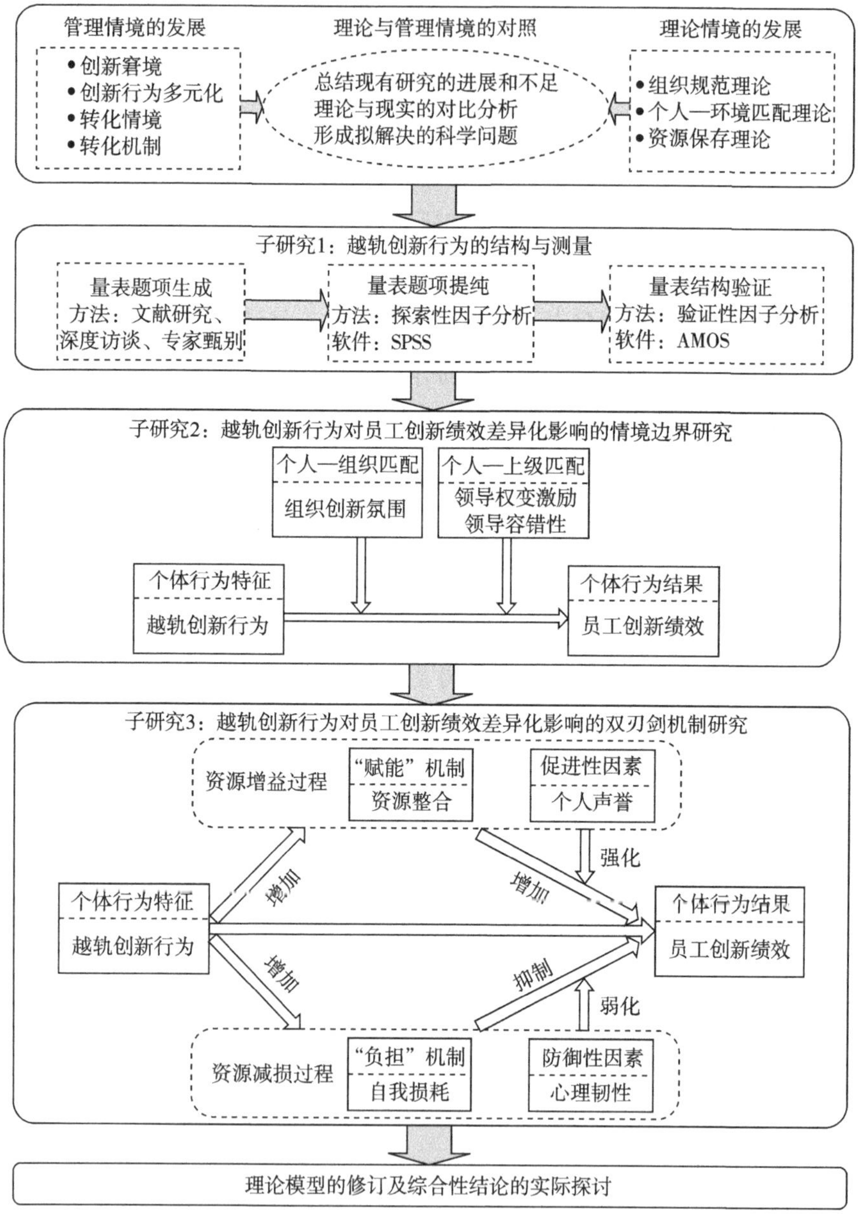

图 1.1　本书研究的技术路线

第六节 本书结构

本书总体上分为三个部分：①文献回顾与评述，对以往越轨创新行为的研究进行系统梳理、总结与评述，为本书奠定基础；②本书核心部分——越轨创新行为的结构与测量（子研究 1）与针对“越轨创新行为促进还是抑制员工创新绩效”这一问题的两个研究：越轨创新行为对员工创新绩效差异化影响的情境边界研究（子研究 2）和越轨创新行为对员工创新绩效差异化影响的双刃剑机制研究（子研究 3）；③总结、讨论与展望部分，即对研究的理论贡献和管理意义进行归纳总结。

第一章：绪论。该章对本书涉及的研究背景、目的、意义、创新点及技术路线等进行阐述。

第二章：文献综述。该章对越轨创新行为的概念与测量、形成因素及影响结果进行回顾与梳理，总结以往研究成果和不足，为下一步研究奠定理论基础。

第三章：越轨创新行为的结构与测量。该章采用定性研究与定量研究相结合的方式，探索越轨创新行为的内涵与结构，开发出基于组织规范理论的越轨创新行为量表。

第四章：越轨创新行为对员工创新绩效差异化影响的情境边界研究。该章基于个人—环境匹配理论中个人—组织匹配和个人—上级匹配两个子理论，通过组织情境（组织创新氛围）和领导情境（领导权变激励和领导容错性）共同揭示越轨创新行为转化为员工创新绩效的情境边界，解答越轨创新行为何时“赋能”、何时“负担”员工创新绩效的问题，最后借助跨时点的两阶段数据进行实证检验。

第五章：越轨创新行为对员工创新绩效差异化影响的双刃剑机制研究。该章基于资源保存理论“增益—减损”模型，通过越轨创新行为推动资源整合而促进员工创新绩效的资源增益路径和越轨创新行为导致自我损耗而抑制员工创新绩效的资源减损路径，揭示越轨创新行为影响员工创新绩效的双刃剑机制，揭示越轨创新行为影响员工创新绩效过程中的“收益”与“代价”。同时借助个人声誉揭示越轨创新行为资源增益过程的边界，借助心理韧性揭示越轨创新行为资源减损过程的边界，最后借助跨时点的两阶段数据进行实证检验。

第六章：结论与对策。该章对前文三个子研究的结论和贡献进行总结，提出结论、对策及展望。

第二章　文献综述

本章主要对越轨创新行为进行探讨。首先，研究回顾了国内外对越轨创新行为的概念界定，并与相关概念进行了比较。其次，研究对国内外越轨创新行为的测量方式进行了总结。最后，研究对国内外越轨创新行为的形成因素和影响结果进行了梳理、总结和评价。本章是第三章越轨创新行为的结构与测量、第四章越轨创新行为对员工创新绩效差异化影响的情境边界研究和第五章越轨创新行为对员工创新绩效差异化影响的双刃剑机制研究的基础。

第一节　越轨创新行为的概念与测量

一、越轨创新行为的概念

希腊学者 Mainemelis 于 2010 年在 *Academy of Management Review* 上将员工违反上级命令，非法追求并实践新想法的创新行为命名为越轨创新行为。Mainemelis 在管理实践中发现，员工会产生新的想法，并想要进一步探索和完善该想法，但多数想法会被上级命令停止，在各种可能性中，部分员工选择违背上级的命令，不合法地追求新想法。Lin、Mainemelis 和 Kark（2016）在 *The Leadership Quarterly* 上发表了该种越轨创新行为的测量工具和实证研究。

Mainemelis 等将越轨创新行为从建设性越轨学派中剥离出来，但该定义将组织中的“轨”等同于“领导认可”，这显然偷换了越轨创新行为的概念，根据

Mainemelis（2010）的定义和测量量表，这种创新行为定义为抗令创新或违抗领导命令创新更为准确（吴颖宣等，2018；陈超、刘新梅和段成钢，2020）。虽然Mainemelis 等的研究具有一定局限性，但越轨创新行为独成派系，从建设性越轨学派中剥离出来，成为 Warren（2003）提出建设性越轨行为和破坏性越轨行为之后的第三种越轨行为，体现了建设性越轨行为在创新时代下的发展和演进。

在 Mainemelis（2010）提出越轨创新行为后，Criscuolo、Salter 和 Wal（2014）在 *Organization Science* 上定义了另一种越轨强度更为“柔和”的越轨创新行为：在大型、成熟的组织中，个人为了发展往往需要从事没有组织正式支持或角色授权的地下“非法”活动，这种希望获得更大的工作自主权并逃避组织对其角色责任约束的创新行为，则被称为越轨创新行为。该视角强调员工创新行为并未被组织或领导角色授权，在一定程度上凸显了创新行为对角色的超越，相较于 Mainemelis（2010）对越轨创新行为的定义，该视角的越轨创新行为“叛逆”程度更低，因为其仅是对角色层面规范约束的超越，并不对人际层面和组织层面的规范进行“挑衅”，如员工开展子项目使自己有机会接触新的领域，从事非官方项目来丰富未来的官方项目等。该视角得到了黄玮等（2017）学者的支持。王弘钰和万鹏宇（2020）结合访谈和实际调研发现，相较于 Mainemelis（2010）定义的越轨创新行为，Criscuolo、Salter 和 Wal（2014）界定的越轨创新行为在中国存在更为广泛。

至此，越轨创新行为的研究形成两大学派：以 Lin 和 Mainemelis 为代表的违抗领导命令创新（又称抗令创新）学派，该学派将越轨创新行为定义为员工主动违背上级命令，坚信自己的创意会为组织或组织成员创造预期收益并将创意完善、践行的创新行为。在随后的研究中，陈超、刘新梅和段成钢（2020）以及吴颖宣等（2018）根据概念和量表将该种越轨创新行为界定为抗令创新，即众多借助越轨形式开展创新中具有人际指向，或者更准确地说领导指向的创新行为。因此，本书将该学派界定为违抗领导创新学派。该学派的观点和测量量表得到了赵斌等（2019）、王朝晖（2019）等的支持和采纳。以 Criscuolo 为代表的越轨创新行为学派，该学派将越轨创新行为定义为个体避免与上级的可能性冲突，在缺乏授权或正式支持的情况下隐密地从事非官方的、角色外的创新行为。该学派定义的越轨创新“叛逆”色彩被淡化，强调了员工在缺乏授权的情况下对角色的超越，关注了越轨创新行为与角色任务在优先权上的冲突。因此，本书将该学派界定为角色创新学派。该学派的观点得到了黄玮等（2018）、杨剑钊和李晓娣（2019）等的支持和采纳。

针对两大学派关于越轨创新行为的研究，邹纯龙（2020）在创新过程理论的基础上将角色创新学派的越轨创新行为定义为“暗度陈仓”，将违抗领导创新学派的越轨创新行为定义为“君命不受”，将越轨创新行为（Bootleg Innovation）定义为个体避免或无视上级否决，坚信自己的创意会给企业创造价值，并通过非正式途径继续深耕的行为（邹纯龙，2020）。遗憾的是，邹纯龙（2020）并未对越轨创新行为这一概念的内涵完善作出边际贡献，不仅两个维度是前人量表的拼凑，而且由于过度依赖前人观点，沿用前人“领导不同意”即“越轨”的判断标准（吴颖宣等，2018；陈超、刘新梅和段成钢，2020）。领导知晓同意的创新行为就是“合轨”？领导不知晓或不同意的创新行为就是“越轨”？显然将“轨”等同于领导知晓同意的做法过于偏颇。

虽然越轨创新行为的内涵被学者广泛讨论，但尚未有学者关注并系统论述越轨创新行为中“轨”的内涵与分类。在古拉丁语中，“越轨”代表着“离开熟悉的轨道”或“不循常规”（李红和刘洪，2014）。在汉语词典中，“轨”本意为车子两轮的距离，后引申为一定的路线和规范。杨杰、凌文辁和方俐洛（2004）指出，必须先明确一个合理的标准，即组织规范，才能衡量和判断员工某项有目的的创新行为是不是越轨创新行为。因此，研究越轨创新行为首先要有一个标准来判断什么样的创新行为是越轨的。越轨即个体偏离了某项或者某些标准，但这些标准并不能简单等同于 Lin 团队的领导命令，或者局限于 Criscuolo 团队所说的角色规范。

根据组织规范理论和越轨学派的论述，组织当中的“轨”即群体参照规范（Warren，2003），具体涵盖以下三个部分：第一，角色层面的规范，即组织通过契约或者口头约定对员工基本角色任务的要求；第二，人际层面的规范，即组织当中领导的命令、意见或者团队集体的意见和决定；第三，组织层面的规范，包括组织当中的正式与非正式制度（Feldman，1984；Mertens & Recker，2020）。综合组织规范理论和建设性越轨学派的观点，本书将越轨创新行为定义为员工坚信自己的创意会为组织或组织成员带来预期利好，主动违背重要群体参照规范的创新行为（Augsdorfer，2005；Mainemelis，2010；Criscuolo，Salter & Wal，2014）。特别需要说明的是，这个形式或手段上的“非法”具有相对性，即可能在某些组织、某个时间段具有非法性，但是随着时间推移，受管理进步等因素的影响，这个形式或手段有可能是合法甚至被推崇的。

根据越轨创新行为的定义，研究总结了该行为的以下四个主要特征：①创新行为。即越轨创新行为是个体自愿承担风险并开展的创新行为。②目的是利他的。即越轨创新行为的目的是为组织或利益相关者带来创新收益（如知识创新、商业模式创新等）。③违背群体参照规范。即越轨创新行为背离了角色层面规范、人际层面规范或组织层面制度规范当中的一项或多项。④符合超规范。即符合不同文化背景下被普遍认同的价值观或信仰（如受人尊敬的行为意图、利他或利组织的初衷等）（Spreitzer & Sonenshein，2004；Augsdorfer，2012；Vadera，Pratt & Mishra，2013；王新刚和黄静，2014）。

二、越轨创新行为与相关概念的比较

从行为视角分析，越轨创新行为又与建设性越轨行为、不道德亲组织行为和跨界行为等员工行为有相似的特性。但是，通过仔细辨析概念的内涵，就会发现它们在目标和方式等方面的差异。在此，通过分析它们之间的异同，明晰不同行为之间的交集和界限，利于未来深入开展探索性和实证研究。

（一）越轨创新行为与建设性越轨行为的异同

建设性越轨行为（Constructive Deviance）是员工为了组织或组织成员福祉提升而违反组织重要规范的行为（Galperin，2012）。建设性越轨行为和越轨创新行为存在以下共同点：都是员工自发主动的自愿行为，而非工作职责、角色和契约明确规定的行为；具有提高组织或组织成员利益而非个人利益的利他一致性；具有违背组织规范的“叛逆”表征，都可以归为越轨行为这一涵盖式的集合概念。但是，越轨创新行为更多地强调创新，其目标是给企业和企业成员带来创新收益，建设性越轨行为的目标则更为宽泛。

（二）越轨创新行为与组织公民行为的异同

组织公民行为（Organizational Citizenship Behavior）是不被组织正式奖励系统明确规定、员工自主决定是否从事的角色外行为（Bateman & Organ，1983）。两

者均是角色外行为，且都以提高组织或组织成员的福祉为目标（李红和刘洪，2014）。两者之间最大的差别在于：组织公民行为反映的是“行为没有被组织正式奖励系统规定”，而越轨创新行为强调行为本身偏离了组织重要规范；组织公民行为利于提升人际关系（如助人后收获职场友谊），利于人际关系的构建，而越轨创新行为可能会违背领导和团队成员的意见，人际风险较高（Williams & Anderson，1991）。

（三）越轨创新行为与前瞻行为的异同

前瞻行为（Proactive Behavior）是试图改变自我、他人或所处环境的积极行为，具有未来导向、变革导向和挑战现状等特点（Sonnentag & Sabine，2003；田晓明和李锐，2015）。两种行为都具有自愿性，而不是外界所强加的，强调主动改变现实环境，不会被动妥协于不利现状，并且都以帮助组织为目标。两者的差异在于，越轨创新行为是打破组织规范的行为，而前瞻行为并未就是否违规进行论述（李红和刘洪，2014）。

（四）越轨创新行为与不道德亲组织行为的异同

不道德亲组织行为（Unethical Pro-Organizational Behavior）是指员工为了维护组织利益而违反伦理道德的故意行为。两者均以维护组织为目标，但是不道德亲组织行为是一种故意牺牲他人利益的不道德行为（Umphress & Bingham，2011），而越轨创新行为并不涵盖牺牲他人利益的意图，其本质是一种牺牲自身资源、承担失败压力的创新行为。

（五）越轨创新行为与跨界行为的异同

跨界行为（Boundary-Spanning Behavior）是指员工为实现自身与组织目标而与外部环境（如客户、合作者等）建立各种联系并不断互动的行为，可以促进组织、团队之间的学习、交流与合作，是信息、知识传递流通的桥梁（Marrone，Tesluk & Carson，2007；刘良灿和赵龙英，2019）。越轨创新行为与跨界行为同属角色外行为，但是，跨界行为是经过组织授权的角色外行为，不一定涉及创新，越轨创新行为是缺乏授权的角色外行为，具有创新目标指向。

三、越轨创新行为的结构与测量

目前，学术界未就越轨创新行为的定义达成一致，因此，学术界对越轨创新行为的测量工具存在着争议。由于缺乏一个完整、全面视角的越轨创新行为定义，导致越轨创新行为的两大流派均基于单一维度，分别从不同角度开发了越轨创新行为量表。

以 Criscuolo 为代表人物的角色创新学派最早从事并开发出了越轨创新行为的测量工具，由于该学派界定的越轨创新行为是个体在正式工作计划或工作任务外从事的额外创新活动，其目的是为组织或组织成员获得潜在的创新价值和机会，仅能测得员工不为外部知晓、挑战角色约束的越轨创新行为，该量表的初始题项共计 5 个条目。由于第 3 题项因子载荷不达标，Criscuolo、Salter 和 Wal（2014）将其删除，最终形成了 4 题项李克特 7 点计分量表，量表信度达到 0.8。但黄玮等（2017）则发现，5 题项的原始量表在中国情境下测量效果良好。由此可见，在不同文化情境下，该量表存在适用差异问题。

以 Lin、Mainemelis 和 Kark（2016）为代表人物的违抗领导创新学派将越轨创新行为定义为违抗领导命令而继续从事的创新行为。因此，该学派开发的 9 题项越轨创新量表实际上是测量违抗领导命令创新行为的测量工具，该量表得到了国内学者吴颖宣等（2018）的采用和验证。

中国学者邹纯龙（2020）提出的暗度陈仓和君命不受两个维度分别对应了 Criscuolo 团队的角色创新量表以及 Lin 团队的违抗领导创新量表。其中，暗度陈仓（维度一）包含 4 个题项，君命不受（维度二）包含 3 个题项。

现有不同测量视角越轨创新行为的结构与测量汇总如表 2.1 所示。

表 2.1　越轨创新行为的结构与测量汇总

测量视角	代表学者	维度及内容	越轨的判别标准
角色创新	Criscuolo、Salter 和 Wal（2014）	4 题项的单一维度量表	超越角色并逃避责任约束
违抗领导命令创新	Lin、Mainemelis 和 Kark（2016）	9 题项的单一维度量表	违抗领导命令
创新过程	邹纯龙（2020）	7 题项的双维度（暗度陈仓、君命不受）量表	违抗领导命令

第二节　越轨创新行为的形成因素

国内外学者围绕越轨创新行为的形成因素展开了较为系统的探讨，形成了比较完整和全面的前因体系。本书主要从领导层面因素、组织层面因素和个体层面因素来归纳和介绍越轨创新行为的形成。

一、领导因素

越轨创新行为的领导层面形成因素主要涵盖三个方面，分别是关系、领导类型和领导行为。

第一个方面是从中国情境下的关系视角出发：①王弘钰和邹纯龙（2019）基于权利视角指出，中国情境下员工的态度和行为受领导及与领导关系的影响程度较大，尤其是上下级之间的私人关系会带来资源溢出和犯错成本降低，增加个体心理权利感，进一步激发个体越轨创新行为；②吴玉明、潘诚和周银珍（2020）研究发现：从风险的视角看，员工与上级在情感等方面的紧密关系会给予员工更多庇护，其行为更易于获得上级宽恕，因而上下级关系紧密的员工更易于做出越轨创新行为；从互惠和社会交换的视角看，上下级关系紧密的下级为了回报领导的情感、工作等方面的资源支持和帮助，会做出角色外的看似“叛逆”实为“忠诚”的越轨创新行为，通过自担风险以期为组织带来预期创新收益。

第二个方面是从领导类型视角出发，探究不同领导类型对员工越轨创新行为的影响：①包容性领导。吴士健、杜梦贞和周忠宝（2020）指出，包容性领导容忍员工差异、尊重多样性，可以通过提升员工心理安全感，增加员工的心理资源储量，增加组织内的越轨创新行为。②变革型领导。王弘钰和邹纯龙（2019）研究发现，任务冲突在变革型领导正向影响员工越轨创新行为的过程中起部分中介作用，批判性思维特质调节了任务冲突在变革型领导与越轨创新行为之间的中介效应；张弘和刘士平（2020）指出，建设性变革责任感在变革型领导与越轨创新行为之间起中介作用；郭萌（2020）研究发现，双元领导可以增加组织内的越轨创新行为，责任知觉发挥了中介作用，游戏动态性对中介路径的后半段起正向调节作用。③谦卑型领导。吴玉明、潘诚和周银珍（2020）研究发现，谦卑型领导通过上下级关系和心理特权影响越轨创新行为。④共享型领导。王弘钰和万鹏宇（2020）在社会认知理论的框架内分析了共享型领导对越轨创新行为的影响，共享型领导作为扁平式的领导结构，可以有效激活员工的越轨创新行为。⑤差序式领导。王弘钰、邹纯龙和崔智淞（2018）研究发现，差序式领导增加下属的越轨创新行为，心理特权感起着部分中介作用。⑥真实型领导。吴士健和杜梦贞（2021）指出，组织自尊和建设性责任认知在真实型领导与越轨创新行为之间起链式中介作用。

第三个方面是考察具体的领导行为对员工越轨创新行为的影响：①王弘钰、万鹏宇和夏天添（2021）以综合激励模型为基础，指出每日领导权变激励行为对员工每日越轨创新行为具有即时效应，自我提升价值观正向调节每日工作旺盛感与每日越轨创新行为之间的关系，同时正向调节了每日工作旺盛感在每日领导权变激励与每日越轨创新行为之间的中介效应。②下属心理授权在领导聚焦行为（促进型、防御型）与其越轨创新行为之间发挥部分中介作用（赵乐、乐嘉昂和王雷，2019）。③康鑫、尹净和冯志军（2020）研究发现，领导者的亲社会行为（仁慈、公道、实用）能够创造宽松自主的工作氛围，帮助员工突破时间、资源等“桎梏”开展越轨创新行为，其中特质性促进焦点和特质性抑制焦点在管理者亲社会行为和越轨创新行为之间发挥正向和负向的中介作用。

二、组织因素

现有研究主要从组织冲突、组织规范强化发展阶段、组织氛围、组织资源和组织工作特征等角度探究越轨创新行为在组织层面的形成因素。

（1）组织冲突。组织管理模式上的冲突是越轨创新行为的重要催化剂（王弘钰和邹纯龙，2018；王弘钰和于佳利，2019）。员工时常面临冲突与抉择，为了使创新得以持续进行，在各种可能性中，部分员工选择违背规范，不合法地追求新想法。

（2）组织规范强化发展阶段。组织规范逐步强化时期，组织十分重视流程的规范性和约束性，关注员工对组织规范的服从性，公开对抗意味着严重的后

果。因此，在组织规范的强化期，员工从事越轨创新行为不仅需要承担巨大的心理压力，同时面临着开除、降薪、降职等成本和风险，不大会从事越轨创新行为。而对于强调创新和工作自主性，组织规范弱约束力相对弱化的时期，员工的规范意识也随之弱化，创新裁量权提高，敢于“打擦边球”或直接违背规范，从事越轨创新行为（Mainemelis，2010）。

（3）组织氛围。王弘钰和于佳利（2019）发现：组织创新氛围会增加组织内的越轨创新行为，具体而言，通过员工创新自我效能感的传导机制产生影响。对于崇尚创新、鼓励创新的组织内部环境，组织对创新试错和多元化创新具有较强的容忍度，为创新行为多元化和合法化创造有利条件，员工往往享有较高水平的工作裁量权和自主性，从而最大限度地发挥积极性、主动性和能动性，越轨创新行为频发。相反，创新氛围低的组织强调规范至上和绝对服从，迫于行为成本，员工不大会从事越轨创新行为。研究同样发现，如果组织只是形式上鼓励创造性，但实际上却因不恰当的奖励制度、缺乏心理安全等扼杀创造性时，表面“繁荣”的组织创新氛围并不能带来越轨创新行为（Ford，1996；Mainemelis，2010）。

（4）组织资源。组织鼓励创新想法涌现和有限的资源存量会引发创新资源结构紧张（Structural Strain），资源紧张无法支持工作环境中所有提议的细化和实施，进而催生越轨创新行为，同时，越轨行为的管理规范执行和避免过早评估（Avoidance of Premature Evaluation）调节了这一过程（Mainemelis，2010）。赵乐、乐嘉昂和王雷（2019）基于个体情境理论指出，组织情境特征与员工行为选择有着紧密关联，在企业的管理实践中，迫于企业资产成本、时间成本和运营能力等因素，可以用于创新消耗的资源有限，员工被迫选择越轨创新行为。因此，资源结构性紧张的组织情境下，员工更容易从事越轨创新行为。

（5）组织工作特征。游戏动态性反映了组织对先行先试员工犯错行为的包容度（Ali et al.，2007）。组织游戏动态性强调包容（Huy，1999），鼓励员工以冒险的游戏形式开展创新试错，容错能力较强，可以有效激发员工的越轨创新行为（李树文、姚柱和张显春，2019）。远程办公的典型特征是办公时间和地点相对于传统组织内岗位的转移，如由写字楼、工厂、办公室等传统典型的办公场所转移到家庭、咖啡店、图书馆、书吧等异地办公环境，工作开展过程远离同事和组织（Baines，2010），无法采用实地面对面的传统方式参与组织活动和交流，在一定程度上脱离了领导监督和控制（Maruyama & Tietze，2012），加深了员工的工作自主性，减少了外部干扰，为员工从事越轨创新行为创造了独特的办公环境（肖志明，2020）。

三、个体因素

越轨创新行为个体层面的前因变量主要包括人格特质、个体创造力和心理知觉三大类因素。

（一）人格特质与越轨创新行为

Augsdorfer（1994）最早通过质性研究方法从个体特质层面归纳总结了越轨创新行为主体的特征。研究发现，具备高积极性、善于自我激励、不墨守成规等个性特征的员工更容易从事越轨创新行为（Augsdorfer，1994）。在此基础上，Augsdorfer（2012）又通过标准的心理测试，补充和验证了先前的研究，结果发现越轨创新行为主体具备积极、精力充沛、忠诚等特征，为企业筛选越轨创新行为主体，间接控制公司内越轨创新行为数量以及更好地实现管理控制提供了依据和借鉴。Augsdorfer 对越轨创新行为从事者个体特质的具体研究结果如表 2.2 所示。

表 2.2　越轨创新行为从事者的个体特质

个体特质（Augsdorfer，1994）		个体特质（Augsdorfer，2012）	
高积极性的	善于自我激励的	积极的	精力充沛的
不墨守成规的	特立独行	忠诚的	古怪的
天才的	不断追求	承担风险的	热情的
不轻言放弃	想法与众不同	复杂的	从不拒绝新工作
对科技有浓厚兴趣	眼光独到	不遵循规定	充满好奇心的
不走寻常路	有内在动机	非传统路径	善于质疑
痴迷于个人想法	有内在驱动力	不准时的	思维抽象
不会按时下班	善于质疑	富有激情的	思维开放的
工作狂	善于分析	乐天的	敏捷的

续表

个体特质（Augsdorfer，1994）		个体特质（Augsdorfer，2012）	
理解力强	难以被阻止	工作态度无序的	同时开展多个项目
具备横向思维	坚信自己所做的事情	喜欢沟通	同时追求好几样事物
从自己身上寻找失败原因	与科学家群体联系密切	难以管理的	批判公司
对不断提高有不变的雄心	注重工作结果多于工作时间	关注最终的受益者	厌倦按部就班
不易于被管理层管理和监督	最优秀、最聪明、最新颖的一类人	强大的自我信念	优秀的转化能力
……	……	极力维护想法实现	有时思维不够缜密
		特立独行的	拒绝墨守成规的
		渴望新任务或新项目	难以忍受挫折
		工作模式非结构化的	善于和志同道合的人共事
		关注探索与工作无关的事物	善于创造性地展示具体事物
		……	……

国内外学者在此基础上，选取更细致、更匹配的典型个体特质（包括冒险倾向、内部企业家精神和前瞻性人格等）探究越轨创新行为在个体特质层面的前因变量。Dietfried（2019）结合风险行为理论指出，个体的冒险倾向会促使个体产生激进想法，追求风险，助长越轨创新行为。国内学者王弘钰、万鹏宇和张振铎（2020）的实证研究发现冒险倾向显著影响越轨创新行为。Tenzer 和 Yang（2019）同样发现冒险倾向显著正向影响越轨创新行为，因为冒险倾向高的员工对成功持乐观态度，低估风险，倾向于牺牲常规工作带来的安全回报。内部企业家精神同样是越轨创新行为的重要驱动因素，企业家的本质是“承担风险的人”，具备企业家精神的个体更倾向于激进大胆地从事越轨创新行为（Augsdorfer，1994，2005；王弘钰等，2019）。杨剑钊和李晓娣（2019）指出，虽然工业技术、科研水平等组建的创新资源是影响越轨创新行为的重要因素，但是不足以解释相同的组织创新资源下，为何有些员工频繁从事越轨创新行为，有些却从不涉足。针对该问题，杨剑钊和李晓娣基于认知心理学的视角

指出，员工积极寻求改变和主动改造环境的前摄型人格特质对越轨创新行为具有更强的解释力，前摄型人格对越轨创新行为不仅有着直接影响，同时还可以通过加速创新催化激活越轨创新行为。

（二）个体创造力与越轨创新行为

从外部展开，创造力高的个体具有从事越轨创新行为的能力优势和资源优势。越轨创新想法往往是没有前人参考的，高创造力员工具备技能掌握和资源收集优势，且创造力越高其创新诉求越强烈，工作胜任力强，会从事难度高、挑战大并收益可观的越轨创新行为（Augsdorfer，1994，2005）。高创造力的个体其自身具备的创新资源会为其提供主观的自信支撑和客观的资源条件，个体对外部反馈和资源支持的依赖程度更低，更会无视外界环境的限制，摆脱“创新合规性”的束缚，敢于从事越轨创新行为。从内部视角展开，高创造力为个体从事越轨创新行为创造了必备的心理条件和道德基础（Augsdorfer，1994，2005；王弘钰等，2019）。杨刚、宋建敏和纪谱华（2019）在道德许可理论和自恋理论的基础上从道德约束和心理特权的视角构建了创造力和越轨创新行为的理论框架：高创造力的员工思维更发散和活跃，富有批判性思维，这种思维模式会驱使员工突破认知边界、寻求创新和变革，并产生前瞻的甚至按现有认知判断为不合逻辑的超前想法，其对创新的专注和执着会使得其对创新想法以外的东西选择性忽视，从而开展偏离组织规范的越轨创新行为，道德推脱作为许可因素在创造力与越轨创新行为之间发挥中介作用。

（三）心理知觉与越轨创新行为

杨刚、宋建敏和纪谱华（2019）指出，高创造力个体一贯的优异工作表现会使个体产生越轨的道德许可，缓解甚至消除个体从事违反道德标准行为时的心理愧疚和不良适应，实现自我安慰。因此，高创造力个体较高道德推脱和许可水平的心理机制，是员工降低自我控制约束、做出越轨创新行为的重要心理条件。曹大友和刘夏青（2020）研究发现，若员工对自身的创新角色认同度很高，个体就会表现出高水平的创造力，做出更多的越轨创新行为，个人权利感发挥着中介作用。

在员工资质感知领域，王弘钰、万鹏宇和张振铎（2020）基于自我验证理论指出，在角色内工作单调、挑战不足的情况下，感知资质过剩的个体会超越工作

角色，从事足以证明自身超常资质、符合自身兴趣的越轨创新行为，在验证自我判断的同时增加工作乐趣、创新挑战和预期收益。具体到资质过剩感触发越轨创新行为的心理机制上，过剩资质个体具有寻求肯定性反馈和价值证明的心理机制，证明目标导向在资质过剩感对越轨创新行为的作用过程中起中介作用。王朝晖（2019）也指出，资质过剩感可以通过冲突体验和悖论思维间接影响越轨创新行为。

第三节　越轨创新行为的影响结果

相较于越轨创新行为丰富的前因研究探索，其影响结果的研究较为松散，缺乏实证研究并存在诸多争议，主要包括越轨创新行为对员工创新绩效的影响、越轨创新行为引发的外部（组织、领导和平级同事）反应、越轨创新行为对团队创新绩效的影响以及越轨创新行为对企业技术创新或产品创新的影响探讨。

一、越轨创新行为与员工创新绩效

建设性学派持正向观点，认为越轨创新行为会促进员工创新绩效的提升，并从探索学习优势、资源整合优势和延迟公开优势的角度（王弘钰和万鹏宇，2020）探讨了越轨创新行为对员工创新绩效的“赋能”，而负向观点则认为越轨创新行为是个体的“负担”，抑制员工创新绩效。

（一）越轨创新行为影响员工创新绩效的正向观

探索学习视角下的越轨创新是一种“拓荒式”的创新尝试，往往具备了超前性、大胆性，且创新本身就是一种对传统的突破甚至颠覆（王弘钰和万鹏宇，2020）。在这种情况下，越轨创新是一种探索性的大胆创新尝试、积极主动的探索行为，越轨创新行为者可以获得探索性优势（王弘钰和万鹏宇，2020）。越轨创新行为还提高了员工后期在正式工作中提出新颖想法的可能性，这有助于创新的成熟和成功（Criscuolo，Salter & Wal，2014）。从而，该视角通过强调创新即对固有轨迹突破，论证了越轨创新行为对员工创新绩效的积极作用（王弘钰和万鹏宇，2020）。

资源整合优势视角理论认为，越轨创新个体放弃了需要通过烦琐程序、说服领导从而获批的组织资源，如同组织中的“清道夫”，挖掘那些潜在的、冗余的或被遗忘的碎片化资源，化零为整，甚至通过争取或借助非工作时间、社会人脉搜索资源，通过融合创新想法进行整合，从而创造更高的员工创新绩效（王弘钰和万鹏宇，2020）。

延迟公开优势视角理论认为，越轨创新行为主体的创新想法挑战了组织权威，制度惰性和惯例依赖使组织难以接受这种活动，而这种越轨的创新想法或行为可能方兴未艾，虽有潜力但不具备较强的说服力和可操作性，这种情况下个体会不露锋芒，私下完善创新方案，等待方案或时机更加成熟，大大增加了越轨创新方案被认可和取得绩效的概率（王弘钰和万鹏宇，2020）。

（二）越轨创新行为影响员工创新绩效的负向观

研究发现，越轨创新行为会给个体带来工作负担、离职意向（邹纯龙，2020），引发上级阻抑（陈伍洋等，2017），给越轨创新行为的从事者带来麻烦和负面评价（黄玮等，2017），对创新绩效的开展产生不良影响。从规范约束的角度看，越轨创新行为违背了组织规范，挑战了组织权威，纵容会导致组织无序和其他成员效仿，因此，越轨创新行为会被打压，员工无法实现创新绩效的目标（Staw，1990；Criscuolo，Salter & Wal，2014）。从资源分配的角度看，越轨创新项目与本职核心任务会在时间投入、资源需求等方面竞争，越轨创新行为会和正式工作产生冲突，不利于员工全身心开展创新绩效（Masoudnia & Szwejczewski，2012）。从创新成功率的角度看，创新本身成功率就不高，越轨这一手段直接导致越轨创新行为无法被组织正式支持甚至被打压，取得创新绩效的成功率也变得更低（Augsdorfer，2005）。

综上所述，现有文献对越轨创新行为影响结果的研究还不够深入。越轨创新行为作为一种在创新时代不可避免的员工行为，它会给员工创新绩效带来什么影响？影响多大？何时会给员工创新绩效带来消极影响？越轨创新行为通过哪些作用机制促进或抑制员工创新绩效？目前对这些问题的研究还处于初级阶段，甚至还未开始。彻底解答越轨创新行为对员工创新绩效是“赋能”还是“负担”的

问题，才能进一步回答越轨创新行为到底是“忠诚”还是“叛逆”的问题，才能帮助学术界和企业理解越轨创新行为，最终为管理越轨创新行为、开发越轨创新行为的进一步研究奠定基础。基于此，本书拟在前人研究空白和不足的基础上做进一步探索。

二、越轨创新行为与外界反应

越轨创新行为作为一种具有“叛逆”和“破坏”特征的创新行为，势必引发外界的关注和回应。目前关于越轨创新行为引发外界反映的研究主要集中在领导反应方面，对企业整体反应、同事（不包括领导）等反应的研究仍处于起步阶段。Mainemelis（2010）通过大屏幕电子显示器开发和 3M 公司胶带分切机发明两项越轨创新案例分析发现，对创造力重视程度超过服从命令的企业中，企业不太会以严厉的方式惩罚越轨创新行为，更多地选择忽略、原谅或奖励一些（但不是所有）越轨创新行为。企业成员更能容忍、支持甚至钦佩创造性的越轨者（Nemeth，1997）。

在实际管理中，企业管理层往往通过容忍对新想法的不正当追求，用相对较少的资源获取潜在的利益，并将创新的失败风险转移给创造性的越轨者。企业会在后期的某个时间点介入，如停止其追求新想法（当很明显或有足够证据表明这个新想法不大可能成功的时候）。抑或暂时选择性包容（Selective Tolerance），随后在某个点进行价值评估和结果预判，通过将其转变为一个正式的项目来合法化这个想法（特别是当新想法很可能演变成有益的创新成果的时候）（Mainemelis，2010）。

中国学者 Lin 及国外学者 Mainemelis、Kark（2016）最早对越轨创新行为触发的领导反应展开研究。研究团队发现越轨创新行为与创新支持性监督交互影响领导的反应，其交互项与领导的宽恕和奖励呈正相关，与领导的惩罚和忽视呈负相关。进一步地，领导的宽恕会增加员工未来的越轨创新行为，领导的惩罚会显著抑制员工未来的越轨创新行为，领导的奖赏会使得越轨创新行为合法化。具体的交互分析发现，在创新支持性监督水平较高时，越轨创新行为会增加领导的宽恕和奖励，在创新支持性监督水平较低时，越轨创新行为会增加领导的惩罚和无视。

陈伍洋等（2017）基于侵犯的理性决策理论指出，中国本土情境下的越轨行为体现了违背社会环境规范期望（如正式或非正式形式的规则）的“叛逆”色彩。在中国的大多数管理情境中，遵从上级命令是员工最基本的工作规范。因此，下属的越轨创新行为也标志着上级人际影响策略的失败，直接挑战了领导的权威（Brower & Abolafia，1995），并对领导的面子产生冲击，进而诱发领导的地位威胁感，引发领导采取行动。但是，在中国情境下，对越轨创新行为这一创新行为的直接处罚会导致领导“不能容贤”的负面形象，甚至会挫伤多数组织成员的创新积极性，因此，上级多采用阻抑行为这种比较含蓄的惩罚方式回应下属的越轨创新行为（陈伍洋等，2017）。

三、越轨创新行为与团队创新绩效

以往有关创新的研究发现，虽然组织成员的创新设想没被组织采纳，但是个体坚持完善和实践创新想法的过程，增加了团队内创新思维和创新想法的存量和多样性，拔高了团队的整体创新水平，利于团队整体创新绩效的提升（Simonton，1999；吴颖宣等，2018；Guzman & Espejo，2019）。有研究同时指出，违抗领导命令的创新行为秉承的新想法通常是风险大并缺乏组织正式资源支持的，不利的环境限制会激发越轨创新行为从事者的斗志，将“资源困顿”视为积极挑战或超越自我、让外界刮目相看的契机，从而寻找更好的完善方案，独立思考，一旦想法落地，会带来革命性的新产品和新技术，提高团队创新绩效（Zhou，2003；吴颖宣等，2018）。

从失败学习的视角看，即使越轨创新行为“流产”，没有产生产品或技术上的重大创新突破，员工越轨创新的试错学习也会对其今后创新活动的开展和成功有所助益，对其所在团队成员的观察学习或者经验积累、教训总结有所启发，使得团队成员在未来的创新活动中避免入“坑”，对管理者辨别越轨创新行为的价值、更好地管理团队中的创新行为提供了实践性的借鉴，有利于提高团队创新绩效（Amabile et al.，1996；吴颖宣等，2018）。

四、越轨创新行为与突破性创新产品

从创新概率视角展开，Simonton（1999）和 Mainemelis（2010）指出创意

（包括越轨创新行为践行的创意）与创新产品存在着内在关联，创意产品取决于创意的质量，创意的质量直接取决于创意的数量，新创意越多，产生创新产品的可能性就越大。Diehl 和 Stroebe（1987）调查发现，创意数量和创意质量之间的相关系数高达 0.82，而 Frese 等（1999）得出结论，公司如果想要拥有尽可能多的好创意，就应该尽一切努力促进新创意数量的增加，同样地，越轨创新行为导致创新产品的产生也是概率性事件，员工的越轨创新行为至少允许一些额外的创造性产品通过次要的、不合法的渠道产生。因此，从概率视角来看，越轨创新行为并不意味着一定促使创造性产品的产生，但是随着越轨创新行为发生频率的增加，创造性产品产生的可能性也会增加。

Google 公司员工的越轨创新行为带来了以 Adsense、Gmail 等为代表的突破性技术或创新产品，王小川的越轨创新行为产生了搜狗浏览器，科学家中村修二的越轨创新行为产生了蓝光 LED 技术，微信支付团队的越轨创新行为产生了微信红包功能，由此可见，越轨创新行为和突破性创新产品存在着密切的关联。综观越轨创新行为转化为突破性创新产品的案例，很明显，越轨创新行为虽然整体上利于突破性创新产品的产生，但是转化过程的外部环境也是很重要的（Mainemelis，2010）。LED 技术是工业尝试了 30 年却未能投入生产的发明，当日亚集团的领导命令他停下来时，科学家中村修二花了很多时间学习如何制造设备，他甚至还引起了多次爆炸，但是领导并未就他的越轨做出实质性惩罚（如开除等），从而他有足够的机会熟练掌握了设备和荧光粉的使用，发明了 LED 照明技术。同理还有张朝阳出于信任对王小川越轨创新行为的熟视无睹最终造就了搜狗浏览器、朱江洪对董明珠变革财务收发货制度的视而不见等，由此可见，领导策略是越轨创新行为能否成功的关键情境边界。

第四节　越轨创新行为的研究评述

本章主要对以往越轨创新行为的理论研究和重要文献进行了系统的梳理、归纳和总结，对越轨创新行为的概念内涵、测量工具、形成因素、影响结果和现有研究不足进行了详细的阐述。虽然国内外现有关于越轨创新行为测量和影响结果的研究成果并不太多，但已有的研究成果可以帮助我们对越轨创新行为的研究现状有一个较为清晰和系统的认识了解，更帮助我们认识到，现有研究仍有以下不足尚待解决：

一、未能基于组织规范理论解决越轨创新行为的结构和测量问题

在越轨创新行为的构念与测量上，国内外学者不仅尚未达成一致意见，而且随着研究的进展暴露出更多问题，越来越多的学者指出目前越轨创新测量领域研究的重大缺陷：①概念混淆。现有的多数研究将创新行为是否越轨等同并局限于创新行为是否直接或潜在违背领导命令，认为公开违背或私下违背领导命令的创新行为，就叫作越轨创新行为（邹纯龙，2020）。将违背领导命令的抗令创新行为等同于越轨创新行为，显然曲解了“轨”的内涵（吴颖宣等，2018；陈超、刘新梅和段成钢，2020）。②现有越轨创新行为量表缺乏合适的理论基础。研究越轨创新行为，首先要弄清楚越轨创新行为区别于普通创新行为的判定标准，只有确定了“轨”，拥有了判断标准，才能判断创新行为是否越轨，遗憾的是，在越轨创新的研究领域，并未有学者对“轨”进行深入探讨。只有基于组织规范理论对“轨”进行合理定义和划分，才能剖析出越轨创新行为相较于创新行为在内涵与结构上的独特之处。

综上所述，现有的越轨创新行为测量工具存在漏洞，结构上不具备完整性，最终阻碍了学术界对越轨创新行为形成机制及影响效果的进一步研究。鉴于此，拟在子研究 1（第三章）中采用质性和实证相结合的方法，在越轨学派传统观点和组织规范理论的基础上，参考国内外关于越轨创新行为在结构维度和测量方面的研究成果，结合访谈和实证检验，开发并检验中国情境下基于组织规范理论的越轨创新行为量表。

二、忽视了越轨创新行为差异化影响员工创新绩效的情境边界

随着研究深入，越来越多的学者指出宏观的情境边界是解答“越轨创新行为促进还是抑制创新绩效”问题的途径之一（Criscuolo，Salter & Wal，2014；赵斌、古睿和李瑶，2019；Bennett & Robinson，2000）。以往研究虽然尝试从不同

角度回应这一建议（黄玮等，2017；王弘钰和万鹏宇，2020），但仍存在以下不足：①越轨创新行为测量上的不统一和缺陷，导致研究结果存在差异并诱发争议；②情境因素的选择过于零散，并未基于系统理论及其子理论进行合理甄选，有拼凑之嫌；③情境因素的选择缺乏针对性，难以区分在何种情境下越轨创新行为对员工创新绩效“赋能”或“负担”。因此，拟在子研究2（第四章）中基于个人—环境匹配理论选取组织创新氛围、领导权变激励和领导容错性揭示越轨创新行为差异化影响员工创新绩效的情境边界，探究越轨创新行为在哪些外部情境下促进员工创新绩效，又在哪些特殊情境下抑制员工创新绩效，最终从宏观的情境边界视角解答越轨创新行为与员工创新绩效关系不一致的问题。

三、忽视了越轨创新行为差异化影响员工创新绩效的双刃剑机制

以往研究探讨了越轨创新行为对员工创新绩效的直接路径，鲜有研究从微观视角关注其中的双刃剑机制，更缺乏从辩证和整合的视角探讨越轨创新行为对员工创新绩效“资源增益—资源减损”的双刃剑机制（Halbesleben，Harvey & Bolino，2009；段锦云、杨静和朱月龙，2020）。越轨创新行为通过何种机制增加员工创新绩效？越轨创新行为的“叛逆”表征，以及角色外高负荷探索，又会带来哪些麻烦阻碍员工创新绩效？根据资源保存理论，越轨创新行为对创意的坚持和未知领域的大胆探索，会通过推动个体的资源整合促进员工创新绩效的提升，同时其偏离规范和任务也会给个体带来各种质疑和角色超载，导致自我损耗而抑制创新绩效。在此基础上，研究引入个人声誉和心理韧性，在丰富研究情境性的同时，进一步增加研究的实践价值，揭示通过构建何种内在条件加快越轨创新行为—资源整合—员工创新绩效的资源增益过程，抑制越轨创新行为—自我损耗—员工创新绩效的资源减损过程。厘清上述问题，将有助于学术界和管理者有效加强越轨创新行为向员工创新绩效的正向转化，同时有效防范和及时阻断越轨创新行为对员工创新绩效的消极影响过程。鉴于此，拟在子研究3（第五章）中构建资源整合和自我损耗的双刃剑路径，同时引入个人声誉和心理韧性作为调节变量，最终从微观的机制视角解答越轨创新行为与员工创新绩效关系不一致的问题。

第五节　本章小结

本章围绕越轨创新行为这一核心变量进行了文献回顾。首先，研究回顾了国内外对越轨创新行为的研究进展和概念界定，对结构和维度进行归纳整理，并与相关概念进行了比较。其次，研究对国内外越轨创新行为的测量方式进行了总结。最后，研究对国内外越轨创新行为的形成因素和影响结果进行了梳理、总结和评价，并提出了越轨创新行为研究中可能存在的突破点。虽然现有关于越轨创新行为的研究成果集中在形成机制上，但已有的研究成果帮助我们对越轨创新行为的研究现状有较为清晰和系统的了解，为后续第三章越轨创新行为的结构与测量、第四章越轨创新行为对员工创新绩效差异化影响的情境边界研究和第五章越轨创新行为对员工创新绩效差异化影响的双刃剑机制研究提供了重要的启发，具体启发包括：

（1）未能基于组织规范理论解决越轨创新行为的结构和测量问题。以往研究发现，在越轨创新行为的结构和测量上，国内外学者尚未达成一致意见。随着研究的进展，越来越多的学者指出目前越轨创新领域研究中概念混淆的重大缺陷，而且对越轨的判断缺乏一个统一科学的标准，然而，却鲜有研究进一步作出清楚的理论和实证解释。故而，在第三章中深入探讨越轨创新行为的结构和测量问题。

（2）对越轨创新行为差异化影响员工创新绩效的情境边界关注不足。以往研究对越轨创新行为与员工创新绩效关系不一致的问题进行探讨，并指出情境边界是解答这一问题的关键，但鲜有研究的情境变量设置达到区分正负效应的“分水岭”效果。故而，在第四章中深入探讨越轨创新行为对员工创新绩效差异化影响的情境边界。

（3）对越轨创新行为差异化影响员工创新绩效的双刃剑机制关注不足。以往研究对越轨创新行为与员工创新绩效关系不一致的问题进行探讨，并指出情境边界是解答这一问题的关键，但鲜有研究关注其中双刃剑的复杂机制。故而，在

第五章中深入探讨越轨创新行为对员工创新绩效差异化影响的双刃剑机制。

针对以上启发和缺口，本书设计了三个子研究：

子研究 1 回溯国内外越轨学派维度划分依据的研究，基于组织规范理论探索越轨创新行为的内涵与结构，开发基于组织规范理论的越轨创新行为测量工具。

子研究 2 基于个人—环境匹配理论，从宏观的情境视角探索越轨创新行为差异化影响员工创新绩效的边界，揭示越轨创新行为何时正向、何时负向影响以及何时无法影响员工创新绩效。

子研究 3 基于资源保存理论，从微观的资源增益—减损机制视角揭示越轨创新行为转化为员工创新绩效的双刃剑机制和边界条件，揭示越轨创新行为如何正（负）向影响员工创新绩效，以及作用机制的边界条件。

第三章　越轨创新行为的结构与测量

本章在回溯越轨创新行为相关概念和维度划分研究的基础上，选取组织规范理论视角界定了越轨创新行为的内涵。经过文献梳理、访谈、编码、题项生成、探索性因子分析、验证性因子分析和信效度检验等程序，开发了三维度的越轨创新行为测量量表，识别出组织型越轨创新行为这一新维度，同时用人际型越轨创新行为这一维度统领和涵盖了违抗领导创新这一原有子维度与违抗群体创新这一新的子维度，加深了学术界对越轨创新行为内涵与结构的理解，拓展了组织规范理论的应用，助力管理者有效识别越轨创新行为并对员工和组织进行有效管理。

第一节　问题提出

关于越轨创新行为的测量，中国学者 Lin 和外国学者 Mainemelis、Kark（2016）共同取得的研究相对权威并得到广泛采纳。他们认为，越轨创新行为是员工坚持创新想法，公开违背领导命令的创新行为，同时开发出了单维度的量表，该量表为企业甄别越轨创新行为并探索其前因后果提供了测量工具。但是，随着多种形式越轨创新行为的涌现，越来越多的学者开始关注到越轨创新行为区别于一般创新行为的核心特征，而不只是局限于对越轨创新行为中“角色超越”或“违抗领导命令”成分的关注（Criscuolo，Salter & Wal，2014；吴颖宣等，2018；王弘钰等，2019）。因此，Lin、Mainemelis 和 Kark（2016）的

越轨创新行为量表已经无法适应企业和管理者对员工创新行为的管理需求，具体表现为：①Lin、Mainemelis 和 Kark（2016）的越轨创新行为主张的是公开违背领导命令去开展创新行为，但将创新行为是否越轨等同于创新行为是否公开违背领导命令，是否存在以偏概全的嫌疑？国内学者指出该种测量工具测量违抗领导创新或抗令创新行为更为准确（吴颖宣等，2018；陈超、刘新梅和段成钢，2020）。②Lin、Mainemelis 和 Kark（2016）的越轨创新行为量表并未对“轨”进行系统和全面的论述，导致单一维度的越轨创新行为量表在测量全面性上明显不足，无法充分体现当前员工多种越轨形式的创新行为。

在强调员工创新的时代，学术界在探究越轨创新行为时不免将注意力集中在其创新主动性上，但是，越轨创新行为的核心特征是“越轨”，这种“叛逆性”和“拒绝墨守成规”也是其引发学术界和管理者广泛关注的重要原因（Meshkova & Enikolopov，2018；王弘钰等，2019）。杨杰、凌文辁和方俐洛（2004）明确提出判定越轨行为时“宜将注意力集中在轨（组织规范）上”。显然，现有的越轨创新行为量表并未把握住越轨创新行为的“越轨”这一区别于一般创新行为的核心特征，并未基于理论或实证对“轨”的内涵和分类做进一步探索。因此，组织行为学术界需要思考：①越轨创新行为的理论基础是什么？②判断创新行为是否越轨的标准是什么？③越轨创新行为的内涵和结构是什么？④越轨创新行为是不是一个概念集合？⑤越轨创新行为如何测量？

本章的目的是通过回溯越轨学派成熟的研究成果，通过系统地梳理和对比，结合当下越轨创新行为中逐渐显露的问题，最终选取组织规范理论并基于此理论对越轨创新行为的内涵和结构进行界定，开发越轨创新行为量表。Hinkin（2005）在心理测量理论中关于量表编制的三步法建议在《管理世界》《管理科学》等国内顶级期刊中得到广泛应用（陈艳虹、张莉和陈龙，2017；翁清雄、胡啸天和陈银龄，2018），因此，子研究 1 主要根据 Hinkin（2005）的建议完成越轨创新行为量表的编制，共包含 4 个模块的研究内容。模块 1 通过文献综述回顾了越轨学派成熟的研究成果，最终选取组织规范理论，界定了“基于组织规范理论的越轨创新行为”的内涵，初步识别出三个维度。模块 2 通过文献回顾、个人深度访谈和焦点小组访谈形成了越轨创新行为初始题项，同时检验了内容充分性（Hinkin，2005）。模块 3 为因子分析，通过探索性因子分析探索越轨创新行为量表的结构，同时删减和优化了量表题项，通过验证性因子分析检验量表的结构（Hinkin，2005）。模块 4 验证量表的内部一致性、组合信度、内容效度、结构效度和效标效度（Hinkin，2005）。

第二节 文献综述

本节主要包含以下四个步骤：①越轨创新行为相关概念测量的系统梳理与回顾。根据 Warren（2003）以及王鹏（2019）的建议，当研究主题的现有测量结构与量表较少或存在缺陷时，应通过借鉴相关主题（如相近构念、更大范畴）结构或维度划分的成熟研究，甄选合适的理论基础，为研究打开思路；②回顾越轨创新行为的结构和测量现状，指出了问题与不足；③基于组织规范理论对越轨创新行为进行概念界定；④基于组织规范理论对越轨创新行为进行维度识别，并与已有量表进行对比。

一、越轨创新行为相关概念的测量借鉴

目前关于越轨创新行为测量的研究仍处于起步阶段，测量工具在划分上存在诸多争议，更将“越轨”等同于“公开或潜在违背领导命令”，存在较大缺陷（吴颖宣等，2018；陈超、刘新梅和段成钢，2020）。为避免再次掉入概念混淆、避重就轻的“陷阱”，根据 Warren（2003）和王鹏（2019）的建议，通过借鉴相关主题结构或维度划分的成熟研究来打开思路。越轨行为和建设性越轨行为不仅涵盖了越轨创新行为这一子范畴，经过近半个世纪的发展，在国内外均形成了丰厚的研究成果。因此，研究通过回顾越轨行为和建设性越轨行为的经典测量量表和维度结构，为越轨创新行为的结构探索提供研究支撑和启发。

（一）越轨行为

1975 年，Kaplan 的《自我态度和越轨行为》一书出版标志着越轨行为从反生产行为中剥离出来、独成派系，经过近半个世纪的研究，越轨行为在

测量结构上已经非常成熟。员工越轨行为（Employee Deviance）指对组织成员、组织发展和组织利益有着明显危害的，故意违背组织规范的员工行为（Kaplan，1975；刘善仕，2002）。从现有文献来看，越轨行为的测量工具在本土情境下得到了广泛检验，针对不同的研究需要和研究偏好，学者基于不同视角开发并验证了多个越轨行为的测量量表，这些量表以多维度量表为主。

Hollinger 和 Clark（1983）指出越轨行为涵盖生产越轨（Production Deviance）和财物越轨（Property Deviance）两个类型，前者是违背生产规范的越轨行为，后者是违背分配规范和雇主财产利益的越轨行为。考虑到越轨的职业生涯领域和要素，Raelin（1984）将越轨行为划分为与管理（Management）相关的越轨行为、与工作（Job）相关的越轨行为、与自我（Self）相关的越轨行为和与职业（Career）相关的越轨行为。Robinson 和 Bennett（1995）根据规范内容（组织规范/人际规范）和危害程度（轻微/严重）将越轨行为划分为财产越轨（组织、严重）、生产越轨（组织、轻微）、人身攻击越轨（人际、严重）和政治越轨（人际、轻微），该种划分法在一定程度上考量了组织规范和人际规范，不仅为后期建设性越轨行为的维度划分提供依据，更被刘善仕等国内学者关注和讨论（Robinson & Bennett，1995；刘善仕，2002）。刘善仕（2002）则指出，在中国情境下，不友善、攻击等暴力人际侵害的方式鲜有发生，往往表现为利益冲突并与政治越轨交织在一起，因此，刘善仕（2002）结合本土实际情况，在 Robinson 和 Bennett（1995）研究的基础上将中国企业员工越轨行为分为财产越轨、生产越轨和人际越轨三类。杨杰、凌文辁和方俐洛（2004）在越轨社会学漏斗模型的基础上，提出了越轨行为概念模型的四要素，具体如图 3.1 所示，明确将是否违背主流规范作为界定行为是否“越轨”的核心标准。越轨创新行为隶属于越轨行为的范畴，且两者在违背组织规范上具有概念上的“一致性”，因此对越轨行为量表的回顾，尤其是中国情境下越轨行为的结构，为我们开发越轨创新行为的测量量表提供了理论基础和研究启示。

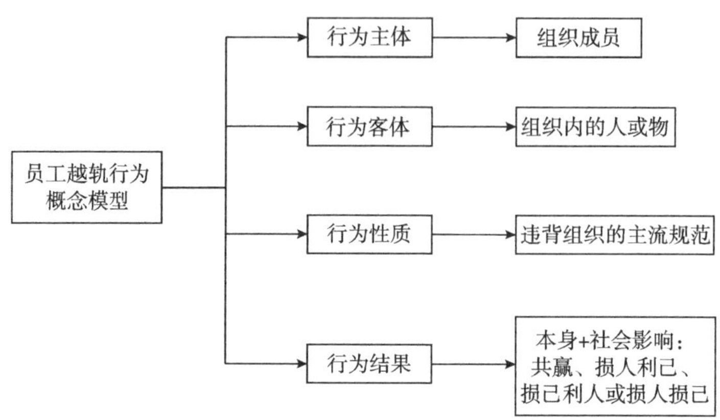

图 3.1　越轨行为概念模型的 4 要素

（二）建设性越轨行为

随着积极组织行为学的兴起，越来越多的学者指出，越轨行为不总是坏的，虽然越轨行为打破了重要群体参照规范，但是有些越轨行为符合超规范，具有利组织或利他人的建设性目的，这种行为被称为建设性越轨行为（Galperin，2002，2012）。由此，越轨行为被重新定义为“员工有意采取的违反组织中重要群体参照规范、最终会导致共赢、损人利己、损己利人和损人损己 4 种结果的行为”（杨杰、凌文辁和方俐洛，2004）。建设性越轨行为（Constructive Deviance）则被定义为“员工为了增进组织或组织成员福祉而违反组织重要规范的自愿行为”（Galperin，2012）。由此，越轨行为被学术界进行了建设性和破坏性的区分。随着学术界对创新的关注，有学者指出越轨创新行为是建设性越轨行为在创新时代的衍生和发展，而且建设性越轨行为和越轨创新行为存在以下共同点：都是员工自发主动的自愿行为；都是违背组织规范的越轨行为，都可以归为越轨行为这一涵盖式的集合概念；都是以提高组织或组织成员利益为目标。鉴于此，研究选取建设性越轨行为探究其维度划分和研究现状，以期提供借鉴和思路。

Galperin 在 2002 年和 2012 年分别开发并完善了建设性越轨行为量表，Galperin 借鉴了 Robinson 和 Bennett（1995）对越轨行为的划分标准，基于组织规范和人际规范的视角将建设性越轨行为划分为组织型和人际型两种建设性越轨行为。Spreitzer 和 Sonenshein（2004）认为建设性越轨行为具有主动自愿（Intention）、背离规范

（Departure from Norms）和高尚本质（Honorable Nature）三个本质特征，因此提出了主动自愿、背离规范和高尚本质的三维度建设性越轨行为量表。王弘钰和崔智淞（2018）在中国情境下，除关注正式规范外，还关注了重要群体参照规范当中的“潜规则（非正式规范）”，进而区分了违背正式规范和违背非正式规范两种形式的建设性越轨行为。三个建设性越轨行为量表虽然来自不同文化情境，在定义和维度上有所区别，但都将规范作为建设性越轨行为维度和结构划分的重要指标，由此可见，规范在推进建设性越轨行为乃至越轨行为研究中的重要价值。

相关概念的维度划分依据和结果如表 3.1 所示，通过对国内外学者关于越轨行为和建设性越轨行为维度划分依据和结果的回顾，研究发现，对规范的把握是越轨行为、建设性越轨行为研究中被学者广泛关注的划分依据，也是帮助学者理解行为内涵和种类的重要切入点。越轨行为的整体范畴与组织规范之间具有内在联系：组织规范是各种越轨行为界定的理论基础，也是判断行为是否越轨的标准，而各种越轨行为则是打破组织规范后在企业人力管理中的具体表现形式。因此，在此基础上，子研究 1 将重心放在组织当中的重要群体参照规范上，沿着组织规范理论的研究脉络，对越轨创新行为的结构进行探索。

表 3.1　相关概念的维度划分依据和结果

相关概念	代表学者	维度划分依据	维度划分结果	划分依据是否涵盖组织规范
越轨行为	Hollinger、Clark（1983）	（生产/财产）规范	财物越轨 生产越轨	是
	Raelin（1984）	职业生涯领域和要素	管理相关的越轨行为 工作相关的越轨行为 自我相关的越轨行为 职业相关的越轨行为	否
	Robinson、Bennett（1995）	（组织/人际）规范	财产越轨 生产越轨 人身攻击越轨 政治越轨	是
	刘善仕（2002）	规范	财产越轨 生产越轨 人际越轨	是

续表

相关概念	代表学者	维度划分依据	维度划分结果	划分依据是否涵盖组织规范
建设性越轨行为	Galperin（2012）	（组织/人际）规范	指向组织 指向人际	是
	Spreitzer、Sonenshein（2004）	行为特征	自愿 背离规范 高尚本质	是
	王弘钰、崔智淞（2018）	（正式/非正式）规范	违背正式规范 违背非正式规范	是

资料来源：本书整理。

二、越轨创新行为测量的现状与不足

（一）越轨创新行为测量的现状

由于对越轨创新行为中的“越轨”缺乏一个完整、全面的判断标准，目前的三个越轨创新行为量表均是基于不同的视角开发的：

（1）角色创新的越轨创新行为量表。以 Criscuolo、Salter 和 Wal（2014）为代表的角色创新学派最早开发出了越轨创新行为的测量工具，由于该学派界定的越轨创新行为是个体在正式工作计划或工作任务外从事的额外创新活动，其目的是为组织或组织成员获得潜在的创新价值和机会，他们开发的越轨创新行为量表仅能测得员工与任务冲突、突破角色和逃避责任限制的越轨创新行为。该量表的初始题项共计 5 个条目，经检验删除因子载荷不达标的题项后形成了 4 题项的最终量表。但黄玮等（2017）则发现，5 条目的原始量表在中国情境下测量效果良好。由此可见，该量表在不同文化背景下测量效果存在较大差距。

（2）违抗领导创新（抗令创新）的越轨创新行为量表。以 Lin、Mainemelis 和 Kark（2016）为代表的违抗领导创新学派将越轨创新行为定义为违抗领导命令而继续从事的公开创新行为（吴颖宣等，2018）。因此，该学派开发的越轨创新行为量表实际上是测量违抗领导命令创新行为的测量工具，又称抗令创新，共计 9 个题项，得到了吴颖宣等（2018）的采用和验证。

（3）创新过程的越轨创新行为量表。邹纯龙（2020）根据创新过程理论指出越轨创新行为也是一个过程，将越轨创新行为划分为“暗度陈仓”和“君命不受”两个维度，共计7个题项。

现有越轨创新行为量表的视角与理论基础的对比如表3.2所示。

表3.2　现有越轨创新行为量表的视角与理论基础

视角	理论基础	代表学者	维度及内容
角色创新	无	Criscuolo、Salter和Wal（2014）	4题项的单维度量表
违抗领导命令创新	无	Lin、Mainemelis和Kark（2016）	9题项的单维度量表
创新过程	创新过程理论	邹纯龙（2020）	7题项的双维度量表（暗度陈仓；君命不受）

（二）越轨创新行为测量的不足

综合以上三个测量工具，结合上节越轨创新行为相关概念测量的成熟研究，本书发现，越轨创新行为的三个测量工具仍有不足：

（1）越轨创新行为的判定标准应当是规范主导逻辑，而非创新主导逻辑。

越轨创新行为区别于一般创新行为的核心特征和判别标准是“越轨”，这也是其引发学术界和管理者关注越轨创新行为的重要原因，沿着规范主导逻辑探索越轨创新行为，通过规范类别界定和划分区分违背不同规范类别的越轨创新行为，应当是判定和探究越轨创新行为内涵结构的正确逻辑（杨杰、凌文辁和方俐洛，2004；Galperin，2012）。显然，Criscuolo、Salter和Wal（2014）仅对违背角色规范、逃避责任约束的越轨创新表现形式进行一定探讨，Lin团队（2016）和邹纯龙（2020）强调了越轨创新的抗令性或过程性，两者均用领导命令代替规范这一复杂概念，避重就轻（杨杰、凌文辁和方俐洛，2004），后者按照过程的划分法适配范围过于广泛，几乎所有行为（如被动创新行为、变革行为等）都是从一个想法到公开实践、从不被知晓到被知晓的过程。综上所述，采用创新主导逻辑对越轨创新行为进行解构，不能抓住越轨创新行为区别于一般创新行为的本质特征，从而无法帮助我们深入透彻地理解越轨创新行为。因此，采用规范主导逻辑对“轨”进行内涵界定和分类划分，是判别、界定和探究越轨创新行为内涵和结构的最优逻辑。

（2）现有越轨创新行为量表虽有越轨之名，但对越轨的把握和测量明显不足。

Galperin（2012）在探究建设性越轨行为时提出应当加强对“越轨”的把握和测量，将“轨”定义为组织当中的重要群体参照规范（人际规范和组织制度规范），从而提出了人际型和组织型两种建设性越轨行为。然而纵观越轨创新行为的内涵和测量内容，现有越轨创新行为量表虽然有越轨之名，但对越轨的把握和测量明显不足，甚至将违抗领导创新与越轨创新混淆，试图用领导命令代替庞大的组织规范体系并作为越轨创新行为的判定标准（吴颖宣等，2018；陈超、刘新梅和段成钢，2020）。为了加深对越轨的把握和测量，根据 Criscuolo、Salter 和 Wal（2014）及 Galperin（2012）的研究成果，将组织当中的“轨”进行如下三个层面的划分：①角色层面规范，即要求员工完成的角色内任务，不要越过等级和本分，从事角色规范外的工作（Criscuolo，Salter & Wal，2014）；②人际层面规范，主要指的是领导的命令意见和反馈，以及团队成员的集体看法与意见（Galperin，2012）；③组织层面规范指的是组织当中的正式制度与非正式制度（Galperin，2012）。然而，现有越轨创新行为量表虽有越轨之名，但并未就越轨创新行为逾越了哪种规范进行论述，也无法根据逾越规范种类的不同对越轨创新行为进行维度划分。

鉴于此，本书拟选取组织规范理论，抓住越轨创新行为区别于创新行为的核心特征，对越轨创新中行为的“轨”进行合理的划分，探究越轨创新行为的内涵和结构，从越轨创新的角度为组织规范理论作出边际贡献。

三、越轨创新行为的概念界定与维度识别

（一）基于组织规范理论的越轨创新行为概念界定

1. 组织规范理论

在汉语词典中，“轨”本意为车子两轮的距离，后引申为一定的路线和规范。在越轨行为和建设性越轨行为的研究中，组织中重要的群体参照规范是判定员工行为是否越轨的标准（Galperin，2012）。越轨意味着偏离某些规范标准，但这些规范标准并不能简单等同于 Lin 团队认为的领导命令，或者局限于 Criscuolo

团队认为的角色规范（吴颖宣等，2018；陈超、刘新梅和段成钢，2020）。因此，在越轨创新行为概念界定和维度识别的研究中，必须先明确一个合理的标准，即组织规范，才能衡量和判断员工某项有目的的创新行为是不是越轨创新行为。同时，通过对组织规范进行细致的分类，判断员工的创新行为违背了哪种类型的规范，进而识别越轨创新行为的不同维度。由于研究探索的主动创新行为发生在工作场所，我们将研究的重心放在组织当中的“轨”（杨杰、凌文辁和方俐洛，2004）。

规范行为学派的传统观点指出，组织是企业员工为了最大程度上克服非理性、实现单个个体无法完成目标而建构的体系（Galperin，2012）。为了提高决策的理性和目标实现的效率，组织通常采用一定的规范来优化组织的运行（Thompson，1977；Roux-Dufort，2000）。回溯整个越轨行为学派中组织规范理论的应用和探讨，本书按照建设性越轨行为学派奠基人 Galperin（2012）与越轨创新行为学派奠基人 Criscuolo、Salter 和 Wal（2014）的思路，将组织中重要的群体参照规范按层面划分，从而得到角色层面规范（Criscuolo，Salter & Wal，2014）、人际层面规范（Galperin，2012）和组织层面制度规范（Galperin，2012）三个层面的重要群体参照规范。

（1）角色层面规范。学术界对角色层面规范（Personal Norm）的探索始于劳动分工，从亚当·斯密的分工到马里谛斯的团队内角色分工，角色内规范和义务一直被管理学家关注，组织中关于员工角色的描述往往是清晰和详细的，角色规范不仅要求员工主体清楚自己要做的与不用做的，即工作职责或任务的边界，与其共同工作的同事对此也是清楚的（Parker，Manstead & Stradling，1995；詹姆斯和赫伯特，2008；王耀光，2014）。随着规范激活模型的提出，角色层面规范作为模型的核心构成被越来越多的学者关注，被定义为“履行或不履行特定行为的义务”，同时角色层面规范也被逐渐应用于亲社会行为的研究中（Schwartz & Howard，1980；Schwartz & Fleishman，1982）。每个人在组织中都在扮演自己应该扮演的角色，即完成本职任务和基本工作的角色规范，承担相应责任（Parker，Manstead & Stradling，1995；Schwartz & Fleishman，1982）。

（2）人际层面规范。组织规范理论中关于人际规范（Interpersonal Norm）的系统论述始于 Robinson 和 Bennett（1995）对人际型越轨行为的研究，他指出准确判定员工的偏差类型不仅应该考虑到偏离组织层面规范的行为，也应该考虑到具有明显人际指向、偏离人际规范的行为（Robinson & Bennett，1995）。企业组织是一个人际关系的嵌套组合，包含着由领导和员工组成的复杂人际网络，人们除了完成如上所述的角色层面的基本规范，还被期望着完成领导和群体的人际规范（Coase，1991；王耀光，2014），如对领导的服从、少数服从多数等（Van & Lepine，1998；邹纯龙，2020）。

（3）组织层面制度规范。组织规范理论中关于组织规范（Organizational Norm）的系统论述始于 Robinson 和 Bennett（1995）对越轨行为的组织层面规范和人际层面规范进行清晰的划分和界定。沿用越轨行为奠基人 Robinson 和 Bennett（1995）以及建设性越轨学派奠基人 Galperin（2012）的观点，本书关注的组织层面规范主要指狭义的组织规范，即越轨行为研究中的组织层面规范，包括组织层面的正式与非正式制度，与具有明显指向（挑衅）对象的人际层面规范在指向上具有本质的区别（Robinson & Bennett，1995；Galperin，2012）。

组织规范理论当中的角色层面规范、人际层面规范和组织层面规范虽然存在着区别，但也存在着紧密的联系（杨杰、凌文辁和方俐洛，2004）。企业组织层面的规范也是根植于组织背景的，不可避免地体现领导意志等要素，同时，角色层面规范的外延又涵盖了社会人际期望的属性。组织规范理论作为伴随着越轨学派不断成熟和完善的理论，其不同的层面划分使得其更适宜作为越轨创新行为结构分析和测量的理论基础，通过规范的合理划分，涵盖违背不同层面规范的越轨创新行为。

2. 基于组织规范理论的越轨创新行为概念界定

越轨创新行为的“越轨”是其区别于创新行为整体范畴的核心特征，采用传统创新行为的理论进行概念界定会陷入“避重就轻”的陷阱，显然，依据组织规范理论中对“轨”也就是规范的划分，可以帮助我们理解和把握违背不同层面规范的越轨创新行为，以一个更加全面的视角涵盖越轨创新行为的种类。组织规范理论将组织中重要的群体参照规范划分为角色层面规范、人际层面规范和组织层面制度规范，越轨创新行为可以展现出不同的表现形式。由此可见，现有文献对越轨创新行为违背不同层面规范的研究和测量是不全面的。

为了更好地揭示越轨创新行为不同越轨形式的具体表现，有必要根据组织规

范的原理重新定义越轨创新行为。根据前面的文献梳理，本书将越轨创新行为定义为员工坚信自己的创意会为组织或组织成员带来预期利好，主动违背角色规范、人际规范或组织制度规范其中一项或多项重要群体参照规范的创新行为（Augsdorfer，2012；黄玮等，2017；王弘钰、万鹏宇和张振铎，2020）。

（二）基于组织规范理论的越轨创新行为维度识别

鉴于组织规范理论将重要群体参照规范中角色层面规范、人际层面规范和组织层面制度规范视为一个既相互区别又紧密联系的有机整体，有必要通过规范划分区别越轨创新行为的不同类型和表现形式，加深学术界对不同形式越轨创新行为之间区别和联系的理解。基于组织规范理论的越轨创新行为主要包含三个维度，分别是“角色型越轨创新行为”“人际型越轨创新行为”和“组织型越轨创新行为”。

1. 维度一：角色型越轨创新行为

Augsdorfer（1994）将越轨创新行为定义为隐蔽的、未经领导授权的角色任务外的创新行为，Criscuolo、Salter 和 Wal（2014）将越轨创新行为定义为员工希望获得更大的工作自主权并逃避组织对其角色责任约束的创新行为。该视角的越轨创新行为“叛逆”程度最低，因为其仅是对角色层面规范约束的超越，并不对人际层面和组织层面的规范进行“挑衅”，强调的是外界不知、未经授权但超越角色要求并与任务冲突的越轨形式，如员工开展与工作任务无关的子项目等。该视角的越轨创新行为实际上是未经角色授权的、角色外的与角色任务冲突的创新行为，或者说是员工挑战自我和角色要求的越轨创新行为。王弘钰和万鹏宇（2020）结合访谈和实际调研发现，违背角色层面规范这一形式的越轨创新行为在中国文化情境下存在更为广泛。综上，本书将角色型越轨创新行为定义为员工坚信自己的创意会为组织或组织成员带来预期利好，主动违背角色规范、超越角色授权范围的创新行为（Augsdorfer，2012；黄玮等，2017；王弘钰、万鹏宇和张振铎，2020）。

2. 维度二：人际型越轨创新行为

违背人际层面规范的越轨行为被学术界探讨已久，在越轨行为和建设性越轨行为的研究中，违背人际层面规范均作为越轨行为和建设性越轨行为多种形式当中的重要形式之一（Robinson & Bennett，1995；Galperin，2012）。虽然遵从领导命令是大家在认知中广泛认可的，但在组织行为学和早期规范理论对个体意向和行为的研究中发现，个体可能会出现意向和行为不统一的情况（王良燕、韩冰和叶子，2016），由此，并不按照人际期望行事，从而产生了人际型越轨行为和人际型建设性越轨行为。

在创新时代，越轨创新行为中打破人际规范的形式也得到了一定探讨。Mainemelis（2010）将员工违反上级命令，非法追求并实践新想法的创新行为命名为越轨创新行为，Lin、Mainemelis 和 Kark（2016）开发了对应的测量工具，学术界关于违背人际层面规范越轨创新行为的研究初见雏形。但该定义将组织中的“轨”等同于“领导认可”，这显然偷换了越轨创新行为的概念，这种创新行为定义为违抗领导创新或抗令创新行为更为准确（吴颖宣等，2018；陈超、刘新梅和段成钢，2020）。Galperin（2012）在研究违背人际层面规范的建设性越轨行为时，将抗令和违背群体意愿均作为“人际越轨”纳入测量，因此，Lin、Mainemelis 和 Kark（2016）的研究属于违背人际层面规范的越轨创新行为，但只是其中具有领导指向的一部分。同时，根据 Galperin（2012）的建议，违背人际层面规范的越轨创新行为还应当涵盖违背群体（团队）意见这一成分。综上，违背人际层面规范的越轨创新行为应当具备明显的人或人群作为违背对象，其明显的人际指向性也是其引发人际风险的重要原因（王弘钰和万鹏宇，2020）。Galperin（2012）指出，领导的指令不总是最有效的，在瞬息万变的商业环境中，失调和相对滞后的指令往往难以避免，而且机会总是仅能被一小部分人察觉，在这种情况下，违背人际的部分行为不失为一种创新和探索。鉴于此，本书将人际型越轨创新行为定义为员工坚信自己的创意会为组织或组织成员带来预期利好，主动违背人际规范、具有明显个体或群体指向性的创新行为（Galperin，2012；Lin、Mainemelis & Kark，2016；邹纯龙，2020）。

3. 维度三：组织型越轨创新行为

违背组织层面制度规范的越轨行为也被学术界探讨已久，Hollinger 和 Clark（1983）论述生产规范时就生产制度规范做了简单界定，随后违背组织层面制度规范作为越轨行为和建设性越轨行为独立维度被提出（Robinson & Bennett，1995；Galperin，2012）。越轨学派针对组织建设和制度的挑衅行为（如偷窃和生产缓慢）与针对个人或团体的挑衅行为（如身体攻击和性骚扰）做出了详细区

分（Galperin，2012）。沿用越轨行为奠基人 Robinson 和 Bennett（1995）以及建设性越轨学派奠基人 Galperin（2012）的观点，将组织层面规范定义为组织层面的正式制度和非正式制度，如组织生产规章、组织财产和组织资源利用等。

在管理实践中，基于现有观念、行为设计的工作流程和 HR 政策等组织制度往往存在着相对滞后性，并脱离一线和实际（王弘钰和万鹏宇，2020）。因此，越轨创新行为在一定程度上也是员工脱离死板工作流程，在工作程序和灵活变通之间寻找最佳平衡的权宜做法。鉴于此，本书将组织型越轨创新行为定义为员工坚信自己的创意会为组织或组织成员带来预期利好，主动违背组织制度规范、具有明显组织指向性的创新行为（Feldman，1984；Mertens & Recker，2020）。

综上所述，越轨创新行为由点到线再到面可以划分为角色型越轨创新行为、人际型越轨创新行为和组织型越轨创新行为。首先，角色型越轨创新行为是越轨创新行为三种类型中对重要群体参照规范偏离程度最弱的越轨创新行为。当个体不局限于对角色层面规范挑战时，会进而挑战外界的领导或团队，从而构成人际型越轨创新行为。其次，个体还会触及规范的天花板，即违背组织当中具有普遍约束力的正式制度和非正式制度。通过对角色型越轨创新行为、人际型越轨创新行为和组织型越轨创新行为三个维度比较发现，可以用"越轨创新行为"这一核心概念来统领三者的关系，即它们都是越轨创新行为的直接表现。

（三）现有越轨创新行为与基于组织规范越轨创新行为的区别

基于组织规范的越轨创新行为与现有的越轨创新行为存在本质上的区别。主要包括以下四个方面：

1. 开发背景不同

本书基于组织规范理论的越轨创新行为是根植于越轨学派发展脉络，研究的理论背景是越轨行为和建设性越轨行为维度划分的成熟研究，现实背景则是越轨创新行为形式上的多元化趋势。Criscuolo、Salter 和 Wal（2014）的开发背景是员工对角色规范外的私下创新探索，Lin、Mainemelis 和 Kark（2016）的开发背景是员工在创新时代的大胆突破、无视领导命令的创新探索，初步具备人际型越轨创新行为的雏形。

2. 主导逻辑不同

本书沿着规范主导逻辑探索越轨创新行为，关注了越轨创新行为区别于一般创新行为的判别标准，抓住了“越轨”这一越轨创新行为区别于一般创新行为的核心特征，与越轨学派判定和探究员工行为内涵结构的成熟逻辑一致（杨杰、凌文辁和方俐洛，2004；Galperin，2012）。显然，Lin、Mainemelis 和 Kark （2016） 和邹纯龙（2020）沿着创新主导逻辑探索越轨创新行为，并没有抓住越轨创新行为区别于创新行为整体范畴的显著核心特征（杨杰、凌文辁和方俐洛，2004）。

3. 维度构成不同

与前人研究对比，本书提炼的基于组织规范理论的越轨创新行为在结构维度上与之既存在关联又存在区别，现有越轨创新行为的结构维度比较如表 3.3 所示。对比发现：①“角色型越轨创新行为”这一维度一定程度上对应了 Criscuolo、Salter 和 Wal（2014）基于角色创新视角开发的单维度越轨创新行为量表，同时与邹纯龙（2020）修订的越轨创新行为量表中的“暗度陈仓”维度出现一定重合。②“人际型越轨创新行为”这一维度则涵盖了 Lin、Mainemelis 和 Kark（2016）基于公开违背领导命令的抗令视角开发的单维度越轨创新行为量表，同时涵盖了邹纯龙（2020）修订的越轨创新行为量表中的“君命不受”维度，但本书关注的抗令不仅涵盖了违背正式领导，还涵盖了违背非正式领导。同时，基于中国集体主义的文化情境，涵盖了违背团队或群体命令的新成分。③“组织型越轨创新行为”维度是以往越轨创新行为研究中忽视的，本书通过回溯越轨行为和建设性越轨行为的维度划分，在文献回顾和组织规范理论的基础上发现了组织（正式/非正式）制度规范在越轨创新行为维度划分中的重要意义，完善了越轨创新行为的结构内涵和量表测量。

表 3.3 现有越轨创新行为结构维度的比较

学者	开发/修订	结构维度	本书的结构维度		
			角色型越轨创新行为	人际型越轨创新行为	组织型越轨创新行为
Criscuolo、Salter 和 Wal（2014）	开发	角色私密创新（单维度）	√	○	○

续表

学者	开发/修订	结构维度	本书的结构维度		
			角色型越轨创新行为	人际型越轨创新行为	组织型越轨创新行为
Lin、Mainemelis 和 Kark（2016）	开发	违抗领导命令创新（单维度）	○	√	○
邹纯龙（2020）	修订	暗度陈仓；君命不受（双维度）	√	√	○

注：“√”代表体现该维度，“○”代表没有体现该维度。

资料来源：本书整理。

4. 越轨内涵与层次不同

本书基于组织规范理论的越轨创新结构探索沿用了越轨学派维度划分的成熟研究和一贯思路，将“越轨”中的“轨”进行不同层次的划分，从而定义了违背不同层面规范的越轨创新行为和具体维度。因此，本书基于组织规范理论的越轨创新行为内涵更为丰富，层次更为鲜明，角色型越轨创新行为、人际型越轨创新行为和组织型越轨创新行为对规范的打破是一个由点（角色层面规范）到线（人际层面规范）再到面（组织层面制度规范）的既相互区分又密切联系的紧凑组合。Criscuolo、Salter 和 Wal（2014）及 Lin、Mainemelis 和 Kark（2016）的越轨创新行为量表虽有越轨之名，但对越轨的把握和测量局限于规范中的一项，对“轨”的内涵和层次把握欠缺。

第三节　量表题项生成

Hinkin（2005）在心理测量理论中关于量表编制的三步法建议在《管理世界》《管理科学》等国内顶级期刊中得到广泛应用（陈艳虹、张莉和陈龙，2017；翁清雄、胡啸天和陈银龄，2018）。在界定了基于组织规范的越轨创新行为的内涵后，本书采用三步法生成越轨创新行为量表的测量题项：①原始资料获得。通过个人深度访谈和焦点小组访谈等形式获取原始资料（陈艳虹、张莉和陈龙，2017；翁清雄、胡啸天和陈银龄，2018）。②对原始资料整理与编码（翁清雄、胡啸天和陈银龄，2018），结合文献研究（于洪彦、刘容和郑道武，2017），生成初始题项。③内容充分性检验。

一、初始测量题项生成

根据 Hinkin（2005）的量表编制思路，本节通过以下步骤完成越轨创新行为初始测量题项的生成：第一步，通过个人深度访谈法和焦点小组访谈法获取原始质性研究资料。调研时间为 2019 年 12 月至 2020 年 5 月，个人深度访谈调研对象为北京市、郑州市和成都市等地区的 20 家企业的 22 名员工，主要包括制造业和教育等行业领域，焦点小组访谈调研对象为长春市、郑州市和大连市等地区的 8 家企业的 8 个小组（共计 20 人），主要包括制造业和金融业两个行业领域。第二步，对收集的原始资料进行整理和编码（翁清雄、胡啸天和陈银龄，2018），结合理论和文献研究（于洪彦、刘容和郑道武，2017），得出越轨创新行为的典型特征描述，生成初始题项。

（一）质性研究资料获取

根据翁清雄、胡啸天和陈银龄（2018）与陈艳虹、张莉和陈龙（2017）的建议，采用个人深度访谈法和焦点小组访谈法获取原始质性研究资料，通过对质性资料分析并提炼出初始题项。在回顾越轨创新行为相关文献、案例材料、内涵界定和维度识别的基础上，编制了越轨创新行为的半结构化访谈提纲，着重了解越轨创新行为的事例、行为表现和具体类型等。访谈提纲包括“您认为什么样的创新行为可以称之为越轨创新行为?”“越轨创新行为的判定标准是什么?”“您如何理解越轨创新行为?”和“您如何理解组织中的规范?”等问题。在访谈正式开始前，我们首先对研究团队进行简单介绍，对本次研究的目的和意义予以说明。同时，我们对受访者的表情、语调和动作认真观察并做出对应记录，以求更加全面、尽可能多地获取受访者有价值的信息和资料，最终更好地揭示越轨创新行为的结构。

以深度访谈的形式访谈了 22 名员工，包括不同层级领导、销售人员、采购人员和研发人员等，以焦点小组访谈的形式访谈了 8 个小组（共计 20 人），每家

企业参与访谈的小组人数为 2~4 人，包括企业领导、人力主管、销售人员、采购人员和技术人员等。具体操作上，依托课题组项目，从 2019 年 12 月到 2020 年 5 月对北京市、吉林省、广东省、辽宁省、河南省、山东省、广西壮族自治区和湖北省等地区的企业进行了沟通，在征得受访者的知情同意后，尽可能地利用下班或者周末的闲暇时间，采用深度访谈法对 20 家企业的 22 名员工进行资料采集，采用焦点小组法在另外的 8 家企业收集资料，尽可能保证企业、员工所属地区和行业的多样性，来充分、全面地反映越轨创新行为的概念内涵，最大程度上保障后续研究中维度构建的完整性。以深度访谈形式访谈的 22 名员工包括高层/中层/基层领导、采购人员、销售人员和研发人员等，具体样本描述如表 3.4 所示。以焦点小组访谈形式访谈了 8 个小组（共计 20 人），每个小组人数为 2~4 人，包括企业领导、人力主管、销售人员、采购人员和技术人员等，具体样本描述如表 3.5 所示。

表 3.4　20 家企业深度个人访谈样本的描述性统计

编号	性别	学历	岗位	企业性质	企业所在地	主营业务所属行业
P1	男性	博士	研发人员	私有企业	北京市	制造业
P2	女性	硕士	一线员工	国有企业	北京市	教育
P3	男性	本科	研发人员	私有企业	深圳市	制造业
P4	女性	硕士	管理人员	私有企业	威海市	制造业
P5	男性	博士	研发人员	国有企业	北京市	制造业
P6	男性	硕士	管理人员	国有企业	新乡市	制造业
P7	男性	硕士	研发人员	私有企业	武汉市	制造业
P8	女性	硕士	管理人员	私有企业	北京市	住宿和餐饮业
P9	男性	硕士	管理人员	国有企业	新乡市	制造业
P10	男性	本科	一线员工	私有企业	郑州市	住宿和餐饮业
P11	男性	本科	一线员工	私有企业	洛阳市	制造业
P12	女性	本科	管理人员	国有企业	郑州市	金融业
P13	男性	本科	一线员工	国有企业	洛阳市	制造业
P14	女性	硕士	一线员工	国有企业	洛阳市	金融业

续表

编号	性别	学历	岗位	企业性质	企业所在地	主营业务所属行业
P15	女性	本科	一线员工	私有企业	漯河市	教育
P16	男性	本科	管理人员	私有企业	芜湖市	制造业
P17	女性	大专	一线员工	私有企业	漯河市	教育
P18	女性	硕士	研发人员	国有企业	南宁市	制造业
P19	男性	本科	一线员工	私有企业	成都市	金融业
P20	男性	本科	一线员工	私有企业	上海市	金融业
P21	女性	高中	一线员工	私有企业	漯河市	批发和零售业
P22	男性	硕士	管理人员	国有企业	开封市	制造业

表 3.5　8 家企业焦点小组访谈样本的描述性统计

编号	成员数量	成员职务	企业性质	企业所在地	主营业务所属行业
T23	3	一线员工	私有企业	长春市	制造业
T24	2	人力资源主管；基层员工	国有企业	长春市	制造业
T25	2	基层主管；基层员工	私有企业	长春市	制造业
T26	3	总经理；基层员工	私有企业	温州市	制造业
T27	2	车间主任；一线员工	私有企业	广州市	制造业
T28	2	人力资源主管；车间主任；一线员工	私有企业	南宁市	制造业
T29	4	财务主任；基层员工	私有企业	大连市	制造业
T30	2	业务经理；基层员工	私有企业	郑州市	金融业

通过访谈我们共获取了包含 22 名员工（单独访谈）和 8 个小组（小组访谈）共计 42 名员工的 30 份有效访谈记录，在每次访谈结束后，及时对访谈记录进行保存和整理，在完成 30 份有效访谈记录的校验与核对后，将所有访谈记录按照序号进行排序编码（深度个人访谈的材料编码区间为 P1～P22；焦点小组访谈的材料编码区间为 T23～T30），以此作为探究越轨创新行为结构的原始数据。

（二）资料整理与初始题项生成

在完成越轨创新行为访谈资料的收集后，考虑到现阶段获取的越轨创新行为

数据为定性数据，后期需要用于定量研究，为实现定性研究与定量研究的有效衔接，对收集的越轨创新行为关键内容进行分析和提炼，将越轨创新行为相关的定性资料（访谈获得的文字和录音）转化为定量数据，以材料内容“量”的变化来推论“质”的变化（王鹏，2019）。本书根据徐淑英和刘贵明（2004）推荐的编码程序，对原始资料进行归纳和整理：①对 30 份访谈记录和录音资料进行整理和对比，随后在这些资料中甄选出与越轨创新行为及其维度相关的内容，在保证内容相关性与清晰度的基础上，通过编码提炼出符合越轨创新行为内涵和特征的陈述句；②将内涵相同（相似）的陈述句纳入到同一个类别中，并对该类别进行命名，完成第二次编码；③研究团队不断对比编码后形成的类别，在上文基于组织规范理论维度识别的基础上完成第三次编码，构建符合逻辑的完善架构。以上研究步骤得到陈艳虹、张莉和陈龙（2017）以及赵慧军和王娟娟（2019）等学者的采纳。本书邀请课题组三位研究者独立编码，对于编码不一致的争议部分，由两名专家进行核验。

本书对众多松散的访谈资料和资料中的概念进行了逐行、逐事件编码，发展和提炼出具有受访者自身情况和表达特色的“鲜活词语代码”进行有效的分类、归纳、编码并标签，最终本书获得了 273 个越轨创新行为的特点或行为特征的陈述语句。但是，初步获取的 273 个陈述句具体而松散，之间的关系也比较模糊，涉及了越轨创新行为的方方面面，无法符合概念化和抽象化的标准。进而，根据陈艳虹、张莉和陈龙（2017）的建议，对 273 个特征按照越轨创新行为应具有的特点、按照以下标准进行筛选：含义清晰；符合定义的行为和特征。经过 5 名组织行为学的专家（2 位教授、3 位副教授）、5 名企业员工和 5 名博士研究生对 273 个特征进行不断比较、整合和筛选，共删除了 56 条（20.51%）不符合越轨创新行为的陈述句描述，包括“以自我为中心”“不被轻易说服”“进行破坏式创新”以及“我的创新不走寻常路”，得到 217 个陈述句。一些受访者关于越轨创新行为的描述中，一个陈述涵盖多个不同的特点。对此，研究团队充分讨论了该类描述，对于判定确实涵盖多个含义的情况，研究团队进行拆分调整或删除（Hinkin，1998；陈艳虹、张莉和陈龙，2017）。实现每一个描述仅代表一个意义完整的越轨创新性行为特征（陈艳虹，2019）。最后，剩余 188 条含义单一、表达明确的越轨创新行为典型特征描述。

在确定了越轨创新行为包含的行为特征后，3 位博士生分别对 188 条特征描述进行二次编码。3 位博士生在本轮编码中，将意义相同或相似的题项归入到同一个类别中，并对该类别进行描述性命名。然后，3 位编码人分别对每个题项进行合并，合并的具体结果为：①3 位编码人同时将一个题项归类到一个类别中的题目数为 133 条，占 70.74%；②2 位编码人将一个题项归类到一个类别中，另一位编码人将其归类到不同类别的题目数为 36 条，占 19.15%；③三位编码人将一个题项分别归类到了 3 个不同的类别的题目数为 19 条，占 10.11%。然后这 3 位博士生和 2 位专家对编码归类的结果进行了汇总，并进行了讨论，从而形成了编码的结果，如表 3.6 所示。从表 3.6 中可以看出，经过第二次编码后，初步形成了 16 个类别。为进一步精练这 16 个类别，编码员对形成的 16 个类别进行下一步编码（陈艳虹、张莉和陈龙，2017）。

表 3.6　越轨创新行为特征描述的编码结果

序号	类别描述	示例题项（举例）
1	子项目私自开发	P02-06 背着组织其他成员偷偷做自己感兴趣的任务外工作 P01-21 我会偷偷摸摸地开展创新，挖潜在的商业机会
2	跨界探索创新	P01-03 敢去创新，敢于打破常规边界 P21-16 本来是策划但越界进行创新，做起了直播
3	工作流程创新	T25-02 工作流程太老套了，浪费时间，我偷偷按自己的方式做 T26-26 工作流程上有缺陷，所以打破规则
4	即兴创新	P08-11 服务都是即兴的、实地的，不用请示领导、自由发挥 T30-30 可能自由发挥，根据客户实际情况即时进行工作创新
5	任务重塑创新	P22-26 能基于工作计划灵活地安排自己的工作任务 P03-17 工作任务过于单调，从事一些挑战工作角色的创新
6	创新裁量权	T23-13 最吸引我的不是薪酬待遇，是工作开展上的创新裁量权 P08-19 完成任务后还是有一定权利破除角色开展创新前瞻的小项目
7	正式领导未认可方案创新完善	P14-13 继续从事那些已被领导认可的想法，对于被指出不足或者被否掉的，我会继续改良 P15-01 虽然没有得到领导的认可，但我仍在继续改良并提升被否想法或方案的创新度
8	正式领导禁止方案创新完善	P07-06 有些“90 后”不给领导面子创新，对自己很不利，这会让自己处于被动局面 P12-08 即使我的主管说我的方案不好不让我继续整，我也会适当采纳，对于有些我会继续完善

续表

序号	类别描述	示例题项（举例）
9	非正式领导否决方案创新完善	P20-02 不给领导“代言人”面子的创新 T29-12 谁说权威人物的意见一定是正确的，不被他看好不见得就不好
10	群体集体否决方案创新完善	P19-18 即使和多数团队成员观点不同，我也会将某些新颖想法实现并证明自己 P07-08 或者和整个团队闹别扭坚持创新，被贴上不好的标签
11	和而不同的创新	P13-04 创新就是百家争鸣，打破规则的创新就是和而不同 P22-09 我的观点虽然不被大家看好，我坚持实施也没影响我和大家的和谐关系
12	为了创新违反组织规定流程	P16-06 为了创新性地解决工作难题，有时我会不按组织规定流程办事 T23-25 组织规定流程是死的，人是活的，我在开展工作时不会墨守成规的
13	为了创新打破组织既定规则	P15-05 单位有很多落后的失调制度，大家都不满，都市场经济时代了，感觉企业跟不上时代的脚步 T24-02 工作创新本来就意味着打破旧的制度，有些是写在公司章程的纸上制度
14	为了创新组织资源挪用	P19-17 我利用工作中的资源，做一些不被接纳的方案 T25-11 我挪用组织的资源用于完成某些已被拒绝的想法
15	打破组织层面潜规则	P17-07 我讲究结果，对于组织不成文的规矩，为了创造价值打破一下无可厚非 T30-07 敢于打破潜规则或选择性忽视组织潜规则，创造性地开展工作
16	打破组织常识惯例	T27-31 有的是印记在大家心里的默认的做事方式，拒绝墨守成规 T30-02 阻碍企业创新成长的最大障碍就是大家口中的“常识”和“惯常”，企业管理者应当时刻质疑并持辩证态度，同理员工也可以适当越轨创新，并养成不受常识束缚的习惯

注：P 代表个人深度访谈的员工，T 代表焦点小组访谈的员工，P02-06 代表编号 02 个人深度访谈中的第 6 条陈述，T30-02 代表编号 30 焦点小组访谈中的第 2 条陈述，以此类推。

将 1~6 的类别描述合并为二级类别并命名为角色超越创新，对应一级类的名称为角色型越轨创新行为；将 7~9 的类别描述合并为二级类别并命名为违抗领导创新，将 10 和 11 的类别描述合并为二级类别并命名为违抗群体创新，违抗领导创新和违抗群体创新两个二级类别合并为一级类别，并命名为人际型越轨创新行为；将 12~14 的类别描述合并为二级类别并命名为违反正式制度创新，将 15 和 16 的类别描述合并为二级类别并命名为违反非正式制度创新，违反正式制度创新和违反非正式制度创新两个二级类别合并为一级类别，并命名为组织型越轨创新行为。通过以上分析，本书明确了越轨创新行为是一个二阶三因子结构，具体构成如表 3.7 所示。

表 3.7 越轨创新行为三类代表性特征描述

一级类的名称	二级类的名称	类别描述
角色型越轨创新行为	角色超越创新	子项目开发 跨界探索 工作流程创新 即兴创新 任务重塑 创新裁量权
人际型越轨创新行为	违抗领导创新	正式领导未认可方案完善 正式领导禁止方案完善 非正式领导否决方案完善
	违抗群体创新	群体否决方案完善 和而不同
组织型越轨创新行为	违反正式制度创新	违反规定流程 打破既定规则 组织资源挪用
	违反非正式制度创新	打破潜规则 打破常识惯例

邀请专家为每一类选出一个有代表性的描述，最终得到 16 个测量题项。其中，6 个题项对应角色型越轨创新行为维度；违抗领导创新（3 个题项）和违抗群体创新（2 个题项）两个子维度共同构成了人际型越轨创新行为维度；违反正式制度创新（3 个题项）和违反非正式制度创新（2 个题项）两个子维度共同构成了组织型越轨创新行为维度。

研究通过以下步骤完成题项的润色与确认：为了保证量表题项表达的准确性和可读性，邀请 1 名人力资源管理教授、1 名工业心理学研究员和 5 名博士生对题项进行修改，同时邀请 5 名不同学历的企业员工试读，检验越轨创新行为初始题项是否存在歧义和问题。综合员工作答后的反馈意见，对题项内容和措辞等进行调整，并将调整后的量表返还给同一批人，反复对问题修改，直到所有题项均无疑问，最终将量表发放给东北某高校 MBA 班的 4 名在职研究生审阅和作答，

再次确认是否仍然存在问题。

经过以上程序，最终形成了包含16个测量题项的越轨创新行为初始量表，如表3.8所示，其中Item1~Item6为角色型越轨创新行为；Item7~Item11为人际型越轨创新行为；Item12~Item16为组织型越轨创新行为。同时，在越轨创新行为量表中附加“每周大约花费多少小时用于开展越轨创新行为”一题，该题项并不构成正式量表，仅作为附加题项，用于判定被试作答的有效性（赵慧军和王娟娟，2019）。

表3.8　越轨创新行为初始测量题项

维度	编号	题项内容
角色型越轨创新行为	Item1	我正在开展一些子项目，这帮助我接触一些新的领域
	Item2	我乐于探索有助于工作任务的新知识领域
	Item3	我会在工作中大胆尝试效率更高的新流程，不拘泥于现有流程
	Item4	我会即兴地对工作任务的具体开展方式进行创新设计
	Item5	我不满足于当前工作，追求任务挑战与创新
	Item6	我有一定的时间和权力在任务之外自由创新和探索
人际型越轨创新行为	Item7	虽然没有得到领导的认可，但我仍在继续改良并提升被否想法或方案的创新度
	Item8	虽然领导已经明确要求我停止研发某些项目，但我仍在继续从事这些项目
	Item9	我努力完善那些已被资深员工或非正式领袖否决的想法
	Item10	虽然某些想法已经被团队或团队中的多数群体否决，但我仍在改良它们
	Item11	即使和多数团队成员观点不同，我也会将某些新颖想法实现并证明自己
组织型越轨创新行为	Item12	为了创新性地解决工作难题，有时我会不按组织规定流程办事
	Item13	为了更好地完成工作，有时我会打破既定的组织规范
	Item14	我挪用组织资源（工作时间、技术等）用于完成某些已被拒绝的想法
	Item15	我敢于打破潜规则，创造性地开展工作
	Item16	为了用新方法解决组织中的问题，我会打破传统常识或惯例

二、内容充分性检验

内容充分性检验是用来检验题项构成对其相应构念的反映充分度，为了确保题项对越轨创新行为这一构念的内容解释充分性，本书对越轨创新行为初始量表开展内容充分性检验。根据赵慧军和王娟娟（2019）、Schriesheim 等（1993）的建议，开展越轨创新行为初始量表的内容充分性评价，随机排列 16 个初始测量题项，同时向 14 名评价者组成的团队（吉林某高校企业管理专业的 7 名博士研究生与 MBA 班的 7 名在职研究生）详细地介绍了角色型越轨创新行为、人际型越轨创新行为、组织型越轨创新行为以及越轨创新行为的概念，然后邀请他们在仔细阅读后对 16 个随机排列的初始题项进行归类，最后，通过对归类结果的统计计算出每一题项对应的评判一致性水平。结果显示：Item3 的评判一致性水平为 64.29%，剩余 15 个初始题项的评判一致性水平介于 78.57%~100%，内容充分性评判一致性水平高于 70%则可以判断该题项具有较高的评判一致性，否则应当对内容进行修订或删除。通过回访，我们发现 Item3（我会在工作中大胆尝试效率更高的新流程，不拘泥于现有流程）在评价者理解中出现了分歧，大部分评价者将该题项理解为对角色创新的主动超越，但小部分评价者关注到了“流程”这一词语，从而将其归入组织型越轨创新行为集合。根据罗伯特（2004）的建议，可以判定该题项为“双筒枪”题项，即传达了两个或多个意思，引发被试的误解（罗伯特，2004）。因此，对题项 Item3 予以删除，以确保每个题项最大程度上反映其对应维度的内涵。由此形成 15 个题项的越轨创新行为初始量表。

第四节　越轨创新行为结构的实证检验

一、探索性因子分析

学者往往需要对反映研究主题的诸多变量和题项进行观测，获取数据。但是，繁杂的变量和题项在为科学研究提供丰富信息的同时，也增加了问题分析的难度和复杂性，探索性因子分析（Exploratory Factor Analysis，EFA）正是将看似杂乱无章的变量重新排列组合，探索内在结构联系并建立新变量、发展新理论的因素分析法，其核心思想是降维（吴明隆，2010）。根据 Hinkin（1998）和吴明隆（2010）的量表开发流程，本节借助 SPSS 26.0 来进行探索性因子分析，筛选

出最合适的越轨创新行为测量题项，并初步检验它的结构维度。

（一）取样与测量

研究团队于2020年7月对河南省郑州市、漯河市、洛阳市、开封市和新乡市5地的企业采取实地调研的形式，通过与企业负责人或员工取得联系，对威海市、南宁市、北京市、南昌市、上海市、广州市、大连市等地区的企业采取网络调查形式（链接或电子版问卷），共计发放358份越轨创新行为初始量表，剔除规律填写、大量信息缺失等无效问卷，回收有效问卷311份，有效回收率达到86.87%。男性156人，占比50.2%，女性155人，占比49.8%；25岁及以下66人，占比21.2%，26~35岁112人，占比36.0%，36~45岁95人，占比30.5%，46~55岁31人，占比10.0%，56岁及以上7人，占比2.3%；大专及以下55人，占比17.7%，本科131人，占比42.1%，硕士113人，占比36.3%，博士12人，占比3.9%；工作年限5年及以下58人，占比18.6%，6~10年74人，占比23.8%，11~15年103人，占比33.1%，16~20年61人，占比19.6%，21年及以上15人，占比4.8%；基层员工222人，占比71.4%，基层管理61人，占比19.6%，中层管理24人，占比7.7%，高层管理4人，占比1.3%。根据Finn（1972）的建议，更多等级的李克特测量，一方面可以增加测量结果的鉴别性；另一方面在同等测量准确性的情况下可以节约样本量（Finn，1972；万鹏宇、邹国庆和汲海锋，2019）。因此，采用李克特七点计分测量。

（二）社会称许性分析

以往关于量表作答的研究发现，东方文化情境下被试认知和作答往往呈现整体型的特点，而西方情境下被试认知和作答往往呈现局部型、分析型的特点（Varnum et al.，2010；赵茜等，2020）。量表作答其本质是受试者的决策过程，被调查者更愿意考虑实测题目与自身的关系，从而对结果测量造成一定偏差（赵茜等，2020），即被测人为了取得社会称许，往往隐藏自己的真实感受或现状，按照社会广泛认可的理想化答案作答，从而通过问卷使自己呈现出一个值得被社会接受及赞许的形象。

具体到越轨行为当中社会称许性问题的控制，国内外学者就自我报告的工作场所越轨行为和偏差行为研究中降低社会称许性影响的策略及方法展开了广泛的探讨和实践。通过以往研究的回顾，从以下几个方面降低本次研究的社会称许性问题：第一，网络调查。网络调查由于减少了受试者与主试之间的碰面和交流，减少了受试者作答的情境压力，最终使受试者最大程度上自我袒露、真实作答；第二，告知匿名无对错并可随时终止作答；第三，进行称许性检验（Ones，Viswesvaran & Schmidt，1993；张燕和陈维政，2012；赵茜等，2020）。

越轨创新行为作为一种颇具“叛逆”性质的创新行为，为了提高结果的准确性，研究引入社会称许性量表，通过检验越轨创新行为和社会称许性的相关性来判断本书中是否存在严重的称许性问题。本书引入 Fischer 和 Fick（1993）修订的社会称许性量表进行测量，该量表共包含“我愿意反抗权威，无论对错”“我偶尔会对求助的人生气”等 6 个题项。表 3.9 表明，在删除内容充分性检验不达标的题项 Item3 之后，探索性因子分析中的 15 个题项与社会称许性变量的相关系数绝对值均低于 0.1，均未达到显著水平，所以不存在称许性问题。

表 3.9　探索性因子分析社会称许性检验

变量	题项	系数	显著性
越轨创新行为	Item1	-0.056	0.310
	Item2	-0.060	0.278
	Item4	-0.058	0.293
	Item5	-0.040	0.468
	Itcm6	-0.063	0.250
	Item7	0.009	0.873
	Item8	0.069	0.206
	Item9	0.036	0.517
	Item10	0.069	0.211
	Item11	0.002	0.964
	Item12	-0.043	0.433
	Item13	-0.041	0.460
	Item14	-0.039	0.483
	Item15	0.024	0.660
	Item16	0.009	0.865

（三）分析过程与结果

虽然在初始题项池的生成中开展了内容充分性检验并删除了充分性不足的题项，但量表评价者仅涉及 7 位 MBA 学员和 7 位人力方向的博士生。为了增加量表的科学性，尽可能地删除越轨创新行为初始量表中潜在的“垃圾题项”，根据 Churchill 和 Jr（1979）的建议，在因子分析前，根据 CICT 值过滤量表中的“垃圾题项”，实现初始量表进一步净化、为探索性因子分析做准备的目的。Item11“即使和多数团队成员观点不同，我也会将某些新颖想法实现并证明自己”的 CICT 值为 0.466，故删除该题项。进而，本书进行探索性因子分析。

Bartlett 球形检验值为 2551.116（$df=105$），$p<0.001$，KMO 值为 0.834，说明越轨创新行为这一变量适合进行探索性因子分析。探索性因子分析采用主成分分析法，以特征值大于 1 为标准来抽取因子，采用最大方差法进行正交旋转，对因子数量进行自由探索，然后结合前期的理论预设，最终确定因子个数。根据预测试数据的探索性因子分析结果，按以下统计学指标删除量表中不合适的项目（吴明隆，2010；赵慧军和王娟娟，2019）：①载荷值小于 0.5 的项目；②在两个因素上的载荷值都过高且载荷值近似的项目；③共同度小于 0.20 的项；④少于 3 个题目的维度。此外，在分析中不仅考虑统计数据，还考虑题目本身的意义以及题目与所在维度的关系，与其他题项的区别。Item5“我不满足于当前工作，追求任务挑战与创新”题项因子载荷小于 0.5，Item14“我挪用组织资源（工作时间、技术等）用于完成某些已被拒绝的想法”在因子 1 和因子 3 上载荷均大于 0.4，出现了跨因子载荷现象，故删除这 2 个题项。最终剩余 12 个题项，自由提取出三个公共因子，各题项的因子载荷值均介于 0.650~0.898，累计方差贡献率达到 68.97%（见表 3.10）。

表 3.10　探索性因子分析

题项	因子 1	因子 2	因子 3
我正在开展一些子项目，这帮助我接触一些新的领域	0.820		
我乐于探索有助于工作任务的新知识领域	0.831		
我会即兴地对工作任务的具体开展方式进行创新设计	0.858		

续表

题项	因子 1	因子 2	因子 3
我有一定的时间和权力在任务之外自由创新和探索	0.839		
虽然没有得到领导的认可，但我仍在继续改良并提升被否想法或方案的创新度		0.895	
虽然领导已经明确要求我停止研发某些项目，但我仍在继续从事这些项目		0.898	
我努力完善那些已被资深员工或非正式领袖否决的想法		0.870	
虽然某些想法已经被团队或团队中的多数群体否决，但我仍在改良它们		0.897	
为了创新性地解决工作难题，有时我会不按组织规定流程办事			0.650
为了更好地完成工作，有时我会打破既定的组织规范			0.693
我敢于打破潜规则，创造性地开展工作			0.690
为了用新方法解决组织中的问题，我会打破传统常识或惯例			0.723
特征值	3.242	2.791	1.888
累计方差	28.223%	52.525%	68.965%

最终，通过探索性因子分析得到的角色型越轨创新行为、人际型越轨创新行为与组织型越轨创新行为 3 维度 12 题项的越轨创新行为量表，各维度的 Cronbach's α 值均大于 0.7（见表 3.11），说明越轨创新行为量表的各维度均具有良好的稳定性。

表 3.11　初始量表信度分析

维度	题项数	Cronbach's α 值
角色型越轨创新行为	4	0.888
人际型越轨创新行为	4	0.828
组织型越轨创新行为	4	0.822

二、验证性因子分析

验证性因子分析（Confirmatory Factor Analysis，CFA）是验证某个变量与其

测量题项之间关系是否符合研究者预设理论关系的统计分析方法。具体在量表编制情境中，研究者往往基于理论或文献等资料编制一个含有多个因子的初始量表，量表的因子及不同因子所对应的题项非常明确，为保证量表的严谨性，研究者基于数据和结构方程再次验证量表结构是否符合预期（吴明隆，2010）。前文对越轨创新行为已经进行了探索性因子分析，越轨创新行为包含的因子和对应题项已经明确，故本书通过验证性因子分析对越轨创新行为量表做了进一步验证。

（一）取样与测量

本书采用探索性因子分析修订后的越轨创新行为量表，同时，为了后续效标效度的检验，研究同时发放了工作自主性量表和心理安全感量表，量表的信息见效度分析。采用李克特 7 点计分的方式。本书于 2020 年 7 月下旬至 8 月初在河南省郑洛新国家自主创新示范区的 15 家企业发放了调查问卷，纸质版和电子版问卷共计发放 419 份，共计收回 342 份，回收有效问卷 325 份，有效回收率达到 77.57%。其中纸质版问卷由本人或受委托人在企业现场发放。电子版问卷采用电子文档或链接的形式发放，部分通过企业腾讯会议线上培训时呼吁大家作答，部分通过与企业员工取得联系并委托其发放。

其中，男性 179 人，占比 55.1%，女性 146 人，占比 44.9%；25 岁及以下 80 人，占比 24.6%，26～35 岁 137 人，占比 42.2%，36～45 岁 82 人，占比 25.2%，46～55 岁 26 人，占比 8.0%；大专及以下 15 人，占比 4.6%，本科 218 人，占比 67.1%，硕士 89 人，占比 27.4%，博士 3 人，占比 0.9%；基层员工 149 人，占比 45.8%，基层管理 103 人，占比 31.7%，中层管理 55 人，占比 16.9%，高层管理 18 人，占比 5.5%；工作年限方面，5 年及以下 44 人，占比 13.5%，6～10 年 153 人，占比 47.1%，11～15 年 103 人，占比 31.7%，16～20 年 25 人，占比 7.7%。

（二）社会称许性分析

考虑到华人作答特点与越轨创新行为本身的特征（具体见前文，在此不再赘述），本书在验证性因子分析中对 12 个题项的越轨创新行为量表进行社会称许性分析，表 3.12 表明，12 个题项与社会称许性变量的相关系数绝对值均低于 0.1，均未达到显著水平，所以不存在称许性问题。

表 3.12 验证性因子分析社会称许性检验

变量	题项	系数	显著性
越轨创新行为	Item1	-0.078	0.159
	Item2	-0.048	0.385
	Item4	-0.066	0.233
	Item6	-0.083	0.136
	Item7	-0.070	0.209
	Item8	-0.024	0.661
	Item9	0.028	0.609
	Item10	0.003	0.959
	Item12	0.044	0.433
	Item13	-0.029	0.600
	Item15	-0.096	0.083
	Item16	-0.026	0.635

（三）分析过程与结果

借助 AMOS 21.0 对越轨创新行为量表进行验证性因子分析，验证性因子分析的结果显示：χ^2 = 88.833，df = 51，χ^2/df = 1.742，RMSEA = 0.048，GLI = 0.956，CFI = 0.973，NFI = 0.940，IFI = 0.973。越轨创新行为结构方程模型标准化路径如图 3.2 所示，越轨创新行为的验证性因子分析结果如表 3.13 所示。由表 3.13 可知，模型拟合效果比较理想。根据 Bagozzi 和 Yi（1998）的建议准则来判定模型是否需要修正，从标准化回归权重（因子载荷）看，12 个题项的因子载荷介于 0.63~0.78，均大于 0.5 并达到显著水平，说明每个题项对其从属的因子具有较强的解释力，修正指数（Modification Indices）提示，最大 MI 值为 5.954，无须借助修正指数修正模型来释放固定参数。

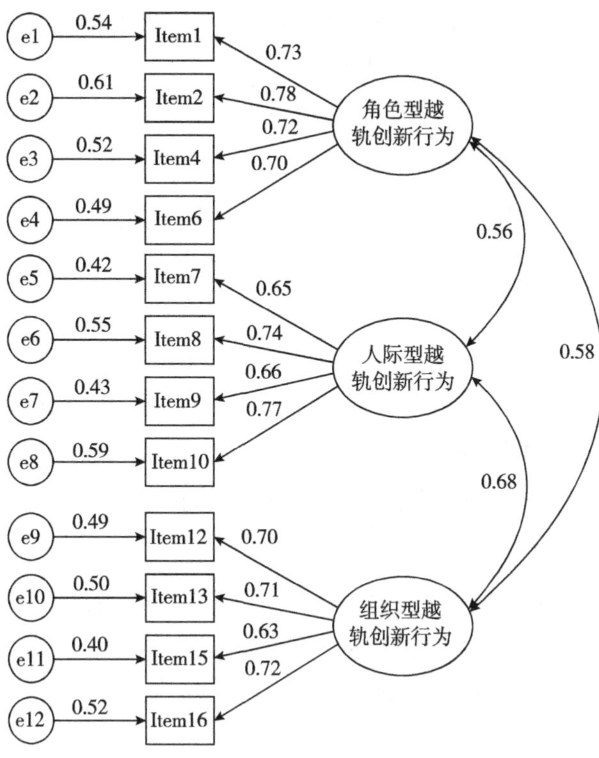

图 3.2　越轨创新行为结构方程模型标准化路径

表 3.13　验证性因子分析结果

因子	题项	非标准化因子载荷	标准化因子载荷	t 值	p 值
角色型越轨创新行为	Item1	1.000	0.733	—	—
	Item2	1.124	0.783	12.814	<0.001
	Item4	1.145	0.719	11.501	<0.001
	Item6	1.059	0.702	11.370	<0.001
人际型越轨创新行为	Item7	1.000	0.648	—	—
	Item8	1.085	0.739	10.530	<0.001
	Item9	1.062	0.659	9.881	<0.001
	Item10	1.168	0.770	10.422	<0.001

续表

因子	题项	非标准化因子载荷	标准化因子载荷	t 值	p 值
组织型越轨创新行为	Item12	1.000	0.698	—	—
	Item13	1.061	0.710	11.020	<0.001
	Item15	0.983	0.635	9.697	<0.001
	Item16	1.044	0.722	10.364	<0.001

拟合结果：χ^2 = 88.833，*df* = 51，χ^2/df = 1.742，RMSEA = 0.048，GLI = 0.956，CFI = 0.973，NFI = 0.940，IFI = 0.973

采用竞争模型分析策略来检验模型的结构优度，本书通过构建竞争模型来检验越轨创新行为的三维结构是否最佳。合并12个题项形成单因子模型，合并因子1（角色型越轨创新行为）和因子2（人际型越轨创新行为）的题项形成二因子模型$_a$，合并因子1（角色型越轨创新行为）和因子3（组织型越轨创新行为）的题项形成二因子模型$_b$，合并因子2（人际型越轨创新行为）和因子3（组织型越轨创新行为）的题项形成二因子模型$_c$，借助AMOS 21.0检验样本数据。结果显示，三因子模型拟合指标最优（见表3.14），越轨创新行为的三维结构再次得到验证。

表3.14 越轨创新行为量表与竞争模型的拟合结果

模型	χ^2	*df*	χ^2/df	RMSEA	GFI	CFI	NFI	IFI
单因子模型	386.592	54	7.159	0.138	0.795	0.764	0.738	0.766
二因子模型$_a$	291.626	53	5.502	0.118	0.830	0.831	0.802	0.832
二因子模型$_b$	263.263	53	4.974	0.111	0.847	0.851	0.821	0.852
二因子模型$_c$	197.721	53	3.731	0.092	0.892	0.897	0.866	0.898
三因子模型	88.833	51	1.742	0.048	0.956	0.973	0.940	0.973

三、信效度检验

（一）信度分析

分析结果显示，越轨创新行为量表Cronbach's α值为0.869；角色型越

轨创新行为 Cronbach's α 值为 0.820，组合信度 CR 值为 0.823；人际型越轨创新行为 Cronbach's α 值为 0.799，组合信度 CR 值为 0.500；组织型越轨创新行为 Cronbach's α 值为 0.799，组合信度 CR 值为 0.785。以上统计结果均高于可接受标准（Fornell & Larcker，1981）。据此认为，量表通过了信度检验。

（二）效度分析

1. 结构效度检验主要包括收敛效度和区分效度评价

Hair 等（1998）指出，如果潜变量的平均方差萃取量 AVE 达到 0.5，且其观察变量的标准化载荷也达到 0.5，就可以判定测量工具收敛效度达标。若潜变量间的相关系数小于 AVE 平方根，就可以判定测量工具区分效度达标（Fornell & Larcker，1981）。统计结果显示：角色型越轨创新行为维度中题项的标准化载荷介于 0.702~0.783，AVE 值为 0.537；人际型越轨创新行为维度中题项标准化载荷介于 0.648~0.770，AVE 值为 0.500；组织型越轨创新行为维度中题项标准化载荷介于 0.635~0.722，AVE 值为 0.500。12 个题项标准化的因子载荷均高于 0.5 的标准，且达到了 0.001 的显著水平；各维度的 AVE 值介于 0.500~0.537，符合规定数值。可以判定本书的越轨创新行为量表收敛效度达标。并且，潜变量之间 AVE 的平方根均大于二者之间的相关系数，可以判定区分效度达标。

2. 效标效度也是检验量表有效性的重要指标

肖志明（2020）指出工作自主性是越轨创新行为的重要前因变量，吴士健、杜梦贞和周忠宝（2020）的研究发现，心理安全感也是越轨创新行为的激活因素。本书拟引入工作自主性和心理安全感作为关联效标，对越轨创新行为量表的效标效度进行检验。

（1）测量工具与数据收集。

工作自主性采用 Morgeson 和 Humphrey（2006）编制的 9 题项量表，包括“这份工作给了我独立和自由的工作机会”等测量题项。本次研究中工作自主性的一致性系数值为 0.912。

心理安全感采用 Liang 等（2012）编制的量表，包括“在工作单位，我可以表达我的真实感情”等 5 个测量题项。本次研究中心理安全感的一致性系数值为 0.901。

在验证性因子分析阶段，采用李克特 7 点计分的方式，将越轨创新行为、工作自主性量表和心理安全感量表一起发放。

（2）相关分析。

由表 3.15 可知，越轨创新行为与工作自主性显著正相关（$r=0.313$，$p<0.001$），与心理安全感显著正相关（$r=0.408$，$p<0.001$），并且都达到了 0.001 的显著水平。

表 3.15　效标效度中的变量相关分析

	1	2	3	4	5	6	7	8
性别	1							
年龄	-0.092	1						
教育	-0.079	-0.205[a]	1					
职位	0.076	-0.051	0.052	1				
工作年限	0.108	0.292[a]	-0.188[b]	-0.070	1			
工作自主性	0.017	-0.044	-0.017	0.044	0.041	1		
心理安全感	-0.006	0.018	0.052	0.002	0.058	0.401[c]	1	
越轨创新行为	-0.011	-0.066	0.168[b]	0.074	-0.108	0.313[c]	0.408[c]	1

注：a 表示 p<0.05，b 表示 p<0.01，c 表示 p<0.001，下同。

（3）回归分析。

为进一步考察工作自主性和心理安全感的解释力，本书进行回归分析。将工作自主性纳入回归模型后，R^2 增加了 0.100，工作自主性对越轨创新行为的影响达到显著水平（$\beta=0.234$，$p<0.001$）；将心理安全感纳入回归模型后，R^2 增加了 0.165，心理安全感对越轨创新行为的影响达到显著水平（$\beta=0.272$，$p<0.001$）。具体结果如表 3.16 所示，据此判断工作自主性和心理安全感对越轨创新行为的解释力较好，越轨创新行为量表效标效度检验合格。

表 3.16　效标效度检验

变量	越轨创新行为		
性别	0.004	0.004	0.008
年龄	-0.008	0.007	-0.011
教育	0.182[b]	0.191[b]	0.149[a]
职位	0.045	0.034	0.043
工作年限	-0.060	-0.076	-0.083
工作自主性		0.234[c]	
心理安全感			0.272[c]
R^2	0.038	0.138	0.203
ΔR^2	—	0.100	0.165
F	2.520[a]	8.511[c]	13.467[c]

第五节　本章小结

本章在回溯越轨创新行为相关概念维度划分研究的基础上，选取组织规范的理论视角，将越轨创新行为定义为“员工坚信自己的创意会为组织或组织成员带来预期利好，主动违背重要群体参照规范的创新行为”。通过质性研究和实证研究，发现越轨创新行为是一个包含角色型越轨创新行为、人际型越轨创新行为和组织型越轨创新行为二阶三因子模型。其中，角色型越轨创新行为是员工为了实现创新目标，超越角色规定和要求、与工作任务存在一定冲突的创新行为，对应了 Criscuolo 团队（2014）的越轨创新行为研究；人际型越轨创新行为是员工为实现创新目标对（正式/非正式）领导或群体命令的违背，即违背人际规范的创新行为，人际型越轨创新行为的子维度违抗领导创新对应了 Lin 团队（2016）的研究，同时包含了新的子维度，即违抗群体创新；组织型越轨创新行为是员工为实现创新目标、违背（正式/非正式）组织制度的创新行为，这是以往越轨创新行为量表没有包含的新维度。

本章对北京市、吉林省和湖北省等地区的28家企业员工进行了访谈，其中22人采用深度访谈的方式获取资料，8个小组采用焦点小组访谈的形式获取资料。通过三轮编码，对质性资料分析并提炼出初始题项。进而委托吉林某高校在职MBA班的7位学员和人力资源管理方向的7位博士生对初始题项进行内容充分性评价，删除不达标的“双筒枪”题项。通过对311名员工的调查进行了社会称许性检验和探索性因子分析，剔除因子载荷不达标和跨因子载荷的题项。通过对325名员工的调查进行了社会称许性检验、验证性因子分析、信度分析、结构效度和效标效度等分析，最终开发出信效度均达标，符合统计测量要求的12个题项的越轨创新行为量表，具体维度和题项如表3.17所示。

表3.17　越轨创新行为量表

维度	题项内容
角色型越轨创新行为	我正在开展一些子项目，这帮助我接触一些新的领域
	我乐于探索有助于工作任务的新知识领域
	我会即兴地对工作任务的具体开展方式进行创新设计
	我有一定的时间和权力在任务之外自由创新和探索
人际型越轨创新行为	虽然没有得到领导的认可，但我仍在继续改良并提升被否想法或方案的创新度
	虽然领导已经明确要求我停止研发某些项目，但我仍在继续从事这些项目
	我努力完善那些已被资深员工或非正式领袖否决的想法
	虽然某些想法已经被团队或团队中的多数群体否决，但我仍在改良它们
组织型越轨创新行为	为了创新性地解决工作难题，有时我会不按组织规定流程办事
	为了更好地完成工作，有时我会打破既定的组织规范
	我敢于打破潜规则，创造性地开展工作
	为了用新方法解决组织中的问题，我会打破传统常识或惯例

第四章　越轨创新行为对员工创新绩效差异化影响的情境边界研究

本章基于个人—环境匹配理论，提出了越轨创新行为对员工创新绩效差异化影响的情境边界模型，探究了组织创新氛围、领导权变激励和领导容错性对于区分越轨创新行为何时正向、何时负向影响员工创新绩效的边界意义。在预调查后，对河南、山东等地区的 18 家企业 219 名员工的两阶段数据进行分析，结果发现：越轨创新行为总体上正向影响员工创新绩效；组织创新氛围是越轨创新行为与员工创新绩效之间关系的调节变量，在高组织创新氛围的情境下，越轨创新行为显著正向影响员工创新绩效，在低组织创新氛围的情境下，越轨创新行为无法显著影响员工创新绩效；领导权变激励是越轨创新行为与员工创新绩效之间关系的调节变量，在高领导权变激励的情境下，越轨创新行为显著正向影响员工创新绩效，在低领导权变激励的情境下，越轨创新行为显著负向影响员工创新绩效；领导容错性是越轨创新行为与员工创新绩效之间关系的调节变量，在高领导容错性的情境下，越轨创新行为显著正向影响员工创新绩效，在低领导容错性的情境下，越轨创新行为显著负向影响员工创新绩效。研究揭示了组织和领导情境是造成越轨创新行为与员工创新绩效间不一致关系的边界因素，拓宽了个人—环境匹配理论的应用范围。

第一节 问题提出

在越轨创新行为的研究领域，越轨创新行为对员工创新绩效“赋能”还是“负担”是学术界和管理者关注的核心问题。主流观点认为：越轨创新行为可以增加员工创新绩效。根据“探索学习”“延迟公开”“资源整合”等学派的观点，越轨创新行为能够通过拓荒式学习、延迟完善和资源整合等方式增加越轨创新行为主体取得创新绩效的概率（Criscuolo，Salter & Wal，2014；黄玮等，2017）。然而，“规范执行”学派的观点认为，由于越轨创新行为的规范偏离和计划缺失，会影响组织的整体运作，其直接后果只会是员工创新绩效的降低（Augsdorfer，2005）。针对该项争议，基于中国员工的实证研究也在越轨创新行为对员工创新绩效的影响问题上出现了分歧（黄玮等，2017；赵斌、古睿和李瑶，2019；王弘钰和万鹏宇，2020）。这不禁引发思考：越轨创新行为对员工究竟是“赋能”还是“负担”？主流学派为何坚持认为越轨创新行为会对员工创新绩效产生积极作用？为何仍有学者认为越轨创新行为会降低员工创新绩效？

从宏观视角展开，外部情境是影响越轨创新行为成功或失败的重要边界，也是解决上述问题的重要途径（Criscuolo，Salter & Wal，2014；赵斌、古睿和李瑶，2019）。以往研究通过论述推断组织整体创新水平、组织成员越轨创新频率作为组织层面因素会推动越轨创新行为向员工创新绩效的转化（Criscuolo，Salter & Wal，2014），通过实证验证了领导态度和行为也会影响越轨创新行为向员工创新绩效的转化（赵斌、古睿和李瑶，2019），同时发现，在某些不利情境下越轨创新行为会降低创新绩效，成为个体工作开展的“负担”（Kristof-Brown et al.，2005；黄玮等，2017）。前人研究初步探究了越轨创新行为差异化影响员工创新绩效的边界，丰富了越轨创新行为与员工创新绩效的边界研究，但是以往研究仍存在诸多不足：

（1）忽视了组织创新氛围对越轨创新行为与员工创新绩效关系的调节作用。

以往研究通过实证检验了创新自我效能、创造力等个体层面创新要素对越轨

创新行为影响员工创新绩效的边界意义（黄玮等，2017；王弘钰和万鹏宇，2020），对组织创新氛围等组织层面创新要素的边界意义却鲜有关注（Cosh, Fu & Hughes，2012；Waheed et al.，2019）。在低创新氛围的组织中，行为规范执行更为严格，个人越轨创新行为更容易失败，导致资源和时间的浪费，抑制创新绩效（Feldman，1984；Mainemelis，2010；Criscuolo，Salter & Wal，2014）。相反，在高创新氛围的组织中，成员对创新成果收益的关注度超过了成果收益的获得手段，成员越轨创新行为频发，对越轨创新行为的敌意更少，利于越轨创新行为的开展，更为个体带来创新绩效（Zhou，2003；Hsu & Fan，2010）。再者，根据个人—组织匹配理论，创新氛围高的组织往往与越轨创新行为的资源需求形成互补性匹配，高创新氛围组织中创新想法、活性知识等为越轨创新行为的孵化和成长提供了良好的资源补给，有助于实现创新绩效收益（刘镜、赵晓康和沈华礼，2020）。然而。以往研究过于强调个体层面创新要素对于越轨创新行为成功与否的边界意义，在变量设置上也未能达到区分越轨创新行为对员工创新绩效差异化影响的效果，不仅无法解决越轨创新行为与员工创新绩效关系不一致的问题，更忽视了组织创新氛围这一组织层面创新要素的边界意义。因此，有必要在组织创新氛围的组织情境下揭示越轨创新行为对员工创新绩效的差异化影响。

（2）忽视了领导权变激励对越轨创新行为与员工创新绩效关系的调节作用。

现有探究领导因素对越轨创新行为与员工创新绩效的边界研究仍处于单一化状态，在实际管理中，领导对所有的创新行为都表现出支持吗？显然更多的是基于具体情况的柔性灵活赏罚，即领导权变激励（Buengeler，Homan & Voelpel，2016）。领导权变激励强调效能优先和柔性管理，能依据员工行为的本质和目的进行灵活地评价与管理，减轻了员工借助越轨形式开展创新行为之后的心理负担，使得个体全身心地投入到越轨创新方案的完善中，利于创新绩效的提升（周春城，2019；王弘钰、万鹏宇和夏天添，2021）。同时还能通过针对性的奖酬激励，对员工越轨创新等具有风险的建设行为提供支持与奖励，调动个体绩效创造的积极性（Yang et al.，2019）。因此，领导权变激励对越轨创新行为与员工创新绩效的关系具有重要的调节作用，在创新行为多元化、复杂化的背景下尤为凸显。然而，现有研究关注领导“非赏即罚”态度对越轨创新行为与员工创新绩效间的边界意义，滞后于灵活权变的管理实践，更与管理实际不符，难以为企业权变管理员工的越轨创新行为提供全面的启发借鉴，更无法区分越轨创新行为差异化影响员工创新绩效的边界。因此，有必要就领导权变激励对越轨创新行为与员工创新绩效关系的调节作用展开探讨。

（3）忽视了领导容错性对越轨创新行为与员工创新绩效关系的调节作用。

越轨创新行为面临双重“困境”，即手段的非法叛逆性与过程的探索试错性，领导的宽容处理方式是越轨创新者想法被叫停惩罚抑或是完善推进的重要情境要素（Edmondson，2006；马跃如和蒋珊珊，2020）。“海纳百川”一直是中华民族崇尚的优良品质和精神，对于一些开展方式不合理但本质和目的具有合理性的创新行为，容错性领导会鼓励安慰为主，教育引导为辅，以宽容的高姿态帮助员工从越轨创新行为中自省和学习，为越轨创新行为的正式化提供了一定的空间（Tang et al.，2015）。不仅如此，领导容错会给员工越轨创新想法再次展示和完善的机会、空间，有助于提升员工的组织认同感，激发员工对越轨创新行为的思考，利于员工绩效结果的改进和优化（Carmeli，Reiter-Palmon & Ziv，2010）。最重要的是，当员工创新想法与规范发生冲突时，领导容错性的及时疏导使得冲突停留在认知和观点层面，而不是激化到情感层面，不会影响创新工作和绩效取得的实质进展（马跃如和蒋珊珊，2020）。然而，现有研究忽视了具有中国文化特色的领导容错性对越轨创新行为与员工创新绩效关系的调节作用，无法用东方领导智慧解答问题。引入领导容错性这一具有本土特色的东方领导方式，更能以一种包容的领导方式处理创新中手段偏差、目的忠诚的矛盾，推进越轨创新行为研究的本土化，为企业领导管理并推动越轨创新行为的绩效转化提供有效借鉴。因此，有必要在领导容错性的东方领导情境下探究越轨创新行为对员工创新绩效的差异化影响。

综上所述，研究拟在子研究2中，通过构建组织创新氛围、领导权变激励和领导容错性的情境，揭示越轨创新行为正向（负向）影响员工创新绩效的边界，尝试回答“越轨创新行为何时促进员工创新绩效”“越轨创新行为何时抑制员工创新绩效”的问题，最终从情境边界的角度厘清越轨创新行为与员工创新绩效关系不一致的问题。

第二节 理论基础与理论模型构建

一、个人—环境匹配理论的内容

Saks 和 Ashforth（1997）将个人—环境匹配（Person-Environment Fit）的相关研究和议题称为“工业心理学和人力资源管理学的基石”。其实，早在工业心理学诞生之初，“员工如何与所处的环境更好地匹配”就成为无数理论家和管理实践者共同关注的问题。Parsons（1909）开发了个人—职业特征匹配模型，在此基础上，Murray（1951）开发了需求—压力模型，Lewin（1951）提出了场论，并指出个体的行为结果是关于个体和环境的函数。在此之后，个人—环境匹配理论从工业心理学的研究领域拓展到人力资源管理领域，工作压力、人才招聘、组织文化和组织氛围等纷纷被纳入个人—环境匹配理论的研究范畴，并被广泛探讨。个人—环境匹配的理论框架也在观点碰撞中被不断完善（Edwards，2008），最终逐步形成了个人—环境匹配理论维度视角、个人—环境匹配理论内涵视角和个人—环境匹配理论整合视角三个派别。

（一）个人—环境匹配理论的维度视角

个人—环境匹配理论的维度视角将关注点聚焦于环境，把个体所处的环境做了进一步的区分，关注的是个体与哪个层面的环境进行匹配（Kristof-Brown，Zimmerman & Johnson，2005），即个人—环境匹配理论进一步划分为个人—组织匹配（Person-Organization Fit）、个人—上级匹配（Person-Supervisor Fit）、个人—团队匹配（Person-Group Fit）和个人—工作匹配（Person-Job Fit）等多个子理论。其中个人—组织匹配理论、个人—上级匹配理论和个人—团队匹配理论更多地关注个体与工作外部具体情境的匹配，而个人—工作匹配则较为宽泛，关注的是个体兴趣、行为和价值观与工作的兼容度，与适应理论存在着较大的重叠。

（二）个人—环境匹配理论的内涵视角

个人—环境匹配理论的内涵视角将关注点放在了匹配上，从而提出了个人与环境的一致性匹配和互补性匹配两种匹配模式（Muchinsky & Monahan，1987），其中一致性匹配用于衡量个体特征与其所在环境的一致性程度，互补性匹配用于衡量个体的需求与环境供给的互补程度（Kristof，1996）。

（三）个人—环境匹配理论的整合视角

针对个人—环境匹配理论不同学派在维度和内涵上存在的诸多争议，个人—环境匹配理论的整合学派对上述两个学派的观点进行比较与整合，兼顾了“环境”“匹配”两个关键词，个人—环境匹配更多情况下代表了个体需求和环境所能提供的资源或奖励、人的能力和环境的要求以及人与外部环境的相似性（Edwards，2006，2008），但这些观点仍缺乏翔实的理论或数据支撑，有待后续的研究探讨和检验。

二、个人—环境匹配理论在组织行为学领域的应用

个人—环境匹配理论在组织行为学领域的应用主要朝两个方向发展：

一个方向是个人—环境不匹配带来的消极影响：Holland（1959）首先对个人—环境匹配理论中的个体特征进行了广义的概念化定义，个体特征包括个体行为特征、个体人格特征等，具体到变量上，价值观、兴趣、任务偏好、角色偏好、技能、能力、解决问题的方法和自我形象等被学术界广泛探讨。进一步地，Holland（1959）通过研究指出当个体的这些特征和目前所从事工作的需求不匹配时，就会导致不佳的表现，即低的工资绩效。随后，个体—环境不匹配模型被提出和应用，该模型指出个体—环境不匹配或者不适应被视为压力、疾病等不良后果的前兆（Edwards，2008），该模型得到了Caplan（1987）等学者的支持和完善。个人—环境不匹配带来消极影响的理论应用在一定程度上为越轨创新行为与某些环境不匹配带来绩效下降的研究提供了借鉴和启发。

另一个方向则主要关注了个人—环境良好匹配对企业和个体的积极意义。伴随积极心理学的兴起，越来越多的学者关注了个人—环境匹配对企业和个体的积极意义。研究发现，个人与企业环境的良好匹配对企业吸引人才、减少人才流失和提高组织效能的重要作用，个人环境的匹配优化是企业人力资本可持续性、价

值最大化和持续竞争优势的重要源泉（张兴贵、罗中正和严标宾，2012；王雁飞和孙楠，2013；Andela & Doef，2019）。个人—环境匹配带来积极影响的理论应用在一定程度上为越轨创新行为与某些环境良好匹配带来绩效提升的研究提供了借鉴和启发。

总体而言，在组织行为学领域，个人—环境匹配理论最终关注的核心是个体特征（包括个体行为特征、个体特质特征、个体目标特征等）与环境（包括领导情境、组织情境、团队情境等）在不同匹配或兼容程度下产生的不同效力，或者说对个体和组织产生的不同结果，特别是绩效、满意度和留职等，被作为个人—环境匹配的个体行为结果进行了广泛探讨（Damen et al.，2008；Markham et al.，2010；Matta et al.，2015）。虽然三个学派的观点存在区别，但是在个人—环境匹配理论的不断应用和检验中，“基于不同的工作环境员工会产生不同结果”的基本观点已经被广泛认可，个人—环境匹配理论的基本前提假设“个体的绩效、态度等个体层面的结果不是由个体因素或环境因素其中之一导致的单方面结果，而是由个体因素和环境因素共同交互影响形成的”也被学术界广泛接受和应用（Pervin，1989）。

三、个人—环境匹配理论对本书的支撑作用

具体到越轨创新行为的研究中，国内外学者均明确指出：越轨创能行为能否转化为员工创新绩效，不仅在于该行为本身，还在于该行为所处的环境（Criscuolo，Salter & Wal，2014；赵斌、古睿和李瑶，2019）。越轨创新行为通常伴随一定的风险，个体从事越轨创新行为后，外部环境资源是否会为行为的预期风险进行实质性的弥补或匹配以达到平衡，并未引发学者的关注和研究。在与越轨创新行为互补或者协同的环境中，越轨创新行为是否会推进创新想法的落地，提升员工创新绩效？抑或在某些互斥的环境下导致个体形象破坏、遭遇领导的报复？个体越轨创新行为在与哪些环境高度匹配时，会为个体带来创新绩效、留职提升等积极效果？在与哪些不利环境下难以匹配，甚至矛盾冲突，导致员工创新绩效、工作满意度下降等消极效果？面对诸多尚未解答的问题，本书拟借助个人—环境匹配理论，将从宏观情境视角对越轨创新行为与员工创新绩效何时“赋能”何时“负担”的问题进行解答。

需要关注的是，借助个人—环境匹配理论解答越轨创新行为与员工创新绩效的问题，不仅要关注何种有利情境带来的匹配促进员工创新绩效，何种不利情境带来的不匹配会挫伤员工创新绩效，还要考虑东方文化情境，选取个人—环境匹配理论中具有针对性的子理论，从中甄选具有代表意义的情境变量，将研究问题具体化，才能彻底解答越轨创新行为与员工创新绩效关系不一致的问题，避免泛泛而谈和无效研究（Amabile，2012；苗仁涛和曹毅，2020）。

虽然个人—环境匹配理论在学术研究和管理实践中被广泛关注和讨论，但Edwards（2008）指出，个人—环境匹配理论的研究在进入21世纪后几乎陷入了停滞的局面，Lee和Antonakis（2014）呼吁学者重新审视个人环境匹配研究中的文化情境问题，个人—环境匹配理论的两大要素——个人和环境均是嵌入于文化环境中的。因此，借助个人—环境匹配理论作为分析工具开展研究，需要结合社会文化背景探讨（Chuang et al.，2015）。Kristof-Brown等（2005）发现，相较于嵌入西方个人主义文化情境的个人—工作匹配，个人—组织匹配在东方集体主义文化情境中更具现实价值和研究意义（Kristof-Brown，Zimmerman & Johnson，2005）。Chuang等（2015）更是通过定性研究佐证了这一观点，该团队同时发现，除了Kristof-Brown等（2005）提出的个人与组织匹配外，工作中的和谐关系是中国情境下个人—环境匹配理论重点关注的议题。考虑到中国情境下的上下级关系与西方的领导成员关系存在着本质区别，个人—上级匹配也是具有本土意义的研究议题（Law et al.，2000；Han & Altman，2009；杨新国和万鹏宇，2017）。综上所述，本书选取个人—环境匹配理论当中的个人—组织匹配和个人—上级匹配两个子理论，作为本书的理论支撑：

（一）越轨创新行为和员工创新绩效在概念内涵上等同于个体行为特征和个体行为结果

个人—组织匹配理论重点关注个体特征与组织情境匹配程度引发的绩效、任期、满意度等个体层面结果（Holland，1959；Chatman，1989）。个人—组织匹配理论在组织行为学领域的长期应用中，学者对个体特征的内涵与表现形式不断丰富和扩展，包含了个体行为特征、个体人格特征等。越轨创新行为作为一种兼具"忠诚""叛逆"特征的个体行为，具备了典型的个体行为特征，在概念内涵上等同于个人—组织匹配理论当中的个体行为特征。而员工角色内、外绩效

(Damen et al., 2008)、工作绩效(Markham et al., 2010)和创造力绩效(Griffith et al., 2018)均已纳入个人—环境匹配理论当中，成为学术界最关注的个体层面的行为结果，本书的员工创新绩效在概念内涵上等同于个体行为的绩效结果。

(二)组织创新氛围在概念内涵上等同于个人—组织匹配理论中的组织情境

个人—组织匹配理论作为个人—环境匹配理论的子理论，将组织情境从环境构念中分离出来展开针对性研究，重点关注个体特征(包括个体行为特征、个体人格特征等)与组织情境匹配程度引发的个体结果或组织结果(Holland, 1959)。Chatman(1989)指出个体特征与组织情境的匹配程度会在组织层面(绩效、人际和合作等)和个体层面(绩效、任期、满意度、承诺、舒适感和能力感)上引发不同的结果，并提出了个人—组织匹配的结果模型。个人—组织匹配理论在组织行为学领域的长期应用中，学者对组织情境的内涵与表现形式不断丰富和扩展，包含了组织文化、组织氛围、组织目标和组织理念等(张兴贵、罗中正和严标宾，2012)，Silverthorne(2004)更是将组织支持型文化和组织创新文化纳入到个人—环境匹配理论的框架内分析了个人—组织创新文化匹配对员工满意度的影响。组织创新氛围是由组织领导和成员在企业长期发展中共同塑造和培育的，一种崇尚、鼓励并支持创新的良好组织气氛，在概念内涵上等同于个人—组织匹配理论当中的组织情境(刘云和石金涛，2009；Cosh, Fu & Hughes, 2012；Liu, Chow & Zhang, 2019；Waheed et al., 2019)。

(三)越轨创新行为与不同水平组织创新氛围匹配差异化影响员工创新绩效在路径内涵上等同于个人—组织匹配带来不同个体层面结果

个人—组织匹配理论将B=f(P, O)作为研究分析的基本函数模型，即个体的行为(结果)是关于个体特征(P)与组织情境(O)的函数(Lewin, 1951；Holland, 1959)。以上分析发现，越轨创新行为在概念内涵上等同于个体行为特征，组织创新氛围对员工创新发展起积极作用，且在概念内涵上等同于组织情境，员工创新绩效在概念内涵上等同于个体行为结果。综合个人—组织匹配理论的基本函数模型，以及学术界关于越轨创新行为结果的好坏与越轨创新行为成长孵化的外部环境有着重要关联的论断(赵斌、古睿和李瑶，2019)，可以判定越轨创新行为与不同水平组织创新氛围匹配差异化影响员工创新绩效在路径内涵上等同于个人—组织匹配带来的个体层面不同结果。

1. 越轨创新行为与高组织创新氛围匹配并提升员工创新绩效在路径内涵上等同于个人—组织匹配带来个体层面积极结果

高组织创新氛围包容创新多元化，帮助个体全身心地完成绩效创造（Hsu & Fan，2010；赵燕梅和张正堂，2020）。并且，越轨创新行为意味着从事者无法获批组织的正式资源，高组织创新氛围内丰富的创新活性资源与越轨创新行为的资源需求形成互补性匹配，有助于提高越轨创新行为的创新绩效收益（刘镜、赵晓康和沈华礼，2020）。最后，组织创新氛围呼吁员工创新，鼓励员工试错，提高了越轨创新行为合法化的可能性，从而增加了越轨创新行为绩效转化的概率（Madjar，Greenberg & Chen，2011）。因此，越轨创新行为与高组织创新氛围匹配并提升员工创新绩效在路径内涵上等同于个人—环境匹配带来个体层面积极结果。

2. 越轨创新行为与低组织创新氛围失配并降低员工创新绩效在路径内涵上等同于个人—组织失配带来个体层面消极结果

低组织创新氛围的组织中创新想法、活性知识匮乏，无法为越轨创新行为的孵化和成长提供的资源平台，这种越轨创新行为与低组织创新氛围的失配会对员工创新绩效产生不良影响（Kamasak & Rifat，2015；Chen et al.，2020）。因此，越轨创新行为与低组织创新氛围失配并降低员工创新绩效在路径内涵上等同于个人—环境失配带来个体层面消极结果。

（四）领导权变激励和领导容错性在概念内涵上等同于个人—上级匹配理论中的领导情境

个人—上级匹配理论作为个人—环境匹配理论的子理论，将领导情境从环境构念中分离出来展开针对性研究，重点关注个体特征（包括个体行为特征、个体人格特征等）与领导情境匹配程度引发的个体结果或组织结果（Muchinsky & Monahan，1987）。个人—上级匹配理论在组织行为的研究中被广泛探讨，领导情境涵盖的范围不断扩大，包括领导的特征、策略、能力和风格等（刘超等，2020）。领导权变激励是一种拒绝根据个体行为表征做出简单判断，通过嵌入情境、把握员工行为本质的严谨分析后再做出奖惩的领导策略（Yang et al.，2019），领导容错性是领导接受、容忍和宽恕员工不同意见或差错失误的能力

（张凯丽和唐宁玉，2016；周星和程坦，2020），两者都反映了领导的管理能力水平，在概念内涵上等同于个人—上级匹配理论中的领导情境。

（五）越轨创新行为与不同水平领导权变激励或领导容错性匹配差异化影响员工创新绩效在路径内涵上等同于个人—上级匹配带来不同个体层面结果

个人—上级匹配理论将 B=f（P，S）作为研究分析的基本函数模型，即个体的行为（结果）是关于个体特征（P）与领导情境（S）的函数（Lewin，1951；Muchinsky & Monahan，1987）。以上分析发现，越轨创新行为在概念内涵上等同于个体行为特征，领导权变激励和领导容错性在概念内涵上等同于领导情境，员工创新绩效在概念内涵上等同于个体行为结果。综合个人—上级匹配理论的基本函数模型，以及学术界关于越轨创新行为结果的好坏与领导特质和能力有着重要关联的论断（赵斌、古睿和李瑶，2019），可以判定越轨创新行为与不同水平领导权变激励或领导容错性匹配差异化影响员工创新绩效在路径内涵上等同于个人—上级匹配带来的个体层面不同结果。

1. 越轨创新行为与高领导权变激励或高领导容错性匹配并提升员工创新绩效在路径内涵上等同于个人—上级匹配带来个体层面积极结果

个人—上级匹配理论指出，与领导的相似行为往往会被领导包容、肯定和信任，带来更好的绩效奖励（Jung & Avolio，2000；Van Vianen，Shen & Chuang，2011；Vianen & Annelies，2018）。越轨创新行为反映了员工灵活变通的行为特征，可以为了“忠诚”目标选择“叛逆”的实现手段，而领导权变激励恰是领导根据组织内外部情境（如外部环境、内部资源结构）和个体的内在特征（如目的、手段）对员工行为进行灵活权变评估的管理手段（Buengeler，Homan & Voelpel，2016），两者在灵活变通上构成一致性匹配。领导权变激励拒绝根据个体行为表征做出简单判断，通过嵌入情境、把握员工行为本质的严谨分析后再做出奖惩，领导会更能理解和肯定下属越轨创新行为的“忠诚”目的，关注结果，利于员工取得绩效（周春城，2019；Yang et al.，2019；王弘钰、万鹏宇和夏天添，2021）。因此，越轨创新行为与高领导权变激励匹配并提升员工创新绩效在路径内涵上等同于个人—上级匹配带来个体层面积极结果。

越轨创新行为具有开展方式不合理但目的合理的个体行为特征，具有容错性的领导往往持宽容态度，鼓励安慰为主，教育引导为辅，帮助员工从越轨创新行为中自省、学习和增进自我认知，为越轨创新行为的正式化提供了一定的空间（姚明晖和李元旭，2014；Tang et al.，2015）。领导容错性高的组织内，不仅领导为越轨创新行为的绩效转化创造了条件，其组织成员也更愿意尊重他人的差异化观点和选择，减少了对越轨创新行为从事者的排斥，利于化解组织内的冲突，给予了越轨创新行为者完善和践行创新方案的时间空间，增加了创新绩效的实现概率（Nembhard & Edmondson，2006）。因此，越轨创新行为与高领导容错性匹配并提升员工创新绩效在路径内涵上等同于个人—上级匹配带来个体层面积极结果。

2. 越轨创新行为与低领导权变激励或低领导容错性失配并降低员工创新绩效在路径内涵上等同于个人—上级失配带来的个体层面消极影响

在低领导权变激励的领导情境下，越轨创新行为直接被据其表象判定为“叛逆”行为，规范优先远胜于绩效优先，越轨创新行为必然会被领导阻止和惩罚，前期投入也将付诸东流，从而抑制个体的创新绩效（Vianen & Annelies，2018；Jung & Avolio，2000）。因此，越轨创新行为与低领导权变激励的失配并降低员工创新绩效在路径内涵上等同于个人—上级失配带来的个体层面消极影响。

越轨创新行为本质也是一种结果未知、通过不断试错完善的探索行为，低领导容错性不会给予员工越轨创新想法再次展示、完善的机会和空间，降低员工组织认同感，不利于员工工作表现、绩效结果的改进和优化（Edmondson，2006；马跃如和蒋珊珊，2020）。当员工创新想法与规范发生冲突时，低容错性的领导进行阻挠和打压，越轨创新的冲突从认知和观点冲突层面恶化为情感上的冲突，导致个体绩效下降（马跃如和蒋珊珊，2020）。因此，越轨创新行为与低领导容错性的失配并降低员工创新绩效在路径内涵上等同于个人—上级失配带来的个体层面消极影响。

综上分析，构建理论模型如图 4. 1 所示，个人—组织匹配理论对解释组织创新氛围对越轨创新行为和员工创新绩效关系的调节作用具有重要的支撑作用，个人—上级匹配理论对领导权变激励和领导容错性对越轨创新行为和员工创新绩效关系的调节作用具有重要的支撑作用。

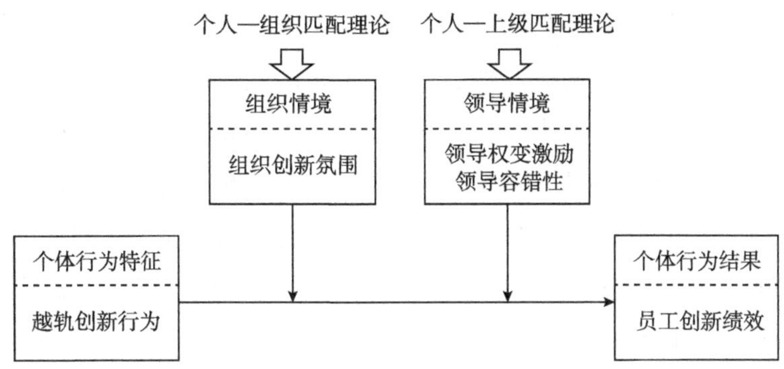

图 4.1 理论模型

第三节 研究假设

一、越轨创新行为与员工创新绩效

主流观点从探索学习优势、资源整合优势和延迟公开优势的角度探讨越轨创新对员工创新绩效的积极作用（王弘钰和万鹏宇，2020）。在探索学习视角下，员工创新绩效也不全是理性和计划的结果，而是不断探索试错的结果，越轨创新行为正是一种“拓荒式”的创新尝试，具备一定的超前性、大胆性，即“摸着石头过河”，高风险和高回报并存（王弘钰和万鹏宇，2020），帮助个体探索未知领域并获得新的知识（黄玮等，2017），掌握工作开展的新思路和新方法，并最终取得创新绩效（Kim & Choi，2018；王弘钰和万鹏宇，2020；王艳子和张婷，2020）。该视角通过强调创新行为对固有轨迹的突破，论证了越轨创新行为对员工创新绩效的积极作用（Enkel & Gassmann，2010；王弘钰和万鹏宇，2020）。

资源整合优势视角认为越轨创新行为是个体自发、主动开展的创新行为，在资源结构紧张的情境下对组织创新作用更加明显（江依，2018；王弘钰和万鹏宇，2020）。个体放弃了需要通过烦琐程序、说服领导从而获批的组织资源，如同组织中的“清道夫”，挖掘那些潜在的、冗余的或被遗忘的碎片化资源，化零为整，甚至通过争取或借助非工作时间、社会人脉搜索资源，通过融合创新想法进行资源整合，从而创造更高的员工创新绩效（王弘钰和万鹏宇，2020）。

延迟公开优势视角认为越轨创新个体的创新想法挑战了组织权威，制度惰性和惯例依赖使组织难以接受这种活动（王弘钰和万鹏宇，2020），而这种越轨的创新想法或行为可能方兴未艾，虽有潜力但不具备较强的说服力和可操作性。这种情况下，个体会不露锋芒，私下完善创新方案，等待方案或时机更加成熟，大大增加了越轨创新方案被认可和取得绩效的概率（黄玮等，2017；王弘钰和万鹏宇，2020）。基于此，越轨创新行为可以作为非传统想法实现的渠道，在一定程度上推迟了组织对其创意进行监测和评估的时间，直到创意想法得到更好的完善和发展，最终在更合适的时间和环境下呈现给组织（赵斌、古睿和宇卫昕，2020）。

虽然主流学者持越轨创新行为正向影响员工创新绩效的观点，并从实证上证实了该观点。但也有学者发现，越轨创新行为会给个体带来工作负担、离职意向（邹纯龙，2020），引发上级阻抑（陈伍洋等，2017），对越轨创新行为的从事者带来麻烦和负面评价（黄玮等，2017），最终对员工创新绩效的开展产生不良影响。

鉴于此，本书认为，越轨创新行为总体上正向影响员工创新绩效，但越轨创新行为会对员工创新绩效产生差异化影响，在何种情境下促进或抑制员工创新绩效的问题将在本章的后续研究中一一解答。

据此，本书提出如下假设：

H1：越轨创新行为总体上正向影响员工创新绩效。

二、组织创新氛围的调节作用

组织创新氛围是由组织领导和成员在企业长期发展中共同塑造和培育的，一种崇尚、鼓励并支持创新的良好气氛（刘云和石金涛，2009；Liu，Chow & Zhang，2019）。更具体地说，是指组织成员关于组织情境对其创新开展鼓励和支持程度的评价和心理知觉（Amabile，1997；刘云和石金涛，2009；顾远东和彭

纪生，2010)。研究发现，组织创新氛围在激发员工创造动机、推动组织创新变革等方面起着重要作用，因此，组织创新氛围是管理学者和企业实践者十分关注的话题，更是组织行为学领域十分重要的组织情境变量（刘云和石金涛，2009）。随着创新时代的到来，相比财务资源、人力资源等有形资源，创新氛围作为无形资源，更能以“情境催化剂”的形式潜移默化地激活组织和员工创新的积极性（Hsu & Fan，2010；苗仁涛和曹毅，2020）。根据个人—组织匹配理论，组织创新氛围是解答越轨创新行为与员工创新绩效关系不一致问题的重要组织情境（Kristof-Brown et al.，2005；Bock，Zmud & Kim，2005)，具体而言：

（1）组织创新氛围为越轨创新行为的创新绩效转化提供了环境助力。在高创新氛围的组织内，全员崇尚创新、鼓励创新，组织内成员的多元创新行为常常受到组织的高度认可与重视（Liu，Chow & Zhang，2019)，作为益于组织创新收益的行为被鼓励和倡导（钟熙、付晔和王甜，2019)。因而，高组织创新氛围下，成员不会因为越轨创新员工的“叛逆”特征而拒绝与之交流、合作。另外，根据个人—组织匹配理论，组织创新氛围与越轨创新行为从事者均拥有较强的创新主张，均把创新收益作为成长目标，在主张和目标上具有较高的一致性，越轨创新行为的开展更为顺利，易于实现绩效转化（王弘钰和于佳利，2019)。因此，组织创新氛围作为环境助力，推动越轨创新行为向员工创新绩效转化。

（2）组织创新氛围为越轨创新行为的转化与成熟提供了探索和成长空间。良好的组织创新氛围对创新试错和多元创新行为的包容性和容错性更强，越轨创新行为不会被视为异类而被过度议论和关注，规避了不良影响，员工自由地表达、尝试和交流新观点和新想法（Bock，Zmud & Kim，2005)，这为越轨创新行为主体试错、调整和经验积累创造了有利空间，同时减少了外部质疑和排斥，利于员工创新绩效的提升。而且，高创新氛围下的组织员工往往具备较高效能，敢于从事挑战性工作，从容应对外部压力，进行越轨创新规划并付诸实施，推动创新型资源向创新绩效成果的转化和实现（Liu，Chow & Zhang，2019；王弘钰和万鹏宇，2020)。因此，组织创新氛围为越轨创新行为成熟并最终转变为员工创新绩效提供了宽松的探索与成长空间。

（3）组织创新氛围为越轨创新行为向员工创新绩效的转化提供资源支撑。越轨创新行为意味着从事者无法获批组织的正式资源，而高创新氛围的组织中创新想法、活性知识和即时信息可以为越轨创新行为的孵化和成长创造良好的资源平台，借助组织创新氛围中的冗余或零散资源，员工不断获取、整合或重组资源，更新资源配置，最终实现创新绩效收益（刘镜、赵晓康和沈华礼，2020）。因此，组织创新氛围为越轨创新行为向员工创新绩效的转化提供了创新资源支撑。

考虑到以上三个方面，本书认为，组织创新氛围正向调节越轨创新行为与员工创新绩效的关系。此外，研究同时关注低组织创新氛围的情况下，越轨创新行为与组织创新氛围不匹配导致的员工创新绩效下降：①越轨创新通常具有边缘性和风险性的特征，比一般创新行为对个体构成更高的困难和挑战。在低组织创新氛围下，越轨创新行为难以被理解，越轨创新行为的实施过程中需要直面应对更多的未知、突发问题，甚至被组织排斥，得不偿失，抑制员工创新绩效（黄玮等，2017；赵斌、古睿和李瑶，2019）。②在低组织创新氛围下，越轨创新从事者因为时间压力、领导压力等没有足够的时间总结不足和经验，难以调整方向实现方案完善，这将导致创新计划“半途而废”，前期投入变为沉没成本，抑制员工的创新绩效。③越轨特征使得越轨创新行为无法得到组织的正式资源支持和发展指导反馈，低组织创新氛围内创新资源是匮乏和紧张的，无法为越轨创新行为的绩效转化提供资源补充，导致创新绩效下降（Madjar，Greenberg & Chen，2011）。

因此，本书认为，组织创新氛围是越轨创新行为正向或负向影响员工创新绩效的“分水岭”，在高组织创新氛围下，越轨创新行为正向影响员工创新绩效，在低组织创新氛围下，越轨创新行为负向影响员工创新绩效。

据此，本书提出如下假设：

H2：组织创新氛围调节了越轨创新行为与员工创新绩效的关系。

H2a：在高组织创新氛围下，越轨创新行为正向影响员工创新绩效。

H2b：在低组织创新氛围下，越轨创新行为负向影响员工创新绩效。

三、领导权变激励的调节作用

领导权变激励会根据组织内外部情境（如外部环境、内部资源结构）和下属的特征（如性格、行为目的、行为手段）对员工行为进行灵活性的权变评估

（Buengeler，Homan & Voelpel，2016；王弘钰、万鹏宇和夏天添，2021），是一种拒绝根据个体行为表征做出简单判断，通过嵌入情境、把握员工行为本质的严谨分析后再做出奖惩的领导策略（Yang et al.，2019；王弘钰、万鹏宇和夏天添，2021）。已有研究发现，领导权变激励可以减轻员工借助越轨形式从事创造性活动后的心理压力和事后成本（周春城，2019；王弘钰、万鹏宇和夏天添，2021）。根据个人—上级匹配理论，领导权变激励对越轨创新这一特殊行为的发展起着权变管理的意义，领导是否采取权变激励，将对越轨创新行为的创新绩效结果起着至关重要的作用：

（1）与单一导向的领导策略相比，领导权变激励是一种强调灵活管理和效能优先的领导策略，以灵活权变的领导方式处理员工多元创新中的冲突与矛盾，能够更好地管理和引导越轨创新行为，实现越轨创新行为的创新绩效目标（周春城，2019；王弘钰、万鹏宇和夏天添，2021）。

（2）领导权变激励用看似冲突却辩证相依的思维模式来处理组织当中的复杂问题，依据员工行为的本质和目的进行灵活的评价与管理，减轻了员工借助越轨形式开展创新行为的心理负担，利于个体全身心地投入创新绩效创造（周春城，2019；王弘钰、万鹏宇和夏天添，2021）。当权变激励的领导发觉下属的越轨创新行为后，根据下属的不同特点灵活地调整管理方式，不会因为其手段的非法性而贸然阻止，反而会基于其目标的合法性对该行为持观望的态度，对取得一些成效的越轨创新方案给予一定的激励和帮助，利于越轨创新行为成功取得创新绩效。

（3）领导权变激励强调效能优先，允许员工多元化的创新工作方式（王弘钰、万鹏宇和夏天添，2021）。领导对效能优先的强调与越轨创新行为主体对创新收益的强调实现一致性匹配，减少了越轨创新行为完成绩效创造的阻力，这种关注结果、促进过程自由宽松的领导策略为越轨创新行为向绩效的转化提供了发展空间。

因此，领导权变激励从灵活管理、权变激励和效能优先三个方面推进越轨创新行为向创新绩效的转化。相反，在低领导权变激励的领导情境下，越轨创新行为直接被据其表象判定为“叛逆”行为，规范优先远胜于绩效优先，越轨创新行为必然会被领导阻止和惩罚，前期投入也将付诸东流，从而抑制个体的创新绩效（王弘钰、万鹏宇和夏天添，2021）。因此，领导权变激励对越轨创新行为的创新绩效转化具有重要的调节作用，在创新多元化和复杂化的背景下尤为凸显。

综上所述，本书认为领导权变激励强化了越轨创新行为对员工创新绩效的正向影响，领导权变激励同时也是越轨创新行为与员工创新绩效不一致关系的“分水岭”，即在低领导权变激励的领导情境下，会出现越轨创新行为负向影响员工创新绩效的特殊情况。

据此，本书提出如下假设：

H3：领导权变激励调节了越轨创新行为与员工创新绩效的关系。

H3a：在高领导权变激励下，越轨创新行为正向影响员工创新绩效。

H3b：在低领导权变激励下，越轨创新行为负向影响员工创新绩效。

四、领导容错性的调节作用

领导容错性是领导接受、容忍和宽恕员工不同意见或差错失误的能力，需要注意的是，员工的错误失误应当是非原则性、不触及法律和道德底线的（张凯丽和唐宁玉，2016；周星和程坦，2020）。虽然关于领导包容的研究由来已久，但是领导容错性与源自西方文化情境的包容型领导存在本质区别，包容型领导关注的是“包”，强调领导对员工（背景、种族、风俗、习惯和信仰等）多样性与差异性的兼容并包，即对差异化和多元化员工的接受和尊重（Richard，2000；Roberson，2006；Carmeli，Reiter-Palmon & Ziv，2010；Hirak et al.，2012），并没有体现中国文化情境下的“容”。而 Tang 等（2015）关于包容性的探索研究发现，“容”作为根植于中国传统文化的独特内涵，伴随着东方管理哲学一同发展，领导容错性更契合本土文化情境，是影响员工偏差行为发展趋势的重要情境因素（唐宁玉和张凯丽，2015；Tang et al.，2015）。然而，领导容错性是否作为越轨创新行为绩效转化实现与否的重要情境？又如何放大越轨创新行为对员工创新绩效的积极效应？还不得而知。

根据个人—上级匹配理论，创新行为到员工创新绩效的结果是一个复杂的过程，并不是一蹴而就的，创新面临着差错、无果甚至歧途，需要不断完善、吸取经验和随时调整方向（Tang et al.，2015；万鹏宇、邹国庆和汲海锋，2019），与领导的匹配合拍对于创新成功格外重要（王弘钰和万鹏宇，2020）。尤其是越轨

创新行为更为复杂化和高风险，领导对越轨创新试错的适当鼓励和对员工出于创新收益的“越轨”适当包容，将从以下三个方面助力越轨创新行为的成功：①领导容错性为员工被否创意的践行和完善提供机会和空间。具备容错性的领导更能换位思考，理解越轨创新行为主体为组织带来创新收益的良好愿景，接受、原谅并帮助员工改进创新方案，为员工提供反馈、指导和资源支持，促进员工成长，满足越轨创新主体的独特需求，为越轨创新行为转化为创新绩效提供了领导支持（Shore et al.，2011；Hirak et al.，2012）。②领导容错性为越轨创新行为转变为员工创新绩效提供了安全的心理环境。领导容错性具有涓滴效应，组织成员也会对越轨创新行为者表现出宽容和理解，组织内人际更和谐（唐宁玉和张凯丽，2015），不会因其“越轨”表征作出排斥，领导容错性下的员工更能宽容自身为创新而犯的越轨“错误”，不会将越轨作为心理负担，从而全身心地投入到创新方案中，更敢于从事创造性的任务，实现创新绩效（Carmeli，Reiter-Palmon & Ziv，2010；Randel et al.，2018）。③领导容错性让越轨创新行为从事者从容地“放”。领导容错性中的“容”向员工传递了打破传统、敢于变革和不怕失败的信息，使得员工敢于在“容”的领导情境下从容地“放”，加上越轨创新行为是个体好之乐之的创新想法，员工会以更加积极主动的态度推进实施，获取员工创新绩效（Hirak et al.，2012；张凯丽和唐宁玉，2016；周星和程坦，2020）。

相反，在低领导容错性的领导情境下，领导对差错零容忍，注重制度和规范，越轨创新行为会被判定为偏离规范的“错误行为”，被问责和处罚（周洁等，2020）。再者，越轨创新行为是反复试错的过程，其复杂性、风险性、不确定性以及个体的有限理性和预测性注定创新成功无法一蹴而就，曲折和错误难以避免，这些不能被苛刻的低容错性领导接受，必然会被领导阻止和惩罚，从而抑制个体的创新绩效（Lu，Leung & Koch，2006；杜鹏程、贾玉立和倪清，2015）。因此，领导容错性对越轨创新行为的创新绩效转化具有重要的调节作用。

综上所述，本书认为领导容错性强化了越轨创新行为对员工创新绩效的正向影响，领导容错性同时是越轨创新行为与员工创新绩效不一致关系的“分水岭”，即在低领导容错性的领导情境下，会出现越轨创新行为负向影响员工创新绩效的特殊情况。

据此，本书提出如下假设：

H4：领导容错性调节了越轨创新行为与员工创新绩效的关系。

H4a：在高领导容错性下，越轨创新行为正向影响员工创新绩效。

H4b：在低领导容错性下，越轨创新行为负向影响员工创新绩效。

综上所述，提出越轨创新行为影响员工创新绩效的情境边界模型，如图4.2所示。

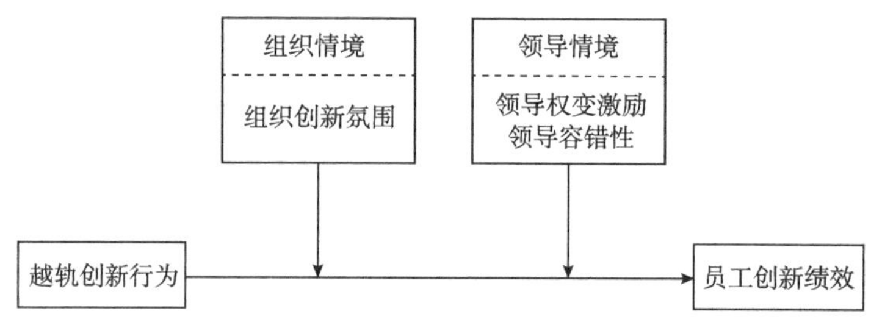

图4.2 情境边界模型

第四节 问卷设计与调查

一、问卷设计

问卷调查是企业管理研究中最为普遍的研究方法，研究者借助量表可以获得有价值的一手研究数据（陈晓萍、徐淑英和樊景立，2012），因此本书在给定核心变量操作化定义的基础上，选取合适的测量工具进行数据收集。本书所采用的越轨创新行为量表为本书第三章中通过科学流程编制的越轨创新行为量表，组织创新氛围量表、领导权变激励量表、领导容错性量表和员工创新绩效量表均为来自国内外重要期刊的成熟量表。

本书基于以下两个方面来提升测量工具的信效度：首先，针对本书中源于国外高水平管理学期刊的测量工具，邀请5位具有海外留学经历、英语熟练的管理

学博士生对英文量表进行翻译，同时邀请本领域的1名教授和1名于海外取得学士学位的人力主管对存在异议的项目进行修订，至此形成初始中文量表。进而，邀请2名具有硕士学历的翻译人员对初始中文量表回译，结合他们的意见对项目做进一步修改。其次，通过邀请来自山东省、河南省和北京市的8名企业员工和领导指出量表中可能存在的歧义、语意晦涩等问题，在2名人力资源管理方向教授的指导下进行修正，将修正的问题返回，反复修改直到问题全部解决，避免理解歧义、表达不明或晦涩难懂等问题，使测量工具更契合本书研究的情境，由此形成预调研量表（王弘钰、万鹏宇和张振铎，2020）。

根据Finn（1972）的建议，采用李克特7点计分方式，从“1”到“7”代表“非常不符合”到“非常符合”。Weng和Cheng（2000）指出，被调查者的作答动机（动力）和调查题项的清晰度对作答结果有着重要影响，研究者可以通过提高被调查者的作答动力和题目表述清晰度来减少测量中的顺序效应，提高测量准确性（Weng & Cheng，2000），因此，本书的研究团队通过发红包、赠送小礼品和介绍研究目的等方式，最大程度上提高被调查者的作答动力。同时，通过8名员工和领导、2名人力资源管理方向教授的反复修正以达到减少题项表达不明或晦涩难懂的目的。在后续测量中，研究检验社会称许性和设置测谎题，提高测量的准确性。

（一）自评与他评的比较与选择

自评（Self Report）又称自我报告，是国内外员工越轨行为、偏离行为相关研究中使用最广泛的数据收集方法，Koslowsky和Dishon（2001）根据员工偏离行为的特征指出了自评相比他评的优越性，Ones、Viswesvaran和Schmidt（1993）与张燕和陈维政（2012）更是基于数据证实了自评的有效性。长期以来，自评与他评虽然在实证研究中得到广泛应用，但鲜有学者解释为何某些变量采用自评、有些变量采用他评。在本书中，通过回顾国内外的研究并根据研究测量变量的特征，在子研究2中，全部量表均采用自评的方式收集数据，理由如下：

1. 变量的特征决定自评数据准确性更高

（1）自评的越轨创新行为准确性更高。越轨创新行为中角色型越轨创新行为的维度是具有隐蔽性的，同事和上级仅能察觉到员工人际型或组织型越轨创新行为，其中组织型越轨创新行为也可能是未公开的，人际型越轨创新行为也不一定被所有组织成员知晓，因此，采用他评的方式只能测得员工部分公开的越轨创新行为，无法保证数据的准确性和完整性（Koslowsky & Dishon，2001）。相比外界，员工本人比同事和上级更清楚和了解自己从事了哪些越轨创新行为，采用自我报告法比他人报告法更能获取准确的信息（张燕和陈维政，2012）。

（2）结合越轨创新行为的特征，自评的员工创新绩效准确性更高，他评的员工创新绩效偏差极大。研究发现，越轨创新行为因为挑战了领导的权威，冲击了领导的面子，会触发领导的地位威胁感，引发领导阻抑（陈伍洋等，2017），这在很大程度上导致领导带着偏见和情绪去评价员工的创新绩效，给予越轨创新行为从事者负面的绩效评价。黄玮等（2017）的研究虽然采用越轨创新行为自评、创新绩效领导评价的方式进行测量，但该研究中的越轨创新行为是隐蔽的、不为外界得知的创新行为，与本书中越轨创新行为的构念和测量有着较大差别，而且黄玮等（2017）明确指出：无视组织规范且与正式研发任务无关的创新行为，会给管理者留下不务正业的印象，引发管理者对其创新绩效的负面评价。

主管对不良事件（如挑衅领导权威的越轨创新行为）主体和绩效更会做出消极评价（郭晓薇、张萌和范伟，2017），Sutton 等（2013）通过元分析证实了这一论断，评价者对被评价者的喜好对绩效评级有很大的影响，可以解释绩效评价结果60%的方差（Sutton et al.，2013）。鉴于此，领导评价创新绩效会包含更多的情绪、偏见和归因带来的偏差，导致创新绩效被低估，因此，自评创新绩效的方式更为有效。

（3）结合组织创新氛围、领导权变激励和领导容错性的特征，自评更为有效。本书将组织创新氛围、领导权变激励和领导容错性作为情境变量进行探讨，多数学者认为组织行为学研究主要关注的是员工“感知的”环境从而做出的感情和行为反应（张燕和陈维政，2012）。例如，不同员工对于同一氛围感知的程度不同导致个体采取不同的反应。因此，采用个体感知的组织创新氛围、领导权变激励和领导容错性，更能解释个体的反应。综合以往关于组织氛围情境研究，学者们普遍采用知觉体验学派的观点，即认为组织创新氛围主要来源于员工的知觉或感知（Liu，Chow & Zhang，2019），与多数研究保持一

致，本书也将组织创新氛围视为一种员工“感知”（钟熙、付晔和王甜，2019），即组织成员体会到的组织环境对员工创新的支持或鼓励程度（Bock，Zmud & Kim，2005）。邹纯龙（2020）指出中国情境下领导存在差序管理格局，对“圈内”和“圈外”的人采取不同的领导策略，若领导自评领导权变激励和领导容错性，则不能区分“圈内”和“圈外”人对领导情境的不同感知，造成结果偏差。因此，同样要求员工评价领导针对其个人实施的权变激励或容错，这也更能解释其行为结果。

从理论视角看，在个人—环境匹配的测量研究中，自我评定已经成为重要的数据采集方式（Kristof，Zimmerman & Johnson，2005），即知觉测量方式（张兴贵、罗中正和严标宾，2012），因为个体感知的自身与外部环境的契合度是个体最直接的反应，更能解释个体的心理情况和行为结果（Edwards et al.，2006）。

2. 以往研究证实了越轨行为领域研究自评方式的有效性

Ones 等（1993）分析发现，员工偏差行为的自评比起外部评估效度更高，Berry 等（2007）发现自评的越轨行为与他评的越轨行为是高度相关的，Fox 等（2007）同样证明了自评越轨行为相比他评的有效性。回顾以往众多研究不难发现，在越轨行为的相关研究中，只要确保作答的匿名性，告知答案无对错仅需反映真实情况，自评则具有较高的信效度。

3. 考虑到伦理道德，自评更优

不对研究对象产生不良影响是所有学术研究必须首先考虑的伦理准则，采用上级或同事他评的方式来测量越轨创新行为会潜意识引导外界目光集中到员工越轨创新行为上，导致领导和同事对员工越轨创新行为中“越轨”性质过度关注，给被评价者带来过大压力。而且，领导和同事报告他人违反重要群体参照规范的越轨创新行为，有“揭短”和“打小报告”之嫌，引起组织成员之间不必要的猜疑，危及企业内部的人际和谐与信任。相比之下，自评则基于自愿原则，不会带来不良影响（张燕和陈维政，2012）。

（二）测谎题设置

在西方的人格及应用心理学的测验中，学者们通常设置一些题项用来衡量测验的效度和受测者的作答情况，这些题项统称为测谎题（Lie Detection Questions）。例如，被全球广泛采用的明尼苏达多项人格测评（MMPI）、艾森克人格测验（EPQ）等经典量表，在测量后通过计算形成一个L值，学者通过观察L值来甄别受测者是否存在说谎倾向、作答不认真等情况，帮助衡量测评结果的可靠性。

由于越轨创新行为具有“叛逆”和“规范偏离”的性质，研究除了社会称许性检验，同时引入测谎题剔除预调查和正式调查中虚假作答的无效问卷。周维国（2020）研究发现，单一的测谎题仅能甄别50%的无效问卷，为了通过测谎题尽可能多地剔除无效问卷，提高测量的准确性，本书参考刘颖（2007）关于测谎题项的设置建议，从MMPI量表中抽选出4个经典测谎题项作为本书的测谎题，由此构成本书的测谎量表，如表4.1所示。采用李克特7点计分的方式，选择“非常不符合”答案达到两个项目的情况下则判定为无效问卷，同时对测谎题量表得分偏低的问卷进行重点筛查，判断其是否存在规律填写、乱答等无效作答的问题（刘颖，2007）。

表4.1　测谎量表

名称	题项	来源
测谎题	我有时会想骂人	明尼苏达多项人格测评（MMPI）量表
	有时我也说假话	
	有时我将今天该做的事拖到明天去做	
	有时我也会说人家的闲话	

资料来源：本书整理。

二、测量工具

本章选取子研究1（第三章）中开发的越轨创新行为量表（Creative Deviance Scale）作为测量工具，共计12个题项，共包含角色型越轨创新行为、人际型越轨创新行为和组织型越轨创新行为3个维度，每个维度分别包含4个题项，具体测量题项如表4.2所示。

表 4.2　越轨创新行为测量题项

变量	维度	题项	来源
越轨创新行为	角色型越轨创新行为	CD1 我正在开展一些子项目，这帮助我接触一些新的领域	本书开发
		CD2 我乐于探索有助于工作任务的新知识领域	
		CD3 我会即兴地对工作任务的具体开展方式进行创新设计	
		CD4 我有一定的时间和权力在任务之外自由创新和探索人际型越轨创新行为	
	人际型越轨创新行为	CD5 虽然没有得到领导的认可，但我仍在继续改良并提升被否想法或方案的创新度	
		CD6 虽然领导已经明确要求我停止研发某些项目，但我仍在继续从事这些项目	
		CD7 我努力完善那些已被资深员工或非正式领袖否决的想法	
		CD8 虽然某些想法已经被团队或团队中的多数群体否决，但我仍在改良它们	
	组织型越轨创新行为	CD9 为了创新性地解决工作难题，有时我会不按组织规定流程办事	
		CD10 为了更好地完成工作，有时我会打破既定的组织规范	
		CD11 我敢于打破潜规则，创造性地开展工作	
		CD12 为了用新方法解决组织中的问题，我会打破传统常识或惯例	

资料来源：本书整理。

组织创新氛围的测量采用刘云和石金涛（2009）编制的组织创新氛围量表（Organizational Innovation Climate Scale）。该量表共计 12 个题项，包含 3 个维度，具体测量题项如表 4.3 所示。

表 4.3　组织创新氛围测量题项

变量	维度	题项	来源
组织创新氛围	同事支持	IC1 单位同事会互相支持、互相帮助	刘云和石金涛（2009）
		IC2 单位同事乐于分享交流工作方法和技术	
		IC3 单位同事共同探讨和解决问题	
		IC4 单位同事乐于对我的新想法提供意见或建议	

续表

变量	维度	题项	来源
组织创新氛围	主管支持	IC5 主管难以接受下级的异议或不同看法	刘云和石金涛（2009）
		IC6 我的主管鼓励下属改进生产或服务	
		IC7 主管推动下属工作创意的实施	
		IC8 我的主管是一个优秀的创新榜样	
	组织支持	IC9 企业鼓励员工创新尝试，从错误中学习	
		IC10 企业欣赏并认可有创新精神的员工	
		IC11 企业通常奖励员工的创意构想	
		IC12 企业崇尚自由开放与创新变革	

资料来源：本书整理。

领导权变激励的测量采用 Buengeler、Homan 和 Voelpel（2016）编制的领导权变激励量表（Leader Contingent Reward Scale）。该量表共计 4 个题项，具体测量题项如表 4.4 所示。领导权变激励量表得到了中国学者的广泛采用，具有良好的信效度（周春城，2019；王弘钰、万鹏宇和夏天添，2021）。

表 4.4 领导权变激励测量题项

变量	题项	来源
领导权变激励	LCR1 当我做得比一般人好时，我的领导会表扬我	Buengeler、Homan 和 Voelpel（2016）
	LCR2 当我的工作做得好时，领导会给予我特别的认可	
	LCR3 当我表现出色时，领导总会给予我积极的反馈	
	LCR4 对我的良好表现，领导经常视若无睹	

资料来源：本书整理。

领导容错性的测量采用张凯丽和唐宁玉（2016）编制的领导容错性量表（Leader Tolerance Scale），量表共计 4 个题项，具体测量题项如表 4.5 所示。实证检验发现，领导容错性量表具有良好的信效度（周星和程坦，2020）。

表 4.5 领导容错性测量题项

变量	题项	来源
领导容错性	LT1 当下属无意犯错时，我的上级会容忍下属的过错	张凯丽和唐宁玉（2016）
	LT2 我的上级会原谅下属出现的差错	
	LT3 我的上级会接受下属提出的反对意见	
	LT4 我的上级会接受下属的批评意见并加以改进	

资料来源：本书整理。

本书将员工创新绩效定义为组织成员对工作方法、程序等进行创新性变革，最终形成的行为结果，如可行的、高效的、有价值的新方法或新策略（万鹏宇、邹国庆和汲海锋，2019；王弘钰和万鹏宇，2020），采用韩翼、廖建桥和龙立荣（2007）编制的量表（Innovation Performance Scale）共计 8 个题项，具体测量题项见表 4.6。该量表是国内使用最广泛的创新绩效量表之一，以往研究发现，该量表信效度良好（邹纯龙，2020）。

表 4.6 员工创新绩效测量题项

变量	题项	来源
员工创新绩效	IP1 通过新想法改善现状	韩翼、廖建桥和龙立荣（2007）
	IP2 主动支持具有创新性的思想	
	IP3 通过学习掌握新方法和新技能	
	IP4 领导夸奖我的创意	
	IP5 使创新想法具备使用价值	
	IP6 面对问题能提出创造性解决方案	
	IP7 用系统的方法介绍创新性的思想	
	IP8 推动企业成员重视思维创新	

资料来源：本书整理。

三、预调查与问卷修正

（一）预调查

为保证正式调研中量表的信效度，本书在初始量表修订后开展了预调查，通过与河南省、山东省和北京市的6家通信设备制造、汽车制造、智能设备制造等企业取得联系并下发问卷。

研究团队向河南省、山东省和北京市的6家企业以纸质、电子问卷或作答链接的形式共计发放了121份调查问卷，收回问卷103份，删除无效作答问卷（依据是否规律填写、测谎量表得分情况、是否漏填等判定）11份，获得有效问卷92份，有效回收率为76.03%。性别方面，男性40人，占比为43.5%，女性52人，占比为56.5%；年龄方面，25岁及以下10人，占比10.9%，26~30岁18人，占比19.6%，31~35岁22人，占比23.9%，36~40岁23人，占比25.0%，41岁及以上19人，占比20.7%；受教育程度方面，大专及以下12人，占比13.0%，本科65人，占比70.7%，研究生15人，占比16.3%；工作年限方面，5年及以下22人，占比23.9%，6~10年20人，占比21.7%，11~15年14人，占比15.2%，16年及以上36人，占比39.1%；行业方面，通信IT行业34人，占比37.0%，生物医药行业15人，占比16.3%，机械制造行业36人，占比39.1%，化工材料行业7人，占比7.6%。

（二）社会称许性检验

考虑到华人作答特点与越轨创新行为本身的特征（具体见前文，在此不再赘述），研究通过检验越轨创新行为和社会称许性的相关性来判断本书中是否存在称许性问题。本书引入Fischer和Fick（1993）修订的社会称许性量表进行测量。表4.7表明，12个题项与社会称许性变量相关系数的绝对值均低于0.2，均未达到显著水平，所以不存在称许性问题。

表4.7　社会称许性检验

变量	题项	系数	显著性
越轨创新行为	CD1	-0.052	0.623
	CD2	-0.074	0.485
	CD3	-0.029	0.787
	CD4	-0.083	0.432
	CD5	0.009	0.931
	CD6	0.077	0.466

续表

变量	题项	系数	显著性
越轨创新行为	CD7	0.038	0.717
	CD8	0.075	0.479
	CD9	-0.055	0.604
	CD10	-0.143	0.174
	CD11	0.059	0.574
	CD12	0.092	0.381

（三）问卷修正

CITC（Corrected Item-total Correlation）系数是同一变量（潜变量或观测变量）下每一题项和其他题项之和的相关系数，杨术（2016）建议在预调查数据处理中应删除 CITC 系数低于 0.3 的“垃圾题项”。本书通过 Cronbach's α 系数检验各量表的一致性。

如表 4.8 所示，在越轨创新行为量表中，量表总体的 α 系数达到 0.886，角色型越轨创新行为、人际型越轨创新行为和组织型越轨创新行为 3 个维度 α 系数分别为 0.909、0.780 和 0.831，12 个题项的 CITC 系数均达到 0.300 的临界值，均符合标准，且删除任一题项均不能使整个越轨创新行为量表和维度的信度水平提升。因此，保留越轨创新行为量表的全部题项。

表 4.8　越轨创新行为的 CITC 系数与信度检验

变量	维度	题项	CITC 系数	删除后 α 系数	维度 α 系数	量表 α 系数
越轨创新行为	角色型越轨创新行为	CD1	0.562	0.879	α=0.909	α=0.886
		CD2	0.661	0.872		
		CD3	0.631	0.874		
		CD4	0.645	0.873		
	人际型越轨创新行为	CD5	0.640	0.874	α=0.780	
		CD6	0.431	0.886		
		CD7	0.578	0.877		
		CD8	0.432	0.885		

续表

变量	维度	题项	CITC 系数	删除后 α 系数	维度 α 系数	量表 α 系数
越轨创新行为	组织型越轨创新行为	CD9	0.666	0.873	α=0.831	α=0.886
		CD10	0.615	0.876		
		CD11	0.608	0.876		
		CD12	0.634	0.874		

如表 4.9 所示，组织创新氛围量表的 α 系数为 0.862，各维度的 α 系数分别为 0.718、0.709 和 0.833，12 个题项中有 2 个题项的 CITC 系数低于 0.300 的临界值，分别是题项 IC1 和题项 IC5，对应的 CITC 系数分别为 0.201 和 0.046，其余 10 个题项的 CITC 系数均达到 0.300 的临界值，均符合标准。删除题项 IC1 后，该题项所在维度同事支持的 α 系数由 0.718 变为 0.803，删除题项 IC5 后，该题项所在维度主管支持的 α 系数由 0.709 变为 0.845。删除不达标的题项 IC1 和 IC5 后，组织创新氛围量表的 α 系数上升到 0.898。因此，在正式调研中删除 2 个题项，保留组织创新氛围量表剩余的 10 个题项。

表 4.9　组织创新氛围的 CITC 系数与信度检验

变量	维度	题项	CITC 系数	删除后 α 系数	维度 α 系数	量表 α 系数
组织创新氛围	同事支持	IC1	0.201	0.873	$\alpha^1=0.718$ $\alpha^2=0.803$	$\alpha^1=0.862$ $\alpha^2=0.898$
		IC2	0.518	0.853		
		IC3	0.599	0.847		
		IC4	0.751	0.836		
	主管支持	IC5	0.046	0.881	$\alpha^1=0.709$ $\alpha^2=0.845$	
		IC6	0.741	0.840		
		IC7	0.701	0.842		
		IC8	0.560	0.850		
	组织支持	IC9	0.747	0.836	α=0.833	
		IC10	0.629	0.846		
		IC11	0.259	0.852		
		IC12	0.521	0.853		

注："α^1" 和 "α^2" 分别为删除题项前和后维度/量表的一致性系数，下同。

如表 4.10 所示，领导权变激励量表的 α 系数为 0.813，4 个题项的 CITC 系数均达到 0.300 的临界值，均符合标准，且删除任一题项均不能使整个领导权变激励量表的信度水平提升。因此，保留领导权变激励量表的全部题项。

表 4.10　领导权变激励的 CITC 系数与信度检验

变量	题项	CITC 系数	删除后 α 系数	量表 α 系数
领导权变激励	LCR1	0.673	0.746	α=0.813
	LCR2	0.590	0.785	
	LCR3	0.549	0.811	
	LCR4	0.736	0.718	

如表 4.11 所示，领导容错性量表的 α 系数为 0.821，4 个题项的 CITC 系数均达到 0.300 的临界值，均符合标准，且删除任一题项均不能使整个领导容错性量表的信度水平提升。因此，保留领导容错性量表的全部题项。

表 4.11　领导容错性的 CITC 系数与信度检验

变量	题项	CITC 系数	删除后 α 系数	量表 α 系数
领导容错性	LT1	0.702	0.751	α=0.821
	LT2	0.668	0.764	
	LT3	0.656	0.770	
	LT4	0.565	0.812	

如表 4.12 所示，在员工创新绩效量表中，量表的 α 系数为 0.781，8 个题项中有 2 个题项的 CITC 系数低于 0.300 的临界值，分别是题项 IP2 和题项 IP8，对应的 CITC 系数分别为 0.212 和 0.164，其余 6 个题项的 CITC 系数均达到 0.300 的临界值，均符合标准。删除题项 IP2 使量表的 α 系数从 0.781 变为 0.814，删除题项 IP8 使量表的 α 系数从 0.781 变为 0.816，同时删除垃圾题项 IP2 和 IP8 后，员工创新绩效量表的 α 系数为 0.877。因此，在后续调研中采用删除 2 个垃圾题项的员工创新绩效量表。

表 4. 12　员工创新绩效的 CITC 系数与信度检验

变量	题项	CITC 系数	删除后 α 系数	量表 α 系数
员工创新绩效	IP1	0. 653	0. 731	$\alpha^1=0.781$ $\alpha^2=0.877$
	IP2	0. 212	0. 814	
	IP3	0. 655	0. 730	
	IP4	0. 657	0. 730	
	IP5	0. 701	0. 723	
	IP6	0. 485	0. 757	
	IP7	0. 590	0. 743	
	IP8	0. 164	0. 816	

（四）探索性因子分析

根据田立法（2015）的建议，参考凌玲和卿涛（2013）的做法，通过探索性因子分析分别检验本书中越轨创新行为、组织创新氛围、领导权变激励、领导容错性和员工创新绩效量表的有效性，并将解释方差高于 40%作为有效性的判别标准。

如表 4. 13 所示，越轨创新行为、组织创新氛围、领导权变激励、领导容错性和员工创新绩效量表都适合进行因子分析。预调查数据的测试结果显示，本书中越轨创新行为、组织创新氛围、领导权变激励、领导容错性和员工创新绩效测量量表具有良好的有效性。

表 4. 13　探索性因子分析结果

变量	KMO	近似卡方	*df*	显著性	解释方差（%）
越轨创新行为	0. 854	625. 261	66	0. 000	72. 526
组织创新氛围	0. 854	524. 422	45	0. 000	74. 247
领导权变激励	0. 722	137. 401	6	0. 000	64. 838
领导容错性	0. 730	144. 922	6	0. 000	65. 622
员工创新绩效	0. 826	299. 425	15	0. 000	62. 322

四、正式调查

正式调查始于2020年8月10日，本书选择河南省、山东省、广西壮族自治区、吉林省、广东省和北京市等地区的18家企业作为调研对象。考虑到本书的核心变量越轨创新行为与员工创新绩效的特征，因此，主要向技术研发部门的员工进行问卷投放。为了尽可能地避免同源偏差，呈现不同情境下越轨创新行为到员工创新绩效的动态过程，结合变量的特征，本书采取跨时点的方式收集问卷，其中越轨创新行为量表、组织创新氛围量表、领导权变激励量表和领导容错性量表在第一次作答，时隔1个月后，发放包含员工创新绩效量表和性别、年龄、学历、工作年限、行业等人口学信息的问卷，通过每次填写手机号后4位或者员工工号二选一进行匹配。

网络发放主要通过三种方式：第一，在获得部分企业管理层同意的情况下，通过与企业负责人取得联系，取得参与调查的员工列表，通过链接或邮箱，发放电子版问卷；第二，与吉林省、广西壮族自治区与河南省三所高校的MBA取得联系，通过与班长或班级成员、负责老师等沟通联系，进入班级微信群或者交由他人代为发放链接；第三，邀请课题组成员每人跟踪发放一定数量的、符合条件的被试参与调查。纸质版发放主要通过两种方式：第一，通过与企业联系，由笔者亲自前往企业按部门或车间发放问卷，随后收回；第二，通过与吉林省某会计师事务所取得联系，与广西壮族自治区某企业培训公司取得联系，获得其稳定的客户资源并征得客户的同意，委托这些企业的负责人发放问卷，事后通过邮寄等方式转交给课题组。研究团队通过发红包、赠送小礼品和介绍研究目的等方式，最大程度上提高被调查者的作答动力（Weng & Cheng，2000）。

在时间点1共计发放问卷353份，收回问卷316份，借助测谎题量表的设置剔除虚假作答问卷、空白过多及规律答题等不合格的问卷，获得有效问卷279份；在时间点2发放问卷279份，借助测谎题设置剔除虚假作答问卷、空白过多及规律答题等不合格的问卷，获得有效问卷237份，剔除无法匹配的问卷18份，收回有效匹配问卷219份。有效完成2次调研的员工中：线上86份，线下133份。具体情况如表4.14和表4.15所示。

表 4.14　线上人口统计学变量

变量	类别	百分比（%）	变量	类别	百分比（%）
性别	男	43.0	工作年限	5 年及以下	19.8
	女	57.0		6~10 年	33.7
年龄	25 岁及以下	9.3		11~15 年	23.3
	26~30 岁	40.7		16 年及以上	23.3
	31~35 岁	26.7	行业	通信 IT	30.2
	36~40 岁	7.0		生物医药	26.7
	41 岁及以上	16.3		机械制造	38.4
学历	大专及以下	18.6		化工材料	4.7
	本科	60.5			
	研究生	20.9			

表 4.15　线下人口统计学变量

变量	类别	百分比（%）	变量	类别	百分比（%）
性别	男	45.1	工作年限	5 年及以下	22.6
	女	54.9		6~10 年	30.8
年龄	25 岁及以下	15.0		11~15 年	26.3
	26~30 岁	42.9		16 年及以上	20.3
	31~35 岁	15.0	行业	通信 IT	33.8
	36~40 岁	9.0		生物医药	24.8
	41 岁及以上	18.0		机械制造	36.8
学历	大专及以下	20.3		化工材料	4.5
	本科	58.6			
	研究生	21.1			

第五节　数据分析与结果

在预调研与正式调研的基础上，本节对越轨创新行为、组织创新氛围、领导

权变激励、领导容错性和员工创新绩效之间的关系和假设进行进一步检验。

一、信效度检验

（一）信度检验

本书在设计之初，参考刘颖（2007）的做法，从世界广泛使用的明尼苏达多项人格测评（MMPI）量表中抽取4个测谎题，用于帮助筛选和剔除虚假作答的不可信问卷。进而，本书借助SPSS 26.0，通过Cronbach's α值来衡量量表信度，将0.7作为信度达标的临界值，具体的信度检验结果如表4.16所示。从分析结果中可以看出，越轨创新行为、组织创新氛围、领导权变激励、领导容错性和员工创新绩效5个变量的Cronbach's α系数值分别为0.934、0.920、0.918、0.779和0.875，均高于0.7，并且，删除任意一个题项均无法显著提升对应量表的Cronbach's α系数值，因此，本书所采用的量表可靠性较高，通过了信度检验。

表4.16　信度检验结果

变量	Cronbach's α
越轨创新行为	0.934
组织创新氛围	0.920
领导权变激励	0.918
领导容错性	0.779
员工创新绩效	0.875

（二）效度检验

在核心变量的测量上，为保证量表的合理性与有效性，本书充分借鉴了国内外学者开发的成熟量表。同时，对员工和焦点小组成员展开深入访谈，并借鉴专家建议，反复修改和调整题项。进一步地，根据预调研的结果，通过删除不达标题项优化了问卷的结构和内容，由此形成正式调研问卷。因此，本书采用的越轨创新行为、组织创新氛围、领导权变激励、领导容错性和员工创新绩效量表具有良好的内容效度。

对越轨创新行为、组织创新氛围、领导权变激励、领导容错性和员工创新绩效之间的区分效度检验。如表 4.17 所示，五因子模型拟合度最优（χ^2/df = 1.721，CFI = 0.917，TLI = 0.910，IFI = 0.918，RMSEA = 0.058），可以判定变量间区分效度较好。

表 4.17 区分效度分析

模型	χ^2/df	CFI	TLI	IFI	RMSEA
五因子模型（越轨创新行为；组织创新氛围；领导权变激励；领导容错性；员工创新绩效）	1.721	0.917	0.910	0.918	0.058
四因子模型（越轨创新行为；组织创新氛围；领导权变激励+领导容错性；员工创新绩效）	2.727	0.798	0.783	0.799	0.089
三因子模型（越轨创新行为；组织创新氛围+领导权变激励+领导容错性；员工创新绩效）	3.818	0.668	0.647	0.671	0.114
二因子模型（越轨创新行为+员工创新绩效；组织创新氛围+领导权变激励+领导容错性）	4.741	0.558	0.531	0.562	0.131
单因子模型（越轨创新行为+组织创新氛围+领导权变激励+领导容错性+员工创新绩效）	6.564	0.342	0.302	0.347	0.160

注："+"表示组合为一个因子。

二、共同方法偏差检验

本书在前期通过访谈和预调查对问卷进行反复修正，借助两阶段的形式采集数据，通过信息隐匿法、设置测谎题等来收集问卷，采用 Harman 单因素检验法和无可测方法学因子法对共同方法偏差进行检验。Harman 单因素检验发现最大因子解释总变异的 25.767%，低于 40%的判别标准，可以判定共同方法偏差并不严重。

进一步地，根据 Podsakoff 等（2012）的建议，将越轨创新行为、组织创新氛围、领导权变激励、领导容错性和员工创新绩效载荷到一个共同方法潜因子（CMV）上构建方法学因子模型。与五因子模型相比，CFI、TLI、IFI 和 RMSEA 的指标变化量的绝对值（ΔCFI = 0.007，ΔTLI = 0.007，ΔIFI = 0.007，ΔRMSEA = 0.002）均小于 0.020 的判别标准，再次判断本书中共同方法偏差不严重（Podsakoff et al.，2012）。

三、描述性统计与相关分析

由表 4.18 可知：越轨创新行为与员工创新绩效显著正相关（$r=0.270$，$p<0.001$），组织创新氛围与员工创新绩效显著正相关（$r=0.365$，$p<0.001$），领导权变激励与员工创新绩效显著正相关（$r=0.422$，$p<0.001$），领导容错性与员工创新绩效显著正相关（$r=0.395$，$p<0.001$）。通过以上分析，可以看出越轨创新行为、组织创新氛围、领导权变激励、领导容错性和员工创新绩效 5 个变量两两之间的相关系数绝对值均小于 0.5，共线性检验发现，VIF 最大值为 1.160，低于 10 的临界标准，可以判定本书的研究不存在严重的多重共线性问题。

表 4.18 描述性统计与相关分析

	1	2	3	4	5	6	7	8	9	10
GEN										
AGE	0.079									
EDU	0.091	0.010								
TIM	0.036	0.241^{c}	−0.132							
IND	−0.062	−0.070	0.105	−0.119						
CD	0.007	−0.098	0.044	-0.234^{c}	−0.104					
IC	0.022	−0.048	0.190^{b}	−0.009	0.003	0.086				
LCR	0.047	0.029	−0.016	−0.090	0.011	0.254^{c}	0.276^{c}			
LT	0.004	−0.040	0.109	0.041	−0.042	0.084	0.122	0.144^{a}		
IP	−0.009	−0.114	0.163^{a}	−0.084	0.046	0.270^{c}	0.365^{c}	0.422^{c}	0.395^{c}	
M	1.557	2.753	2.014	2.466	2.142	3.519	4.516	4.410	3.500	4.103
SD	0.498	1.286	0.639	1.055	0.930	0.906	0.765	1.222	1.039	0.847

注：GEN、AGE、EDU、TIM 和 IND 分别表示性别、年龄、学历、工作年限和行业；CD 表示越轨创新行为；IC 表示组织创新氛围；LCR 表示领导权变激励；LT 表示领导容错性；IP 表示员工创新绩效；a 表示 $p<0.05$，b 表示 $p<0.01$，c 表示 $p<0.001$，下同。

四、假设检验

通过构建回归模型的方式来检验本书提出的假设。在探究某一因变量形成因素的实际操作中，解释变量除了涵盖常见的数值或定量变量，很多情况下会包含性别、年龄、宗教、婚姻状况、受教育程度等定性变量（Qualitative Variables），对于该种情况，需要将其转化为虚拟变量进行具体量化（古扎拉蒂和波特，2010）。因此，将虚拟化后的性别、年龄、学历、工作年限和所在行业作为控制变量纳入回归模型予以分析。在本书中，为了避免虚拟变量陷阱，借助 SPSS 26.0 进行以下操作：将性别、年龄、学历、工作年限和所在行业分别以男性、25 岁及以下、大专及以下、5 年及以下和通信 IT 为参照进行虚拟化。

（一）主效应检验

检验越轨创新行为与员工创新绩效的关系，要将越轨创新行为作为自变量，员工创新绩效作为因变量，同时将控制变量共同纳入回归模型来进行回归，越轨创新行为对员工创新绩效的回归结果（Model 2）如表 4.19 所示。由结果可知，越轨创新行为显著正向影响员工创新绩效（$\beta=0.279$，$p<0.001$），引入越轨创新行为后，Model 2 的 R^2 解释力相比 Model 1 增加了 0.079。因此，本书的假设 H1 得到验证。

表 4.19　主效应检验

因变量		员工创新绩效	
模型		Model 1	Model 2
性别（以男性为参照）	女	0.012	0.019
年龄（以 25 岁及以下为参照）	26~30 岁	0.005	0.008
	31~35 岁	0.055	0.092
	36~40 岁	-0.358	-0.415
	≥41 岁	-0.125	-0.087
学历（以大专及以下为参照）	本科	0.267	0.322[a]
	研究生	0.375[a]	0.366[a]
工作年限（以 5 年及以下为参照）	6~10 年	-0.355[a]	-0.244
	11~15 年	-0.056	0.143
	≥16 年	-0.258	-0.091

续表

因变量		员工创新绩效	
模型		Model 1	Model 2
行业（以通信 IT 为参照）	生物医药	-0.005	0.012
	机械制造	-0.015	0.054
	化工材料	0.377	0.511
越轨创新行为			0.279[c]
R^2		0.079	0.158
ΔR^2		—	0.079
F		1.362	2.727[b]

（二）调节效应检验

为了防止共线性的问题，将自变量（越轨创新行为）和调节变量（组织创新氛围、领导权变激励和领导容错性）先进行中化处理，进而构建交互项。对于组织创新氛围、领导权变激励和领导容错性三个调节效应假设的验证，我们分别构建了三个独立模型（组织创新氛围的调节模型、领导权变激励的调节模型和领导容错性的调节模型），避免组织创新氛围、领导权变激励和领导容错性各个调节变量间的相互干扰效应，最后构建一个整合模型进行整体验证（蒿坡，2016）。

1. 组织创新氛围的调节效应检验

检验组织创新氛围对越轨创新行为和员工创新绩效关系的调节作用。在 Model 2 的基础上依次纳入调节变量（组织创新氛围）以及交互项（组织创新氛围×越轨创新行为）构建 Model 3 和 Model 4，来检验本书中组织创新氛围对越轨创新行为和员工创新绩效关系的调节作用，结果如表 4.20 所示，由 Model 4 可知，组织创新氛围和越轨创新行为的交互项显著正向影响员工创新绩效（$\beta = 0.245$，$p<0.001$），说明组织创新氛围强化越轨创新行为对员工创新绩效的正向影响，本书的假设 H2 得到验证。进一步地，绘制直观的调节效应交互图，如图 4.3 所示。

表 4.20　组织创新氛围的调节效应检验

因变量		员工创新绩效	
模型		Model 3	Model 4
性别（以男性为参照）	女	0.010	0.058
年龄（以 25 岁及以下为参照）	26~30 岁	-0.011	0.038
	31~35 岁	0.040	0.122
	36~40 岁	-0.411	-0.235
	≥41 岁	-0.072	-0.087
学历（以大专及以下为参照）	本科	0.250	0.233
	研究生	0.229	0.210
工作年限（以 5 年及以下为参照）	6~10 年	-0.172	-0.215
	11~15 年	0.145	0.070
	≥16 年	-0.089	-0.088
行业（以通信 IT 为参照）	生物医药	0.059	-0.007
	机械制造	0.073	0.048
	化工材料	0.447	0.407
越轨创新行为		0.254^{c}	0.201^{b}
组织创新氛围		0.338^{c}	0.243^{c}
组织创新氛围×越轨创新行为			0.245^{c}
R^2		0.244	0.351
ΔR^2		0.086	0.107
F		4.379^{c}	6.821^{c}

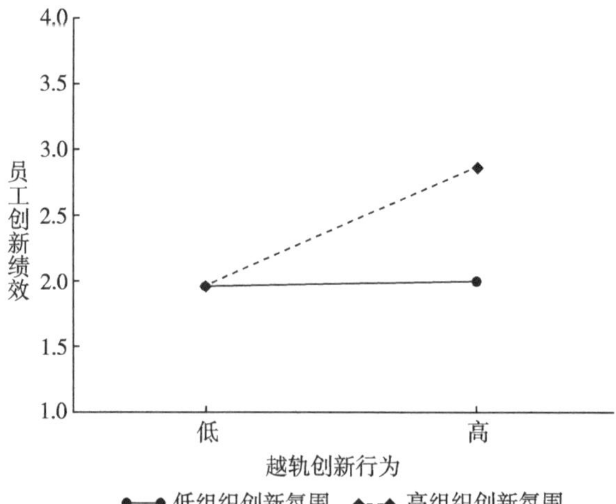

图 4.3　组织创新氛围对越轨创新行为与员工创新绩效关系的调节作用

采用 PROCESS 插件 3.5，对组织创新氛围均值加减一个标准差，构成高低分组，重复抽样 5000 次，计算出高、中、低组织创新氛围水平下越轨创新行为对员工创新绩效的效应值，及其在 95%显著性水平下的置信区间 CI 值，结果如表 4.21 所示。由表 4.21 可知，在高组织创新氛围下，越轨创新行为对员工创新绩效的效应值为正且达到 0.403，在 95%的置信区间［0.279，0.528］内不包含 0；在低组织创新氛围下，越轨创新行为对员工创新绩效的效应值为-0.068，在 95%的置信区间［-0.214，0.078］内包含 0，说明在低组织创新氛围下越轨创新行为无法显著影响员工创新绩效。随着组织创新氛围的降低，越轨创新行为对员工创新绩效的效应值从正向显著转变为不显著，假设 H2a 得到验证，假设 H2b 不成立。

表 4.21　组织创新氛围影响下直接效应的差异

组织创新氛围	直接效应			
	Effect	Boot SE	Boot LLCI	Boot ULCI
高	0.403	0.063	0.279	0.528
中	0.198	0.056	0.089	0.308
低	-0.068	0.074	-0.214	0.078

注：组织创新氛围的高低值为其均值加减一个标准差。

2. 领导权变激励的调节效应检验

检验领导权变激励对越轨创新行为和员工创新绩效关系的调节作用。在 Model 2 的基础上依次纳入调节变量（领导权变激励）以及交互项（领导权变激励×越轨创新行为）构建 Model 5 和 Model 6，来检验本书中领导权变激励对越轨创新行为和员工创新绩效关系的调节作用，结果如表 4.22 所示，由 Model 6 可知，领导权变激励和越轨创新行为的交互项显著正向影响员工创新绩效（$\beta=0.259$，$p<0.001$），说明领导权变激励强化越轨创新行为对员工创新绩效的正向影响，本书的假设 H3 得到验证。进一步地，绘制直观的调节效应交互图，如图 4.4 所示。

表 4.22 领导权变激励的调节效应检验

因变量		员工创新绩效	
模型		Model 5	Model 6
性别（以男性为参照）	女	0.013	0.069
年龄（以 25 岁及以下为参照）	26~30 岁	−0.043	0.101
	31~35 岁	0.037	0.152
	36~40 岁	−0.509[a]	−0.258
	≥41 岁	−0.195	−0.025
学历（以大专及以下为参照）	本科	0.394[b]	0.237
	研究生	0.441[b]	0.264
工作年限（以 5 年及以下为参照）	6~10 年	−0.135	−0.177
	11~15 年	0.230	0.128
	≥16 年	−0.011	−0.037
行业（以通信 IT 为参照）	生物医药	0.065	−0.033
	机械制造	0.038	0.046
	化工材料	0.402	0.568[a]
越轨创新行为		0.189[b]	0.131[a]
领导权变激励		0.269[c]	0.212[c]
领导权变激励×越轨创新行为			0.259[c]
R^2		0.295	0.425
ΔR^2		0.137	0.130
F		5.654[c]	9.316[c]

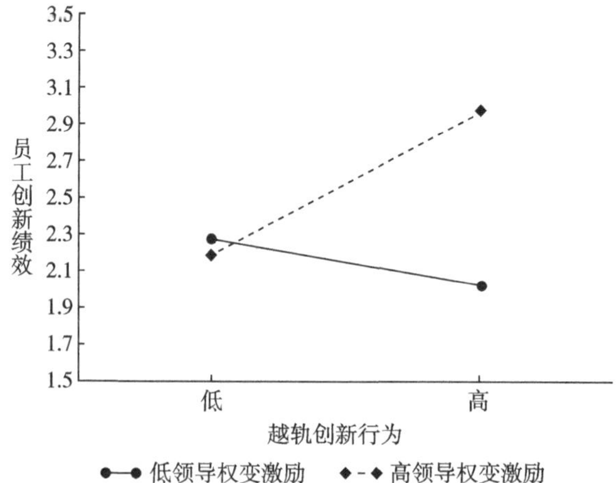

图 4.4 领导权变激励对越轨创新行为与员工创新绩效关系的调节作用

采用 PROCESS 插件 3.5，对领导权变激励均值加减一个标准差，构成高低分组，重复抽样 5000 次，计算出高、中、低领导权变激励水平下越轨创新行为对员工创新绩效的效应值，及其在 95%显著性水平下的置信区间 CI 值，结果如表 4.23 所示。由表 4.23 可知，在高领导权变激励下，越轨创新行为对员工创新绩效的效应值为正且达到 0.409，在 95%的置信区间［0.280，0.539］内不包含 0；在低领导权变激励下，越轨创新行为对员工创新绩效的效应值为负，具体值为-0.219，在 95%的置信区间［-0.371，-0.068］内不包含 0，说明在低领导权变激励下越轨创新行为显著抑制员工创新绩效。随着领导权变激励的降低，越轨创新行为对员工创新绩效的效应值从正向显著转变为负向显著，假设 H3a 和假设 H3b 得到验证。

表 4.23　领导权变激励影响下直接效应的差异

领导权变激励	直接效应			
	Effect	Boot SE	Boot LLCI	Boot ULCI
高	0.409	0.066	0.280	0.539
中	0.124	0.054	0.016	0.231
低	-0.219	0.077	-0.371	-0.068

注：领导权变激励的高低值为其均值加减一个标准差。

3. 领导容错性的调节效应检验

检验领导容错性对越轨创新行为和员工创新绩效关系的调节作用。在 Model 2 的基础上依次纳入调节变量（领导容错性）以及交互项（领导容错性×越轨创新行为）构建 Model 7 和 Model 8，来检验本书中领导容错性对越轨创新行为和员工创新绩效关系的调节作用，结果如表 4.24 所示，由 Model 8 可知，领导容错性和越轨创新行为的交互项显著正向影响员工创新绩效（$\beta=0.262$，$p<0.001$），说明领导容错性强化越轨创新行为对员工创新绩效的正向影响，本书的假设 H4 得到验证。进一步地，绘制直观的调节效应交互图，如图 4.5 所示。

表 4.24 领导容错性的调节效应检验

因变量		员工创新绩效	
模型		Model 7	Model 8
性别（以男性为参照）	女	0.009	0.062
年龄（以25岁及以下为参照）	26~30岁	0.144	0.238
	31~35岁	0.181	0.335
	36~40岁	-0.140	0.043
	≥41岁	-0.007	0.119
学历（以大专及以下为参照）	本科	0.240	0.219
	研究生	0.246	0.246
工作年限（以5年及以下为参照）	6~10年	-0.287	-0.151
	11~15年	0.036	0.121
	≥16年	-0.167	-0.039
行业（以通信IT为参照）	生物医药	-0.048	-0.076
	机械制造	0.095	0.130
	化工材料	0.421	0.547[a]
越轨创新行为		0.241[c]	0.172[b]
领导容错性		0.294[c]	0.230[c]
领导容错性×越轨创新行为			0.262[c]
R^2		0.276	0.407
ΔR^2		0.118	0.131
F		5.150[c]	8.675[c]

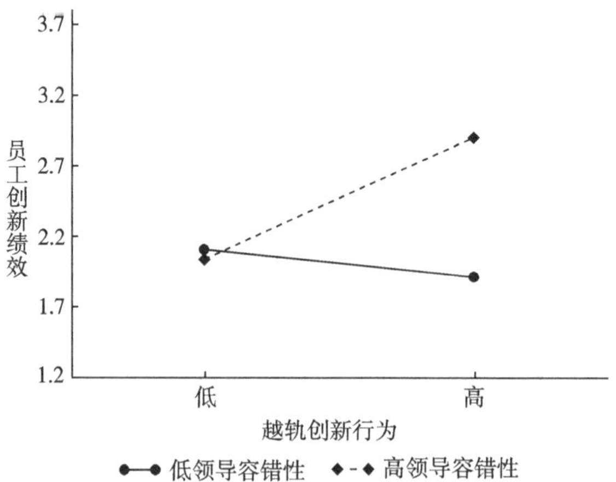

图 4.5 领导容错性对越轨创新行为与员工创新绩效关系的调节作用

采用 PROCESS 插件 3.5，对领导容错性均值加减一个标准差构成高低分组，重复抽样 5000 次，计算出高、中、低领导容错性水平下越轨创新行为对员工创新绩效的效应值，及其在 95%显著性水平下的置信区间 CI 值，结果如表 4.25 所示。由表 4.25 可知，在高领导容错性下，越轨创新行为对员工创新绩效的效应值为正且达到 0.410，在 95%的置信区间［0.290，0.530］内不包含 0；在低领导容错性下，越轨创新行为对员工创新绩效的效应值不仅为负，达到-0.170，在 95%的置信区间［-0.326，-0.013］内不包含 0，说明在低领导容错性下越轨创新行为显著抑制员工创新绩效。随着领导容错性的降低，越轨创新行为对员工创新绩效的效应值从正向显著转变为负向显著，假设 H4a 和假设 H4b 得到验证。

表 4.25　领导容错性影响下直接效应的差异

领导容错性	直接效应			
	Effect	Boot SE	Boot LLCI	Boot ULCI
高	0.410	0.061	0.290	0.530
中	0.212	0.054	0.107	0.318
低	-0.170	0.080	-0.326	-0.013

注：领导容错性的高低值为其均值加减一个标准差。

根据蒿坡（2016）的建议，建立一个整合模型同时验证组织创新氛围、领导权变激励和领导容错性对越轨创新行为与员工创新绩效之间关系的调节作用，结果如表 4.26 所示。由表 4.26 的 Model 10 可知，组织创新氛围和越轨创新行为的交互项（$\beta=0.111$，$p<0.05$）、领导权变激励和越轨创新行为的交互项（$\beta=0.101$，$p<0.05$）和领导容错性和越轨创新行为的交互项（$\beta=0.102$，$p<0.05$）依然显著正向影响员工创新绩效。以上结果显示组织创新氛围和越轨创新行为的交互项、领导权变激励和越轨创新行为的交互项、领导容错性和越轨创新行为的交互项同时显著正向影响员工创新绩效，即组织创新氛围、领导权变激励和领导容错性同时调节了越轨创新行为和员工创新绩效的关系。假设 H2、假设 H3 和假设 H4 再次得到验证。

表 4.26　整合模型检验

因变量		员工创新绩效	
模型		Model 9	Model 10
性别（以男性为参照）	女	0.019	0.010
年龄（以 25 岁及以下为参照）	26~30 岁	0.070	0.168
	31~35 岁	0.089	0.227
	36~40 岁	-0.256	-0.047
	≥41 岁	-0.092	0.013
学历（以大专及以下为参照）	本科	0.260[a]	0.197
	研究生	0.234	0.182
工作年限（以 5 年及以下为参照）	6~10 年	-0.151	-0.147
	11~15 年	0.121	0.089
	≥16 年	-0.093	-0.049
行业（以通信 IT 为参照）	生物医药	0.032	-0.046
	机械制造	0.088	0.087
	化工材料	0.315	0.446
越轨创新行为		0.165[b]	0.112[a]
组织创新氛围		0.221[b]	0.145[a]
领导权变激励		0.199[c]	0.144[c]
领导容错性		0.240[c]	0.163[c]
组织创新氛围×越轨创新行为			0.111[a]
领导权变激励×越轨创新行为			0.101[a]
领导容错性×越轨创新行为			0.102[a]
R^2		0.362	0.467
ΔR^2		0.204	0.105
F		8.289[c]	10.541[c]

五、研究结果

本章（子研究 2）基于个人—环境匹配理论，从宏观的情境边界视角解答了越轨创新行为与员工创新绩效关系不一致的问题。本章共提出 10 个假设，检验结果汇总如表 4.27 所示。

表 4.27 假设检验结果汇总

编号	研究假设	结果
H1	越轨创新行为总体上正向影响员工创新绩效	成立
H2	组织创新氛围调节了越轨创新行为与员工创新绩效的关系	成立
H2a	在高组织创新氛围下，越轨创新行为正向影响员工创新绩效	成立
H2b	在低组织创新氛围下，越轨创新行为负向影响员工创新绩效	不成立
H3	领导权变激励调节了越轨创新行为与员工创新绩效的关系	成立
H3a	在高领导权变激励下，越轨创新行为正向影响员工创新绩效	成立
H3b	在低领导权变激励下，越轨创新行为负向影响员工创新绩效	成立
H4	领导容错性调节了越轨创新行为与员工创新绩效的关系	成立
H4a	在高领导容错性下，越轨创新行为正向影响员工创新绩效	成立
H4b	在低领导容错性下，越轨创新行为负向影响员工创新绩效	成立

本章基于个人—环境匹配理论提出了越轨创新行为对员工创新绩效差异化影响的情境边界模型，揭示了组织创新氛围、领导权变激励和领导容错性对于区分越轨创新行为何时正向、何时负向影响员工创新绩效的边界意义。本书共提出10个假设，主要假设均得到验证，但假设H2b并未成立。

（一）越轨创新行为对员工创新绩效的主效应结果分析

通过对本书中越轨创新行为对员工创新绩效的主效应分析发现，越轨创新行为显著正向影响员工创新绩效（$\beta=0.279$，$p<0.001$），并且达到了0.001的显著性水平。这与黄玮等（2017）、王弘钰和万鹏宇（2020）的研究结果一致。本书的假设H1得到验证，说明越轨创新行为总体上是正向影响员工创新绩效的。

（二）组织创新氛围的调节效应结果分析

本书通过回归分析发现组织创新氛围和越轨创新行为的交互项显著正向影响创新绩效（$\beta=0.245$，$p<0.001$），说明组织创新氛围强化越轨创新行为对员工创新绩效的正向影响，本书的假设H2得到验证。为了进一步揭示高低组织创新氛围情况下越轨创新行为对员工创新绩效的影响差异，采用BOOTSTRAP法分别计算出不同组织创新氛围水平下越轨创新行为对员工创新绩效效应的大小及其在95%显著性水平下的置信区间CI值。结果发现高组织创新氛围下，越轨创新行

为对员工创新绩效的效应值为正且显著，假设 H2a 得到验证，但是假设 H2b 不成立，低组织创新氛围下越轨创新行为对员工创新绩效的效应值不显著，并没有达到负向且显著的理想效果。主要原因在于，相比于组织冗余资源、组织资源存量等实体资源，组织创新氛围作为组织无形资源，对越轨创新行为与员工创新绩效之间关系的调节作用相对有限，但低组织创新氛围下越轨创新行为不能影响员工创新绩效，在一定程度上反映了组织创新氛围对于越轨创新行为绩效转化的重要意义。

（三）领导权变激励的调节效应结果分析

本书通过回归分析发现领导权变激励和越轨创新行为的交互项显著正向影响员工创新绩效（$\beta=0.259$，$p<0.001$），说明领导权变激励强化越轨创新行为对员工创新绩效的正向影响，本书的假设 H3 得到验证。为了进一步揭示高低领导权变激励水平下越轨创新行为对员工创新绩效的影响差异，采用 BOOTSTRAP 法分别计算出不同领导权变激励水平下越轨创新行为对员工创新绩效效应的大小及其在 95%显著性水平下的置信区间 CI 值。结果发现：高领导权变激励下越轨创新行为对员工创新绩效的效应值为正且显著，在低领导权变激励下越轨创新行为显著抑制员工创新绩效，本书的假设 H3a 和 H3b 得到验证，说明领导权变激励是越轨创新行为差异化影响员工创新绩效的“分水岭”。

（四）领导容错性的调节效应结果分析

本书通过回归分析发现领导容错性和越轨创新行为的交互项显著正向影响员工创新绩效（$\beta=0.262$，$p<0.001$），说明领导容错性强化越轨创新行为对员工创新绩效的正向影响，本书的假设 H4 得到验证。为了进一步揭示高低领导容错性水平下越轨创新行为对员工创新绩效的影响差异，采用 BOOTSTRAP 法分别计算出不同领导容错性水平下越轨创新行为对员工创新绩效效应的大小及其在 95%显著性水平下的置信区间 CI 值。结果发现：高领导容错性下越轨创新行为对员工创新绩效的效应值为正且显著，在低领导容错性下越轨创新行为显著抑制员工创新绩效，本书的假设 H4a 和假设 H4b 得到验证，说明领导容错性是越轨创新行为差异化影响员工创新绩效的“分水岭”。

第六节　本章小结

本章以个人—环境匹配理论为主，根据 Kristof-Brown 等（2005）和 Chuang 等（2015）的研究发现和建议，选取了个人—环境匹配理论中更具本土文化情境研究价值的个人—组织匹配理论和个人—上级匹配理论作为理论支撑搭建模型框架，从组织创新氛围（个人—组织匹配）、领导权变激励（个人—上级匹配）和领导容错性（个人—上级匹配）的三个情境视角为越轨创新行为—员工创新绩效的“争议”路径构建模型，深刻揭示了越轨创新行为与（高/低）组织创新氛围、（高/低）领导权变激励和（高/低）领导容错性匹配后的员工创新绩效水平，从情境边界视角清晰地解答了越轨创新行为对员工创新绩效究竟是“赋能”还是“负担”的问题。

为了确保本章测量工具的信效度，本章首先根据前人的研究以及本书中变量的特征对自评与他评进行了比较，最终选择了自评，接着从明尼苏达多项人格测评抽选出 4 个经典测谎题项便于剔除无效问卷，对河南省、山东省和北京市的 6 家企业的 92 名员工进行了预调查。预调查结果表明，除组织创新氛围和员工创新绩效量表外，其他变量均不存在垃圾题项，因此，本书删除了组织创新氛围和员工创新绩效量表中“单位同事会互相支持、互相帮助”“主动支持具有创新性的思想”等统计效果不达标的垃圾题项。

在预调查的基础上，正式调查采用跨时点的方式采集了河南省、山东省、广西壮族自治区、吉林省、辽宁省、广东省和北京市等地区 18 家企业 219 名员工的两阶段数据，在时间点 1 要求员工对越轨创新行为、组织创新氛围、领导权变激励和领导容错性做出评价，在时间点 2 要求员工对员工创新绩效作出评价，同时获取了员工性别、年龄、学历、工作年限、行业等人口学信息。通过数据分析，本书的假设 H1、假设 H2、假设 H2a、假设 H3、假设 H3a 和假设 H3b 均通过验证，假设 H2b 没有通过验证。

本书发现越轨创新行为总体上正向影响员工创新绩效，组织创新氛围、领导权变激励和领导容错性调节了越轨创新行为和员工创新绩效的关系。具体表现在以下几个方面：①组织创新氛围强化了越轨创新行为对员工创新绩效的正向影响，在高组织创新氛围的情况下，越轨创新行为显著正向影响员工创新绩效，在低组织创新氛围的情况下，越轨创新行为无法显著影响员工创新绩效；②领导权变激励强化了越轨创新行为对员工创新绩效的正向影响，在高领导权变激励的情况下，越轨创新行为显著正向影响员工创新绩效，在低领导权变激励的情况下，越轨创新行为显著负向影响员工创新绩效；③领导容错性强化了越轨创新行为对员工创新绩效的正向影响，在高领导容错性的情况下，越轨创新行为显著正向影响员工创新绩效，在低领导容错性的情况下，越轨创新行为显著负向影响员工创新绩效。

第五章　越轨创新行为对员工创新绩效差异化影响的双刃剑机制研究

本章基于资源保存理论，提出了越轨创新行为对员工创新绩效差异化影响的双刃剑机制模型，揭示了越轨创新行为通过推动资源整合提高员工创新绩效的资源增益路径和越轨创新行为导致自我损耗抑制员工创新绩效的资源减损路径，同时探讨了个人声誉对资源增益路径的调节作用以及心理韧性对资源减损路径的调节作用。在预调查后，对广东省、北京市等地区 28 家企业的 399 名员工的两阶段数据进行分析，结果发现：越轨创新行为总体上正向影响员工创新绩效；资源整合在越轨创新行为与员工创新绩效之间起正向中介作用；自我损耗在越轨创新行为与员工创新绩效之间起负向中介作用；个人声誉强化了资源整合在越轨创新行为与员工创新绩效之间的中介作用；心理韧性弱化了自我损耗在越轨创新行为与员工创新绩效之间的中介作用。本章揭示了双刃剑中介机制是造成越轨创新行为与员工创新绩效间不一致关系的微观因素，丰富了资源保存理论的“增益—减损”模型。

第一节　问题提出

越轨创新行为对员工创新绩效“赋能”还是“负担”的问题争论不断，但鲜有研究从双刃剑机制的角度解决该问题。根据资源保存理论的“增益—减损”模型，越轨创新行为与员工创新绩效之间“收益”机制与“代价”机制并存（Halbesleben et al.，2014；Lin et al.，2017；段锦云、杨静和朱月龙，2020）。越轨创新行为作为一种探索未知和获取资源的创新探索行为，会推动员工进行资源积累和整合，提高员工创新绩效（刘朝，2013；Halbesleben & Wheeler，2015），同时，越轨创新行为无法获得正式支持，与工作任务不一致，需要额外的时间精力投入，且叛逆特征为个体带来麻烦与压力，会诱发自我损耗，进而对越轨创新行为主体的任务、工作进度和创新绩效取得产生不良影响（Halbesleben & Wheeler，2008；Halbesleben & Wheeler，2015；Gabriel et al.，2018）。然而，现有学者用不同的理论和逻辑对两条路径进行探讨，缺乏整合性、统一性的系统解释和逻辑构建，更没有实证检验分析，无法从双刃剑机制视角解释越轨创新行为与员工创新绩效的不一致关系。具体而言，现有研究仍存在以下漏洞：

（1）忽视了资源整合在越轨创新行为与员工创新绩效之间的正向中介机制。

以往研究关注了越轨创新行为对员工创新绩效的直接影响，对越轨创新行为如何塑造个体资源来推进创新绩效的作用机制却鲜有关注。根据资源保存理论和探索学习学派的观点，个体为实现创新价值，借助越轨创新行为将想法不断推演、完善并践行，其本质是一种“拓荒式”和“试错式”的创新尝试，往往具备了超前性、大胆性（王弘钰和万鹏宇，2020），获得以往触及不到的新资源（邹纯龙，2020），并与自身原有资源有机整合，帮助员工更新知识、经验和记忆系统，提高个体的思维逻辑和认知水平（Whiting，Podsakoff & Pierce，2008），进而提高创新绩效（Ginkel & Knippenberg，2008；Halbesleben et al.，2014）。然而，现有研究鲜有关注越轨创新行为促进员工创新绩效的作用机制，更缺乏实证检验，忽略了越轨创新行为转化为员工创新绩效的资源整合过程，难以为支撑越轨创新行为正向影响员工创新绩效提供一个微观证据。鉴于此，有必要对越轨创新行为—资源整合—员工创新绩效的资源增益过程进行探索。

（2）忽视了自我损耗在越轨创新行为与员工创新绩效之间的负向中介机制。

以往研究关注了越轨创新行为引发的领导排斥和威胁等负面后果，越轨创新行为是否对个体资源也产生负面影响？这些负面影响是否进一步导致员工创新绩效的下降？还不得而知。根据资源保存理论，个体资源是有限的，越轨创新行为

又是难以获得组织正式资源支持的，越轨创新行为的资源需求会和任务、家庭的资源需求相冲突，诱发自我损耗，进而冲击个体的任务绩效与创新绩效（Halbesleben，Harvey & Bolino，2009）。同时，越轨创新行为的“叛逆”色彩往往使个体遭遇领导等职场成员的过度关注甚至排斥，给员工带来较大压力，引发自我损耗，最终降低创新绩效（Halbesleben & Bowler，2007；Mueller & Kamdar，2011）。然而，现有研究虽然关注到了越轨创新行为与员工创新绩效间可能存在的负向关系，但将负向关系归结为不利情境下的越轨创新结果，尚未有人探究其中的负向作用机制，更缺乏实证研究进行证实，导致学术界无法充分理解越轨创新行为与员工创新绩效关系不一致的问题，更无法通过阻断自我损耗来减少越轨创新行为的不良影响，最终造成员工资源的沉没与浪费，更扼杀了员工的创新热情和积极性。鉴于此，有必要对越轨创新行为—自我损耗—员工创新绩效的资源减损过程进行探索。

（3）忽视了个人声誉对越轨创新行为与员工创新绩效间资源增益机制的调节作用。

个人声誉是一种建立在个体长期表现基础上的、具有广泛影响力和潜在价值的个体资源（Hochwarter et al.，2007；詹小慧和苏晓艳，2019；程宝良，2020），但鲜有研究将个人声誉作为条件因素引入资源保存理论的资源增益路径中，探究其对越轨创新行为资源和绩效转化的推动作用。综上所述，越轨创新行为从事者无法获得组织的正式资源支持，探索、试错来获取资源、整合资源成为其创造创新绩效的必然阶段（Halbesleben et al.，2014；王弘钰和万鹏宇，2020）。本书发现，声誉高的个体更易取得外部的拥护、支持和帮助，资源获取广度、深度及便捷度更高，更易通过高质量的资源整合提升创新绩效（Hochwarter et al.，2007；Chen & Huang，2009；詹小慧和苏晓艳，2019）。因此，个人声誉会强化资源整合与员工创新绩效之间的关系。进一步地，在越轨创新行为对创新绩效的资源增益路径中，考虑到高声誉个体一贯的能力、口碑和地位，其他成员不大愿意或敢于质疑、排斥其越轨创新行为，甚至还会提供适当的资源和帮助，促进其借助资源整合推动越轨创新行向创新绩效的良好转化（施丽芳、廖飞和丁德明，2012；Zinko et al.，2012）。综上所述，本书认为，在越轨创新行为—资源整合—员工创新绩效的资源增益过程中，个人声誉发挥了“锦上添花”的作用。因此，有必要从个体声誉的微观视角探索越轨创新行为何时更能促进资源整合并带来员工创新绩效。

（4）忽视了心理韧性对越轨创新行为与员工创新绩效间资源减损机制的调节作用。

心理韧性是个体应对外界不良因素（如压力、危险、威胁和挫折等）的保护因子，帮助个体预防和控制资源减损（Luthans et al.，2006；Shin et al.，2012；周文霞等，2015）。然而，鲜有研究关注心理韧性如何帮助个体应对从事越轨创新行为后的“代价”，难以为减少越轨创新行为带来的自我损耗和绩效下降提供理论依据和管理启发。在越轨创新者面临自我损耗时，心理韧性能够作为“防御性因素”减少自我损耗带来的消极影响，帮助个体及时恢复，继续开展越轨创新行为，完成员工绩效创造（Abbas & Raja，2015）。因此，心理韧性可以减少自我损耗对员工创新绩效的不良影响。具体在越轨创新行为对员工创新绩效的资源减损路径中，高心理韧性的个体在面临各种不确定性冲击时，能专注工作而摆脱这些不良因素的消极影响，最大程度上控制自我损耗的资源减损过程，使员工创新绩效的损失降到最小（Rabenu & Tziner，2016；Shaw et al.，2016）。综上所述，研究认为，在越轨创新行为—自我损耗—员工创新绩效的资源减损过程中，心理韧性发挥了“雪中送炭”的作用。因此，有必要从个体心理韧性的视角探究如何弱化自我损耗在越轨创新行为与员工创新绩效之间的负向中介作用。

综上所述，本书拟在子研究 3 中，通过构建资源整合和自我损耗的双元路径，揭示越轨创新行为对员工创新绩效的双刃剑机制，尝试回答“越轨创新行为如何促进员工创新绩效以及如何抑制员工创新绩效”的问题，同时引入个人声誉和心理韧性，解答“何时资源整合的资源增益机制更强、何时自我损耗的资源减损机制更弱”的问题，最终从微观的双刃剑机制视角解答越轨创新行为与员工创新绩效的关系不一致问题。

第二节　理论基础与理论模型构建

一、资源保存理论“增益—减损”模型的内容

资源保存理论将“个体总是尽力去获取、保留和保护有价值的资源”作为核心观点（Hobfoll & Lilly，1993），在资源保存理论的发展中，价值性资源的内涵也逐渐明晰，主要包括物质、条件、时间、情感或能量等宝贵资源，资源保存理论“增益—减损”模型指出，这些资源会经历增益螺旋（Gain Spiral）和丧失螺旋（Loss Spiral）两个螺旋效应（王静等，2019）。例如，当个体从事某一行为或经历某一事件后，会同时触发资源的增益螺旋效应和丧失螺旋效应，或者说是资源增益（Resource Generation）和资源减损（Resource Depletion）过程（Lin et al.，2017；段锦云、杨静和朱月龙，2020）。具体而言，资源增益是指个体可通过投资现有资源，以期增加后续个体资源，实现资源的增益循环。在资源增益过程中，个体会借助行为或事件完成资源的获得和增益，如获取积极有效的情感、能力、知识或心理等资源，最终促进个体职业幸福感、工作满意度和情感承诺等（Hobfoll，1989），这也与资源保存理论“个体关注资源获得、补充资源以维持资源”的基本原则相对应；与之相反，资源损耗则是指当前工作行为或事件会造成个体资源的消耗，并增加个体感知的压力，导致资源的损耗循环（陈晓暾、陈欢和罗文春，2020）。在资源减损过程中，个体会体验到威胁、紧张和焦虑等，遭受工作进度下降、情绪衰竭等资源损耗，最终降低个体职业幸福感、工作满意度、情感承诺和行为绩效等（Hobfoll，1989；王静等，2019），这与资源保存理论“个体关注资源丧失、维持资源”的基本原则相对应。

二、资源保存理论“增益—减损”模型在组织行为学中的应用

积极组织行为学派的兴起使得组织公民行为、助人行为、主动行为、变革行

为和负责行为等在资源保存理论的框架内被广泛地研究和探讨。学术界普遍关注了积极行为的“收益”，即带来的资源利好。例如，多数学者和管理者将组织公民行为等员工积极行为作为一种促进福祉、百利无一害的组织发展助力。但Koopman、Lanaj 和 Scot（2016）在资源保存理论“增益—减损”模型的基础上通过实证发现，做出角色外的助人行为，虽然为施助者带来积极的心理情感资源，提高了幸福感，实现了资源增益，但该行为也阻碍了自身核心工作的进度，导致心理负担增加和幸福感下降。Halbesleben 和 Wheeler（2015）在资源保存理论的基础上发现组织公民行为与情绪耗竭之间的潜在关系，并指出参与组织公民行为的个体可能会在与任务相关的活动中面临抉择和权衡。Lin 等（2017）指出帮助他人可以为行为主体带来积极情感资源，但会压缩个体用于家庭的时间资源，牺牲自己的精力和效率，对行为主体产生不良影响。随后，越来越多的学者开始关注到这些积极行为的“代价”，在观点的碰撞中，资源保存理论中资源增益与资源减损成为解答该类问题的重要支撑。

资源保存理论“增益—减损”模型将积极行为的“收益”和“代价”两种不同观点整合到一个理论模型中，跨越了积极组织行为对行动者有益（Bright Side）和有害（Dark Side）单一结果研究的鸿沟，通过系统性的研究，在这些不同的研究流派之间建立共识，并以更加全面的视角推进资源保存理论增益螺旋和丧失螺旋在积极组织行为学中的应用、支撑和发展。

考虑到资源保存理论“增益—减损”研究在近年来研究中的应用，本书在Koopman、Lanaj 和 Scot（2016）资源保存理论“增益—减损”模型的基础上，结合了 Lin 等（2017）资源保存理论“增益—减损”模型、Bolino 和 Grant（2016）等学者的研究，完善了资源保存理论的“增益—减损”模型，具体如图 5.1 所示。需要注意的是，在借助资源保存理论“增益—减损”模型解释某一行为或事件引发的资源变动时，Koopman、Lanaj 和 Scot（2016）指出对资源增益过程和资源减损过程中的调节变量应当有区分和针对性，如促进聚焦作为“促进性因素”在情感资源增益过程中发挥强化作用，而防御聚焦作为“防御性因素”在工作资源减损过程中发挥弱化作用。Lin 等（2017）也发现亲社会动机作为“促进性因素”仅对资源增益过程起强化作用。这些研究和建议在一定程度上与资源保存理论的早期关注点一致，即个体总是对资源损耗更为敏感

和紧张，采取防御性、保护性的方法应对资源减损，及时抽身资源减损螺旋，这也再次引发了我们对资源保存理论“增益—减损”两条路径中调节变量选择的思考。

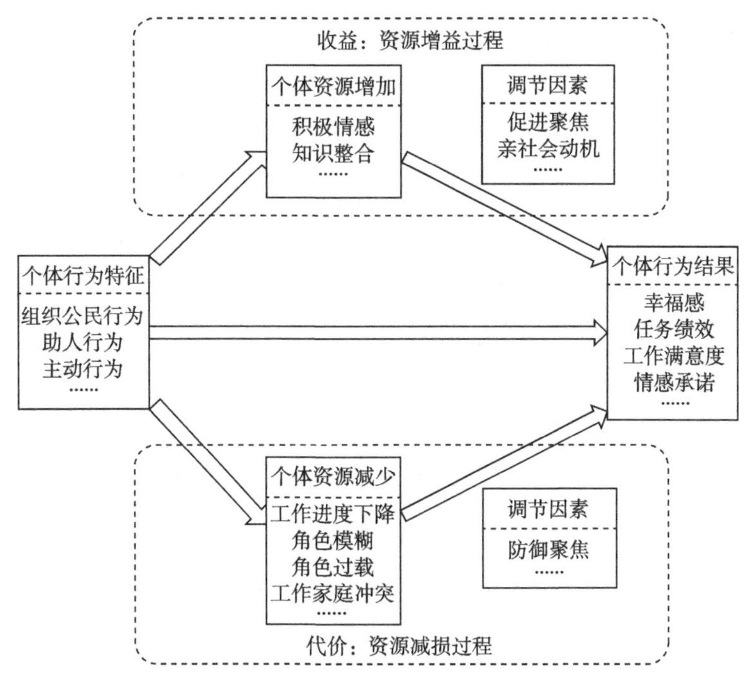

图 5.1　资源保存理论的“增益—减损”模型

资料来源：在 Koopman、Lanaj 和 Scot（2016），Bolino 和 Grant（2016），Lin 等（2017）研究基础上整理。

综上分析不难发现，资源保存理论“增益—减损”模型在组织行为学中已经得到广泛应用，其应用范围从工作领域拓展到家庭领域，关注的资源获取行为涵盖了组织公民行为、助人行为和主动行为等个体行为特征，关注的资源获取结果也涵盖了绩效、幸福感和满意度等个体行为结果，资源的增益和减损过程更是涵盖了情感、知识和工作进度等不同种类的资源，学术界还对资源增益过程和资源减损过程差异化设置调节变量给予了一定可借鉴的建议。因此，本书拟借助资源保存理论“增益—减损”模型构建越轨创新行为差异化影响员工创新绩效双刃剑机制研究的模型框架，探究越轨创新行为差异化影响员工创新绩效中的“资源收益”“资源代价”。

三、资源保存理论“增益—减损”模型对本书的支撑作用

尽管多数学者认为越轨创新行为具有“光明的一面”，如增加创新绩效、工作投入和资源化零为整（Enkel & Gassmann，2010；江依，2018；王弘钰和万鹏宇，2020），但最近的一些研究指出了那些为了创新收益的越轨行为会给个体带来潜在的负面后果，如疲劳、更低的工作进度和更高的领导阻抑（Lin et al.，2017；陈伍洋等，2017；邹纯龙，2020）。鉴于越轨创新行为潜在的双刃剑效应，本书选取资源保存理论“增益—减损”模型作为越轨创新行为差异化影响员工创新绩效双刃剑机制研究的理论支撑，具体支撑作用分析如下：

（1）越轨创新行为和员工创新绩效在概念内涵上等同于个体行为特征和个体行为结果。

资源保存理论“增益—减损”模型在长期发展中，获取资源的个体行为特征涵盖了组织公民行为、变革行为等积极行为，内涵不断拓展。在探索学习视角下，越轨创新行为是一种“拓荒式”的创新尝试行为（王弘钰和万鹏宇，2020），推动个体跨越角色任务边界在未知领域探索，帮助个体获得异质性资源，在资源整合优势视角下，越轨创新行为是挖掘潜在、冗余或被遗忘的碎片化资源，化零为整的行为（江依，2018；王弘钰和万鹏宇，2020）。因此，越轨创新行为是一种具有探索和整合资源趋势的资源获取行为，在概念内涵上等同于资源保存理论“增益—减损”模型中的个体行为特征。现有资源保存理论“增益—减损”模型在组织行为学的研究也将资源获取结果从最开始的幸福感拓展到绩效和满意度等个体行为结果（王静等，2019），本书的员工创新绩效在概念内涵上等同于资源保存理论“增益—减损”模型中的个体行为结果。

（2）越轨创新行为带来资源整合并提升员工创新绩效在路径内涵上等同于“资源增益”过程。

越轨创新行为使个体创新想法得以实践，通过探索试错，获取了知识、信息和能力等新的资源（谢科范和彭华涛，2005；Criscuolo，Salter & Wal，2014），

对创新想法的坚持，会促使个体整合自身现有的知识、技能和信息等资源，即资源整合，为想法的推广并转化为创新绩效作出努力（王弘钰等，2019；王弘钰和万鹏宇，2020），由此构成了越轨创新行为—资源整合—员工创新绩效的资源增益过程，这在路径内涵上等同于资源保存理论“增益—减损”模型中的“资源增益”过程。

（3）越轨创新行为导致自我损耗并抑制员工创新绩效在路径内涵上等同于“资源减损”过程。

相比正式的合法创新行为，越轨创新行为无法获得组织中的正式资源支持，需要个体灵活解决各类问题，在任务外消耗时间、能量、情感等资源，甚至会牺牲休息时间，最终产生一系列资源损耗（Lin & Johnson，2015）。再者，越轨创新行为更打破了重要群体参照规范，给个体带来精神压力，容易引发损耗。最后，个体把有限的时间资源转移到被否定的创新项目上，在一定程度上挤压了核心工作进程，势必影响核心任务进程（Beal et al.，2005），导致主管对其评价降低，加上越轨本身的叛逆性，最终甚至会影响薪酬、待遇和晋升等，不利于个体开展创新工作、完成创新绩效（Demerouti，Bakker & Bulters，2004；Marrone & Carson，2007；王静等，2019）。由此构成了越轨创新行为—自我损耗—员工创新绩效的资源减损过程，这在路径内涵上等同于资源保存理论“增益—减损”模型中的“资源减损”过程。

（4）个人声誉在概念内涵上等同于“资源增益”路径中的促进性因素。

在资源保存理论“增益—减损”模型的“资源增益”路径中，学术界就促进性因素对这一过程的强化作用进行了解释，促进聚焦和亲社会动机等被纳入到促进性因素的范畴被广泛探讨。个人声誉是一种建立在个体长期表现基础上的、具有广泛影响力和潜在价值的个体资源（Hochwarter et al.，2007；程宝良，2020），在组织中，成员普遍认为拥有良好声誉的个体在处理任务和人际上游刃有余，执行力强，并且其一贯良好信誉增加了个体的可信赖性（Hochwarter，2007；詹小慧和苏晓艳，2019）。较高声誉个体借助越轨创新形式进行资源整合和绩效创造的过程中，也更易取得外界的帮助，个人声誉发挥了促进与强化的作用（Zinko et al.，2012）。因此，个人声誉在越轨创新行为资源增益过程中“锦上添花”的强化作用，在作用效果上等同于“资源增益”

路径中的促进性因素。

（5）心理韧性在概念内涵上等同于“资源减损”路径中的防御性因素。

资源保存理论的关键资源学派强调了韧性这一关键资源会在个体抵抗压力和资源损耗“漩涡”的过程中给予个体实质性的帮助和缓解（Rosenbaum & Palmon，1984；Shin et al.，2012），心理韧性正是发挥了防御资源进一步流失的作用。在从事越轨创新行为后，心理韧性帮助个体应对不良状态和压力，在概念内涵上等同于“资源减损”路径中的防御性因素。

综上所述，基于资源保存理论“增益—减损”模型的逻辑分析，构建理论模型如图5.2所示，我们发现越轨创新行为既会增加创新主体的资源，也会损耗其资源，从而对员工创新绩效产生一正一负两种效应，这也不难解释学术界为何对越轨创新行为持正向和负向影响员工创新绩效的两种观点。越轨创新行为对创新主体的最终影响是“赋能”还是“负担”，取决于资源增益这一“收益”和资源损耗这一“代价”之间的平衡。

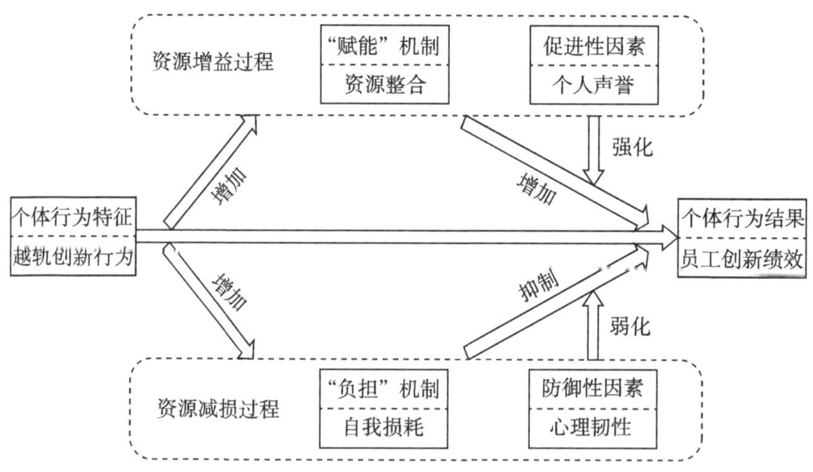

图5.2　理论模型

第三节　理论模型与研究假设

一、越轨创新行为与员工创新绩效

如子研究 2 所述，主流观点从探索学习优势、资源整合优势和延迟公开优势的角度探讨越轨创新行为对员工创新绩效的积极作用（王弘钰和万鹏宇，2020），在此简要说明，不再赘述：第一，探索学习视角下的越轨创新行为是一种“拓荒式”的创新尝试，推动个体跨越任务边界到未知的领域自由探索，相比那些没有从事越轨创新行为的同事，具有探索的比较优势，具备一定的超前性、大胆性。在这种情况下，越轨创新行为是一种探索性的大胆创新尝试，该视角通过强调创新即对固有轨迹突破，论证了越轨创新行为对员工创新绩效的积极作用（王弘钰和万鹏宇，2020）。第二，资源整合优势视角认为越轨创新是个体自发、主动开展的创新行为，员工挖掘那些潜在的、冗余的或被遗忘的碎片化资源，化零为整，甚至争取或借助非工作时间、社会人脉搜索资源，通过融合创新想法进行资源整合，从而创造更高的创新绩效（王弘钰和万鹏宇，2020）。第三，延迟公开优势视角认为越轨创新个体的创新想法挑战了组织权威，制度惰性和惯例依赖使组织难以接受这种活动（Mainemelis，2010），而这种越轨的创新想法或行为可能方兴未艾，虽有潜力但不具备较强的说服力和可操作性，这种情况下个体会不露锋芒，私下完善创新方案，等待方案或时机更加成熟，大大增加了越轨创新方案被认可和取得创新绩效的概率（黄玮等，2017；王弘钰和万鹏宇，2020）。

虽然主流学者持越轨创新行为正向影响创新绩效的观点，并从实证上证实了该观点，但仍有学者指出，越轨创新行为会给个体带来工作负担、离职意向（邹纯龙，2020），引发上级阻抑（陈伍洋等，2017），给越轨创新行为的从事者带来麻烦和负面评价（黄玮等，2017），对创新绩效的开展产生不良影响。从规范约束的角度看，越轨创新行为违背了组织规范，挑战了组织权威，纵容会导致组织无序和其他成员效仿，因此，越轨创新行为会被打压，员工无法实现创新绩效的目标（Staw，1990；Criscuolo，Salter & Wal，2014）。从资源分配的角度看，越轨创新项目与本职核心任务会在时间投入、资源需求等方面竞争，越轨创新行为会和正式工作产生冲突，不利于员工全身心开展创新绩效（Masoudnia & Szwejczewski，2012）。从创新成功率的角度看，创新本身成功率就不高，越轨这一手段直接导致越轨创新行为无法被组织正式支持甚至被打压，取得创新绩效的成功率也变得更低（Augsdorfer，2005）。

鉴于此，本书认为，越轨创新总体上正向影响员工创新绩效，通过何种机制促进（抑制）员工创新绩效以及促进（抑制）机制的边界条件将在本章后续研究中一一解答。

据此，本书提出以下假设：

H1：越轨创新行为总体上正向影响员工创新绩效。

二、资源整合的正向中介作用

资源保存理论将有价值的资源划分为以下四类：①物质资源，与个体的社会经济地位相对应，包括房产和轿车等；②条件资源，包括人脉、家庭背景和薪金等；③特质资源，包括效能、自尊、乐观、自信等；④能源资源，是帮助个体取得前三种资源的资源，包括时间、金钱、知识、信息等（Hobfoll，1989；曹霞和瞿皎姣，2014）。无论是哪种资源，其核心特征都是有价值的，即对资源拥有者带来帮助和预期利好（Lee & Ashforth，1996；Halbesleben et al.，2014）。

随着资源保存理论中绩效产出研究的深入，学者指出虽然上述资源均能带来预期利好，但绩效最高的组织成员不一定是拥有最多资源的，而是能够最好地分配和整合有限资源、最大限度地适应外部需要的员工，资源整合的意义开始被学者关注（Hobfoll，1988；Halbesleben et al.，2014）。资源整合是员工通过学习、探索不断获取异质性资源（知识、信息和经验等），整合新旧资源、更新个体资源体系和排列的过程，资源整合不仅增加了员工资源的多样性，也为员工及时调整资源结构、满足当前工作需要和市场需要创造了条件（Hobfoll，2001；赵斌、古睿和李瑶，2019）。资源整合即员工借助社会网络，搜索、甄选、解码、整理

与重构信息、知识和技术等不同类型和不同形态资源的过程，资源的有效整合对于员工自身资源体系建设，以及能动性、创造性和机敏性的提升至关重要（万鹏宇、邹国庆和汲海锋，2019；赵斌、古睿和李瑶，2019）。因此，学术界对如何推进员工进行资源整合并最大效率地实现资源的绩效转化分外关注。根据资源保存理论的“增益—减损”模型，本书认为，越轨创新行为可以从内部和外部两个方面推动资源整合。

（1）越轨创新行为的探索性和试错性是推动资源整合的内部驱动因素：①越轨创新行为的主动探索性催生个体主动完成资源整合。越轨创新行为是个体对新想法的坚持，该种行为具有探索性、主动性和边缘性的特征，颠覆了企业的传统创新路径，是一种有意识的、利用机会并主动发现新机会的探索式提升、学习过程，最终实现个体的资源整合（Enkel & Gassmann，2010；王弘钰和万鹏宇，2020）。②越轨创新行为的试错和反复修正是实现资源整合的必经环节。资源整合不是资源的简单叠加，更不是一蹴而就的，是在越轨创新行为践行中，员工不断尝试创新、清除越轨创新中的错误，并以此为参照和教训，在试错中获得新知识、积累经验，夯实自己的创新资源基础，资源的组合、构成和排列也正是在员工的不断试错和调整中趋向于最优（谢科范和彭华涛，2005；Criscuolo，Salter & Wal，2014）。员工为了追求并践行其创造性想法，创新想法得到细化、完善和实践（Mainemelis，2010），是一个知识创新、追求真理和能力拔高的动态过程，异质性的资源不仅完成了个体资源场的吸纳和系统更新，更在一定程度上激发了个体乃至团队成员对新知识和新思维的学习，构成了一个“双环学习”的资源整合过程（Argyris，1976；Jaaron & Backhouse，2017）。

（2）越轨创新行为的非正式性、缺乏正式支持是推动资源整合的外部驱动因素。资源保存理论指出，个体具有获取和实现创新资源增值的倾向（段锦云、杨静和朱月龙，2020），越轨创新行为从事者也不例外。考虑到创新开展所需的资源往往是企业现阶段不完全具备的或者不被正式授权的，为了创新目标的实现，这些外部因素驱动越轨创新行为从事者搜寻完成创新目标所需要的各类资源，例如对组织内冗余资源的利用、零散资源的化零为整等（Mainemelis，2010；江依，2018）。另外，越轨创新是打破现有规范的新任务，如何构建资源和构建哪些资源完成这些任务并无参照范本，这些客观因素也推动个体打破现有的范式，追求新的发展规律，将外化的资源不断地内化吸收并应用到自身的任务进程中，从而有效地实现个人层面资源整合与增值（王朝晖和刘嫦娥，2017）。

综上分析，越轨创新行为会从内外部两个方面驱动个体拓宽资源获取渠道，通过知识、技术和信息等资源的柔性拼凑实现自身资源系统的更新和升级，完成资源整合。

据此，本书提出以下假设：

H2：越轨创新行为正向影响资源整合。

吸收外部资源以更新自身资源体系是激发员工创新绩效的主要途径，而且，资源的有机整合相比资源的简单叠加更能对绩效发挥“事半功倍”的推动作用（Hobfoll，1988；Halbesleben et al.，2014；赵斌、古睿和李瑶，2019）。对于组织内的知识型员工，员工知识、经验、技能等形式的资源是其取得绩效的基础，资源整合提高了个体对机会的机敏性和把握能力，资源的多样性为员工灵活解决问题、创新工作模式提供了更多的支撑和选择，也有利于员工把握外部市场的变化，形成自己的竞争优势（Tsai，Liao & Hsu，2015）。已有研究发现，企业内部员工的知识获取与整合是提高个体竞争优势和创新绩效的重要因素（万鹏宇、邹国庆和汲海锋，2019），在资源整合中，员工获得新知识和信息，对自身资源体系进行重组和更新，实现信息加工和利用，打破原有固化的思维模式和知识壁垒，在经验和技术上得以改进和提升，不断更迭的技术帮助员工获取和了解最便捷、最前沿的工作方法，知识和想法的碰撞会产生新思路和新创意，均利于员工创新绩效的提高（钟竞、邓婕和罗瑾琏，2018；万鹏宇、邹国庆和汲海锋，2019）。

据此，本书提出以下假设：

H3：资源整合正向影响员工创新绩效。

员工实施越轨创新行为的初衷是为了更好地创新工作方法、实现创新绩效目标，越轨创新行为助力个体从外部环境中获取重要的资源，实现资源整合（Mainemelis，2010），进而提升个人的创新绩效（万鹏宇、邹国庆和汲海锋，2019）。而且，创新成分理论同样强调了资源获取是创新绩效取得的必要条件（杨洁、张露和黄勇，2020）。基于此，越轨创新行为作为一种资源整合的手

段，帮助个体实现资源储备的不断增加和有机整合，最终提升个体的创新绩效。

据此，本书提出以下假设：

H4：资源整合在越轨创新行为与员工创新绩效之间发挥正向中介作用。

三、自我损耗的负向中介作用

根据资源保存理论的“增益—减损”模型，越轨创新行为既会带来创新资源增益，也会导致创新资源损耗（Hakanen，Peeters & Perhoniemi，2011；Halbesleben et al.，2014；Lin et al.，2017；段锦云、杨静和朱月龙，2020）。越轨创新行为使个体的创新能力和变革性得以展现，会提升个体的自尊和积极自我评价，实现个体心理和社会资源的增益（Xanthopoulou et al.，2009；Makikangas et al.，2010；王静等，2019；唐汉瑛和龙立荣，2019）。但越轨创新行为也是需要投入时间、能量、情感资源的活动，尤其是在无法获得组织正式支持、与个体角色内任务不一致的情况下，会产生一系列资源损耗，以负向中介机制的形式削弱越轨创新行为向创新绩效的转化（Lin & Johnson，2015）。越轨创新行为对最终绩效结果推动还是阻碍，取决于资源增益和资源损耗之间的平衡，但越轨创新行为带来的资源增益往往大于资源损耗，这也导致学者多持越轨创新行为正向影响员工创新绩效的观点，但是这并不能否认越轨创新行为“代价”机制的存在（段锦云、杨静和朱月龙，2020），鉴于此，有必要对越轨创新行为通过自我损耗负向影响员工创新绩效的作用机制进行挖掘和探讨。首先，研究关注了越轨创新行为对自我损耗的影响：

（1）作为难以获取组织支持的角色外创新行为，越轨创新行为更易导致自我损耗。越轨创新行为突破了员工日常工作的边界，跨越边界前需要摆脱规范的束缚，在缺乏规范指导的未知领域，越轨创新行为主体还会遇到更大的“阻力”，花费更多的“资源”和“能量”。已有研究发现，员工承担角色外的挑战性工作活动容易导致角色重载（Marrone & Carson，2007），个人越轨创新任务会和自身核心任务或团队目标不一致甚至冲突，员工往往必须不断应对处理越轨创新带来的一系列偶发事件，这需要耗费大量的精力和时间，并产生压力感，最终对自身的控制性资源产生负面影响，诱发自我损耗和创新绩效下降（刘小娟、邓春平和王国锋，2015）。

（2）越轨创新探索中大量复杂化、模糊化信息和任务的处理是导致自我损耗的重要原因之一。一方面，越轨创新跨越规范甚至认知边界，新领域的探索注定面临各种繁杂和模糊的信息，对信息的识别和加工会导致员工的资源损耗（Rosen et al.，2016；张亚军等，2018）。另一方面，越轨创新行为使员工“遵纪”的形象受损，员工会通过承担更多的复杂任务，旨在通过恢复良好形象，或者赢得组织成员对其越轨创新方案的支持，这会增加员工的负荷感（Rosen et al.，2016）。而且，越轨创新员工处于组织或群体规范的边界位置，相较于一般个体而言，其受到的工作干扰更多，常常感到紧张、压力和工作倦怠，消耗更多的自我控制资源，诱发自我损耗（Demerouti，Bakker & Bulters，2004）。

（3）越轨创新行为较高的破坏性和叛逆性是引发自我损耗的另一重要诱因。较高的破坏性和叛逆性往往会吸引外部的过度关注甚至广泛质疑，在这种情况下，有些个体为了面子，需要极其努力，最大程度上实现越轨创新行为的成功，避免失败和遭受他人的嘲笑，这会加速自我损耗（陈伍洋等，2017）。此外，员工从事越轨创新行为后，还可能会遭遇领导阻抑、打压不看好等不良后果，造成个体资源损耗（陈伍洋等，2017）。即使职场同事理解其组织创新导向的亲社会目标，但以往的研究发现，群体成员不大喜欢甚至还会贬损、驱逐那些经常公开实施利组织行为的成员，因为这些成员的创新和努力会给那些不愿意创新的群体带来压力（夏福斌，2020）。因此，这些群体成员的贬损、会驱逐加重越轨创新行为从事者的自我损耗。从内在心理看，从事越轨创新行为后个体面临着道德伦理的“质问”，产生内疚等不良心理，进而也会导致自我损耗状态（Gailliot，Schmeichel & Baumeister，2006）。

据此，本书提出以下假设：

H5：越轨创新行为正向影响自我损耗。

自我损耗理论指出，个体资源存量的下降会导致自控失效和绩效下降（Trougakos，Beal & Cheng，2015；Bolino，Hsiung & Harvey，2015；张亚军等，2018）。组织正式的薪酬考核系统并不包含越轨创新行为，越轨创新行为也无法获得组织的资源支持和发展反馈，越轨创新工作和任务工作的共同开展会造成个

体角色过载，导致任务绩效和创新绩效均无法高效完成（Bolino，Hsiung & Harvey，2015）。员工资源损耗的消极影响具有传递性质（Baumeister et al.，1998），自我控制资源的损耗使员工无法专注于当前的越轨创新任务，胜任能力下降，员工对资源流失又是敏感和恐惧的，为了维持尚存的资源，会减少创新，进而降低其创新绩效（张光磊等，2020）。在更严重的情况下，自我损耗诱发个体产生消极情绪，做出消极行为，对个体绩效产出和工作投入产生不良影响（Trougakos et al.，2015；Lin & Johnson，2015；徐磊，2019）。

本书发现，自我损耗还会导致员工采取消极逃避的策略来应对工作开展（李锡元和王伟叶，2020；邹纯龙，2020）。自我损耗导致员工不具备胜任工作的资源，进而更倾向于采取逃避策略，缺乏足够的心理资源来面对工作中的各项挑战，会产生脱离组织和欺骗组织等逃避行为（李锡元和王伟叶，2020；邹纯龙，2020），甚至从事攻击行为（如贬低或诋毁其他组织成员）来获得快感与满足，这些将对个体绩效产生不良影响（Mumford et al.，1998；Yam et al.，2014；李志成、祝养浩和占小军，2019）。综上所述，本书认为，自我损耗较多的员工其创新绩效更低。

据此，本书提出以下假设：

H6：自我损耗负向影响员工创新绩效。

越轨创新行为作为超越工作角色的行为，通常超出了正式规定的工作职责，从事越轨创新行为的个体不仅在工作上承担了更多，由于越轨创新行为的叛逆性，外界通常会质疑、过度关注甚至排斥（Halbesleben & Bowler，2007；Mueller & Kamdar，2011）。在这些情况下，个体的资源一方面要应对外界，另一方面需要用于证实自己、印证自身创意，这些均会导致自我损耗，从而导致幸福感和创新绩效的下降（Koopman，Lanaj & Scot，2016；Eissa & Lester，2018）。基于此，研究认为越轨创新行为通过自我损耗抑制员工创新绩效。

据此，本书提出以下假设：

H7：自我损耗在越轨创新行为与员工创新绩效之间发挥负向中介作用。

四、个人声誉在资源整合与员工创新绩效之间的调节作用

Fama（1980）将“声誉”引入到管理学中，并将其按照主体类型分为“组

织声誉”和“个人声誉”。长久以来，学术界对组织声誉的价值展开了广泛探讨，却鲜有关注个人声誉的价值，个人声誉的概念与内涵也因视角不同而不能统一。Tsui（1984）基于外部评价和感知视角，将个人声誉定义为与声誉主体之间存在密切联系和往来的群体对声誉主体特征、表现等方面的整体印象和评价。Zinkoetal（2012）基于能力视角，将个人声誉定义为员工的工作任务胜任力、与团队成员的沟通能力和协作能力。李延喜等（2010）基于成分视角将员工的个人声誉定义为个体智商、品德、绩效、情商等的综合体。回顾以往研究，不难发现个人声誉定义并不清晰，研究较为薄弱，值得进一步探讨。

本书将个人声誉定义为组织成员对员工一贯品质、能力、绩效和表现等多个方面的整体性评价，是一种建立在个体长期表现基础上的、具有广泛影响力和潜在价值的个体资源（Hochwarter et al.，2007；詹小慧和苏晓艳，2019；程宝良，2020）。实证研究发现，个人声誉作为个体长期积累形成的口碑资源，使员工的想法、意见和行为更容易得到组织领导和同事的认可、采纳或实行，也更容易获得外界的帮助和积极评价（詹小慧和苏晓艳，2019）。《孟子·离娄上》中的“得人心者得天下”和《孟子·公孙丑下》中的“得道者多助”是经典的中国管理哲学，一定程度上诠释了高声誉个体更容易获得大家支持和拥护的实际。资源保存理论指出，具备声誉、口碑、乐观、自信等资源的员工不仅更易取得资源，还更容易实现成功（曹霞和瞿皎姣，2014）。综上所述，本书认为，在个体资源整合转化为员工创新绩效的过程中，个人声誉发挥的应当是“锦上添花”的强化作用，具体从以下三个方面进行强化：

（1）个人声誉的广泛影响力和号召力强化资源整合向员工创新绩效的转化。在组织信息化时代，知识、信息等资源的迭代速度逐渐加快，员工本身资源存量有限，员工“单枪匹马”的资源整合与重构对其创新绩效的效果是有限的。但是高声誉水平员工的影响力和号召力更大，员工从外部吸收到的资源（尤其是异质性知识资源）的机会更多，创新遭遇的阻力更小，其创新资源整合的广度和深度更优，资源整合转化为员工创新绩效的过程也更顺利和更高效（施丽芳、廖飞和丁德明，2012；Zinko et al.，2012）。

（2）高个人声誉作为个体一贯优秀能力的外化表现会强化资源整合向员工创新绩效的转化。个人声誉是建立在个体长期工作表现基础上的（Hochwarter

et al.，2007)，因此，良好的个人声誉意味着员工具备较强的业务能力，即获取、利用并配置外部资源的能力，这帮助员工更好地整合资源并完成创新绩效（李延喜等，2010；Zinkoetal，2012）。

(3) 高个人声誉构成了一种建立在广泛人际基础上的无形资源补给，会强化资源整合向员工创新绩效的转化。个人声誉是短期内无法建立的宝贵资源，社会资本强调了人际网络的重要性，高声誉给予员工人际网络可达知识、技术等资源要素的规模和质量要远远超过员工平均水平，这为创新绩效的提升打下坚实的网络资源基础（曹霞和瞿皎姣，2014）。并且，良好的声誉帮助个体与外部创新资源创立动态链接，形成高效流畅的创新资源流入渠道，破解员工受制于资源不足约束的“困境”，并为资源整合带来创新绩效的过程提供源源不断的资源补给，减少资源到绩效取得的时间跨度，帮助个体迅速判断并找到捷径，实现创新绩效（Hochwarter et al.，2007；詹小慧和苏晓艳，2019；程宝良，2020）。

据此，本书提出以下假设：

H8：个人声誉强化资源整合对员工创新绩效的正向影响。

五、心理韧性在自我损耗与员工创新绩效之间的调节作用

Luthans（2006）从弹性资源的视角将心理韧性界定为员工在长期过程中形成的、帮助个体在身陷逆境或遭遇不良事件时迅速恢复的心理资源，不仅是员工获取职业成功的重要权变因素（Luthans et al.，2006），更是弱化自我损耗对员工创新绩效消极影响的宝贵资源（Shin et al.，2012；周文霞等，2015），具体作用如下：第一，资源保存理论的关键资源学派强调了关键资源（韧性、效能、乐观等）在抵抗压力和资源损耗“旋涡”的过程中，为个体提供了实质性、工具性的帮助和支持（Rosenbaum & Palmon，1984）。由此，心理韧性作为关键资源帮助个体从自我损耗的不利环境、事件或经历中及时调整情绪和状态，从而灵活适应并迅速融入环境、继续开展创新绩效（King et al.，2016）。第二，在自我损耗这种诱发离职、绩效下降等不良后果的不良状态下，心理韧性作为个体在长期发展中形成的稳定的、无形的心理资源，更是个体最大程度上减少压力、挫折、创伤等不良环境或消极事件侵害的保护和防御工具，维护个体心理平衡，减少心

理失调（Thau & Mitchell，2010），帮助员工定下心来专注越轨创新方案，削弱自我损耗对员工创新绩效的不良冲击（Shaw et al.，2016）。第三，心理韧性高的个体，更倾向于采取积极的应对策略来面对自我损耗的不利情况，帮助个体维护或获取短期资源，从而维持自身资源平衡，扭转或控制资源的持续损耗和流失，减少绩效下降（Halbesleben，Harvey & Bolino，2009）。

综合以上分析，本书发现心理韧性会从关键资源补充、保护防御和积极应对策略三个方面减少自我损耗对员工创新绩效的不良影响，在个体自我损耗抑制绩效的过程中，其发挥的应当是“雪中送炭”的弱化作用。

据此，本书提出以下假设：

H9：心理韧性弱化自我损耗对员工创新绩效的负向影响。

六、个人声誉对资源整合中介效应的调节作用

从资源保存理论增益论、个人声誉论和人际期望的视角看，个人声誉的积极作用，不只会推动资源整合到员工创新绩效的转化，个人声誉还会对越轨创新行为资源增益的整个过程起到“锦上添花”的调节作用，即强化了资源整合在越轨创新行为与员工创新绩效之间的中介效应。本书将从资源保存理论增益视角、个人声誉视角和人际期望视角分别阐述这一作用机制：

（1）个人声誉作为宝贵资源对越轨创新行为影响员工创新绩效的资源增益机制提供持续的资源补给。资源保存理论增益视角指出，拥有较多资源（如声誉、口碑等）的个体更有能力获得资源并取得成功（曹霞和瞿皎姣，2014）。高声誉的越轨创新行为从事者更容易从外部获取非正式的资源和帮助，利于个体实现资源整合，减少资源的损耗（詹小慧和苏晓艳，2019），使资源更大程度地转化为创新绩效。并且，良好的声誉是个体能力和技能的长期积淀，声誉良好的个体通常具备突出的工作能力、细致的洞察力和良好的情绪智力，这些在客观上增加了越轨创新行为带来资源整合与创新绩效的概率（施丽芳、廖飞和丁德明，2012；Zinko et al.，2012）。实证研究发现，高声誉个体的方案更容易获得领导采纳，这为领导默许越轨创新行为甚至逐步合法化创造了条件，员工的资源整合可以获得更多反馈，更易于提高资源整合质量，最终实现更高质量的员工创新绩效（詹小慧和苏晓艳，2019；程宝良，2020）。

（2）个人声誉释放的积极信号为越轨创新行为通过资源整合促进员工创新绩效的资源路径"保驾护航"。声誉理论认为，个体行为的结果充满不确定性，外界基于现有认知和信息很难评判，如果该个体具备良好的声誉，则更容易获得大家的支持、帮助和拥护，其行为更容易成功；反之，则更容易遭遇强大的阻力甚至欺凌（Hochwarter et al.，2007）。"越轨"的形式和缺乏正式支持往往使得越轨创新行为更具风险性，发展走向和结果难以确定，既可能破除落后的"创新枷锁"，达到改善组织现状、完成变革的目标，又可能将组织推入杂乱无序的深渊（王弘钰和万鹏宇，2020）。而声誉理论指出，个人声誉可以帮助人们降低判断的模糊性，利于社会互动中的一方根据对方的声誉水平对另一方的行为发展走向和行为结果好坏做出预判，从而做出对另一方采取支持还是无视的决策（李延喜等，2010；施丽芳、廖飞和丁德明，2012）。具体到越轨创新行为的情境中，越轨创新行为从事者个人声誉作为个体在职业生涯中长期积累的资源，良好的声誉充当了越轨创新者职业品质、前瞻认知能力、一贯的亲组织性等积极信号，外界对其越轨创新行为有着乐观的预期和信心，进而以更加积极的态度和实际行动来响应越轨创新从事者及其越轨创新行为（Hochwarter et al.，2007；詹小慧和苏晓艳，2019；程宝良，2020）。因此，高声誉个体的越轨创新行为往往会被视为出于创新原因、借助越轨手段的亲组织行为，获得广泛接纳，利于个体越轨创新想法的践行和完善，实现资源整合和员工创新绩效。

（3）外部对高声誉员工的期望会正向强化越轨创新行为的资源增益路径。人际期望理论的正向强化视角指出，人际期望具有广泛的社会心理效应，外部群体对某一个体的殷切希望能引导个体对期望进行积极反馈并达到预期效果（Whiteley et al.，2012）。当高声誉员工从事了越轨创新行为后，外界对高声誉个体的一贯期望和看好，在推动个体资源整合后，继续为资源的创新绩效转化保驾护航，实现"越轨创新行为—资源整合—员工创新绩效"这一资源增益路径的正向强化。

反之，对于个人声誉较低的员工，其从事的越轨创新预期收益的延迟性使其成败难下定论，由于被视为无能力的，人缘基础薄弱（李延喜等，2010；施丽芳、廖飞和丁德明，2012），其越轨创新行为会被解读为特权、违序与傲慢的外显，烙上“不务正业”的印记，引发排斥，阻碍个体通过越轨创新行为获取资源整合的进程（陈伍洋等，2017；詹小慧和苏晓艳，2019）。此外，低个人声誉的员工，往往与其他同事有着负面关系，其越轨创新行为会被认为是不值得信任的，难以激发人们的好感，资源整合受阻，创新绩效无法完成（施丽芳、廖飞和丁德明，2012）。

据此，本书提出以下假设：

H10：个人声誉强化资源整合在越轨创新行为与员工创新绩效之间的正向中介作用。

七、心理韧性对自我损耗中介效应的调节作用

资源保存理论的“增益—减损”模型中强调了防御性因素对资源减损路径的削弱或阻断作用，例如防御聚焦可以抑制积极行为带来的工作进度下降等消极后果（Hobfoll，2002；Koopman，Lanaj & Scot，2016；Lin et al.，2017）。心理韧性在概念内涵上等同于防御性因素，因此，研究引入心理韧性这一关键资源，探究其在越轨创新行为资源损耗“旋涡”过程中给予个体的帮助、恢复和缓解（Rosenbaum & Palmon，1984；Luthans et al.，2006；Shin et al.，2012），从而揭示心理韧性如何弱化自我损耗在越轨创新行为与员工创新绩效之间的负向中介作用，实现“雪中送炭”的效果：

（1）心理韧性最大程度上减少外界对越轨创新行为开展的不良影响。越轨创新行为的“叛逆”特征必然诱发不良外部环境，而心理韧性作为积极的心理资源，在维护个体心态稳定性、学习持续性、失败容忍度和抗压力上起着重要作用（Luthans et al.，2006；Shin et al.，2012），帮助越轨创新个体应对外界或自身质疑、压力，同时减少外部环境对个体的不良侵害，降低越轨创新行为引发的自我损耗，促进越轨创新行为的良好开展（Abbas et al.，2014），最大程度弱化越轨创新行为引发自我损耗而降低员工创新绩效的资源减损过程（Rabenu & Tziner，2016；Shaw et al.，2016）。

（2）心理韧性通过情绪调控和心理建设帮助越轨创新行为主体摆脱心理负担。心理韧性高的个体对自身的评价更肯定和积极，拥有高度的创新成功自信，在面对外部质疑或自身任务压力时，能够迅速采取合理、积极的应对策略

(Luthans et al., 2006; Shin et al., 2012)，从不良环境的消极影响中尽快脱离出来，实现自身的弹性修复直至积极的身心状态，去更好地实现创新绩效（诸彦含等，2019）。并且，心理韧性缓解了个体从事越轨创新行为后焦虑、压力等不良情绪，利于甩掉“越轨”这一包袱，从自责内疚等状态中脱离，修复自我损耗资源，全身心地开展和完善创新（Linnenluecke，2017）。

相反，低心理韧性的个体在从事越轨创新行为后，面临外界质疑和多重任务带来的双重损耗，缺乏必要的弹性韧性来应对和维持自身资源，前期的付出也会变为沉没成本，导致严重的自我损耗并抑制员工创新绩效（King et al., 2016）。

据此，本书提出以下假设：

H11：心理韧性弱化自我损耗在越轨创新行为与员工创新绩效之间的负向中介作用。

综上所述，本书提出越轨创新行为影响员工创新绩效的双刃剑机制模型图，如图 5.3 所示。

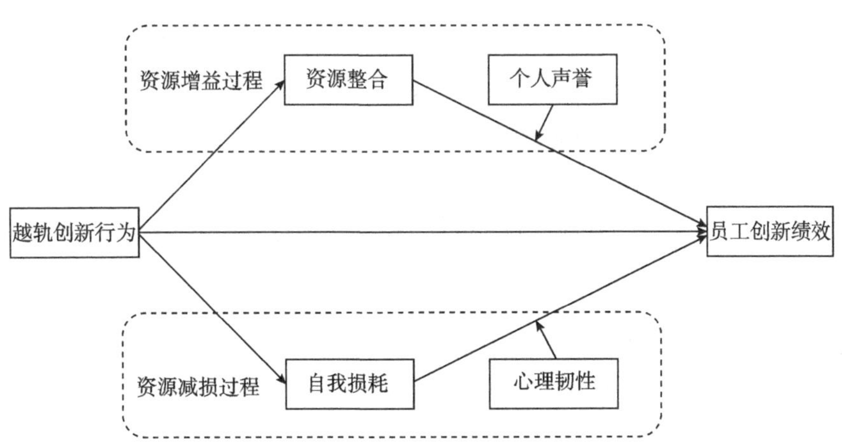

图 5.3　双刃剑机制模型

第四节　问卷设计与调查

一、问卷设计

问卷调查是企业管理研究中最为普遍的研究方法，研究者借助量表可以获得有价值的一手研究数据（陈晓萍、徐淑英和樊景立，2012），因此本书在给定核心变量操作化定义的基础上，选取合适的测量工具进行数据收集。本书所采用的越轨创新行为量表为本书第三章中通过科学流程编制的越轨创新行为量表，资源整合、自我损耗、个人声誉、心理韧性和员工创新绩效量表均借鉴或来自国内外重要期刊。本书采取子研究 2 中的方法来提升测量工具的信效度，形成子研究 3 的预调研量表，在此不再赘述。

本书采用李克特（Likert）7 点计分方式，从“1”到“7”代表“非常不符合”到“非常符合”。研究团队通过发红包、赠送小礼品和介绍研究目的等方式，最大程度上提高被调查者的作答动力。在后续测量中，研究检验社会称许性和设置测谎题，提高测量的准确性。

（一）自评与他评的比较与选择

自评（Self Report）又称自我报告，是国内外员工越轨行为、偏离行为相关研究中使用最广泛的数据收集方法，Koslowsky 和 Dishon（2001）根据员工偏离行为的特征指出了自评相比他评的优越性，Ones、Viswesvaran 和 Schmidt（1993）、张燕和陈维政（2012）更是基于数据证实了自评的有效性。在本书中，通过回顾国内外的研究并根据研究测量变量的特征，在子研究 3 中，全部量表均采用自评的方式收集数据，理由如下：

1. 研究测量变量的特征决定自评数据准确性更高

（1）自评的越轨创新行为准确性更高。根据第四章的详细论述，采用他评的方式只能测得员工部分公开的越轨创新行为，无法保证数据的准确性和完整性。

（2）结合越轨创新行为的特征，自评的员工创新绩效准确性更高，他评的创新绩效偏差极大。根据第四章的详细论述，领导评价越轨创新者的创新绩效会包含更多的情绪、偏见和归因带来的偏差，导致绩效被低估，因此，自评创新绩效的方式更为有效。

（3）结合资源整合、自我损耗、个人声誉和心理韧性的特征，自评更为有效。本书将资源整合和自我损耗分别定义为员工吸收并加工资源构建资源体系和资源流失的过程，相比外界，个体对自身资源存量和变动更为敏感，资源保存理论也从理论推论上指出个体对资源变化尤其是资源损耗是十分敏感的。因此，采用自评的方式测量更能捕捉越轨创新行为触发的资源增加和减损变化，也与本书跨时点的研究设计更匹配。对于个人声誉和心理韧性，均是建立在长期发展过程中形成的宝贵资源，越轨创新行为挑战了领导的权威，冲击了领导的面子，会触发领导的地位威胁感，引发领导阻抑（陈伍洋等，2017），给上级留下不务正业的形象（黄玮等，2017），这些会导致领导对越轨创新行为者个人声誉的低估。心理韧性是个体心理资本的重要组成，在个体面临不良事件时才能有所凸显，因此，心理韧性水平并不容易被外界直接观察（Luthans et al.，2006）。相比于领导，个体对自身心理韧性的认识更为准确。

2. 以往研究证实了越轨行为领域研究自评方式的有效性

Ones团队（1993）、Berry团队（2007）和Fox团队（2007）均证明了自评越轨行为相比他评的有效性。回顾以往众多研究不难发现，只要确保作答的匿名性，告知答案无对错仅需反映真实情况，自评则具有较高的信效度。

3. 考虑到伦理道德，自评更优

不对研究对象产生不良影响是所有学术研究必须首先考虑的伦理准则，采用他评方式测量越轨创新行为会潜意识引导外界目光集中到员工越轨创新行为上，导致外界的过度关注，给被评价者带来过大压力，干扰了员工今后的发展。而且，报告他人违反重要群体参照规范的越轨创新行为，有“揭短”和“打小报告”之嫌，引起组织成员之间不必要的猜疑，危及企业内部的人际和谐与信任。相比之下，自评则基于自愿原则，不会带来不良影响（张燕和陈维政，2012）。

（二）测谎题设置

在第四章中已就测谎题（Lie Detection Questions）的广泛使用以及必要性进

行介绍，在此不再赘述。从 MMPI 量表中抽选出 4 个经典测谎题项作为本书的测谎题，由此构成本书的测谎量表，如表 5.1 所示。采用李克特 7 点计分的方式，选择“非常不符合”答案达到两个项目的情况下则判定为无效问卷，同时对测谎题量表得分偏低的问卷进行重点筛查，判断其是否存在规律填写、乱答等无效作答的问题。

表 5.1　测谎量表

<table>
<tr><th>名称</th><th>题项</th><th>来源</th></tr>
<tr><td rowspan="4">测谎题</td><td>有时我会想骂人</td><td rowspan="4">明尼苏达多项人格测评（MMPI）量表</td></tr>
<tr><td>有时我也说假话</td></tr>
<tr><td>有时我将今天该做的事拖到明天去做</td></tr>
<tr><td>有时我也会说别人的闲话</td></tr>
</table>

二、测量工具

本章选取子研究 1（第三章）中开发的越轨创新行为量表（Creative Deviance Scale）作为测量工具，共计 12 个题项，共包含角色型越轨创新行为、人际型越轨创新行为和组织型越轨创新行为 3 个维度，每个维度分别包含 4 个题项，具体测量题项如表 5.2 所示。

表 5.2　越轨创新行为测量题项

<table>
<tr><th>变量</th><th>维度</th><th>题项</th><th>来源</th></tr>
<tr><td rowspan="8">越轨创新行为</td><td rowspan="4">角色型越轨创新行为</td><td>CD1 我正在开展一些子项目，这帮助我接触一些新的领域</td><td rowspan="8">本书开发</td></tr>
<tr><td>CD2 我乐于探索有助于工作任务的新知识领域</td></tr>
<tr><td>CD3 我会即兴地对工作任务的具体开展方式进行创新设计</td></tr>
<tr><td>CD4 我有一定的时间和权力在任务之外自由创新和探索人际型越轨创新行为</td></tr>
<tr><td rowspan="4">人际型越轨创新行为</td><td>CD5 虽然没有得到领导的认可，但我仍在继续改良并提升被否想法或方案的创新度</td></tr>
<tr><td>CD6 虽然领导已经明确要求我停止研发某些项目，但我仍在继续从事这些项目</td></tr>
<tr><td>CD7 我努力完善那些已被资深员工或非正式领袖否决的想法</td></tr>
<tr><td>CD8 虽然某些想法已经被团队或团队中的多数群体否决，但我仍在改良它们</td></tr>
</table>

续表

变量	维度	题项	来源
越轨创新行为	组织型越轨创新行为	CD9 为了创新性地解决工作难题，有时我会不按组织规定流程办事	本书开发
		CD10 为了更好地完成工作，有时我会打破既定的组织规范	
		CD11 我敢于打破潜规则，创造性地开展工作	
		CD12 为了用新方法解决组织中的问题，我会打破传统常识或惯例	

资料来源：本书整理。

资源整合的测量在 Wiklund 和 Shepherd（2009）开发的资源整合量表（Resource Combination Scale）的基础上，同时借鉴宋萌等（2020）的知识获取量表、蒋天颖（2009）的知识吸收量表，修订出了 6 个题项的资源整合量表，具体测量题项如表 5.3 所示。

表 5.3　资源整合测量题项

变量	题项	来源
资源整合	RC1 我最近学到了新的技术专长	Wiklund 和 Shepherd（2009）；宋萌等（2020）；蒋天颖（2009）
	RC2 我迅速完善自身缺乏的工作知识	
	RC3 我及时发现工作过程中出现的错误	
	RC4 我不断积累供未来使用的独特资源	
	RC5 我主动开发用于新业务的新资源	
	RC6 我利用新获取的资源去开发新产品或提供新的服务	

资料来源：本书整理。

自我损耗的测量采用 Lin 和 Johnson（2015）编制的自我损耗量表（Ego Depletion Scale），包含 5 个题项，具体测量题项如表 5.4 所示。

表 5.4　自我损耗测量题项

变量	题项	来源
自我损耗	ED1 我感觉筋疲力尽	Lin 和 Johnson（2015）
	ED2 我感觉我的注意力难以集中	

续表

变量	题项	来源
自我损耗	ED3 我需要付出大量努力才能集中精力在某件事情上	Lin 和 Johnson（2015）
	ED4 我感到精力不足	
	ED5 我感觉我的意志力消失了	

资料来源：本书整理。

员工创新绩效的测量采用韩翼、廖建桥和龙立荣（2007）编制的员工创新绩效量表（Innovation Performance Scale），包含 8 个题项，具体测量题项如表 5.5 所示。该量表是国内使用最广泛的创新绩效量表之一，实证检验发现，量表信效度良好（邹纯龙，2020）。

表 5.5　员工创新绩效测量题项

变量	题项	来源
员工创新绩效	IP1 通过新想法改善现状	韩翼、廖建桥和龙立荣（2007）
	IP2 主动支持具有创新性的思想	
	IP3 通过学习掌握新方法和新技能	
	IP4 领导夸奖我的创意	
	IP5 使创新想法具备使用价值	
	IP6 面对问题能提出创造性解决方案	
	IP7 用系统的方法介绍创新性的思想	
	IP8 推动企业成员重视思维创新	

资料来源：本书整理。

个人声誉的测量采用 Hochwarter 等（2007）编制的个人声誉量表（Personal Reputation Scale），共计 12 个题项，具体测量题项见表 5.6。实证检验发现，个人声誉量表在中国情境下测量效果良好（詹小慧和苏晓艳，2019；程宝良，2020）。

表 5.6　个人声誉测量题项

变量	题项	来源
个人声誉	PR1 人们把我当作工作中的重要信息来源	Hochwarter 等（2007）
	PR2 我很受别人的尊重	
	PR3 人们知道我只会产生高质量的结果	
	PR4 我在工作中受到同事的尊敬	
	PR5 我的同事都信任我	
	PR6 如果同事想把工作做得更好，他们会向我寻求帮助	
	PR7 别人认为我是做事有板有眼的人	
	PR8 我因为一贯的突出业绩而拥有良好声誉	
	PR9 人们期望我一直用良好表现来证明自己	
	PR10 我的名声很好	
	PR11 人们都指望我能一直保持较高绩效水平	
	PR12 我的同事认为我是一个非常正直的人	

资料来源：本书整理。

心理韧性的测量由 Luthans、Youssef 和 Avolio（2008）编制，采用李超平翻译的心理韧性量表（Psychological Resilience Scale），该量表共计 6 个题项，在中国情境下测量效果良好（万鹏宇，2016；康勇军和彭坚，2020），具体测量题项如表 5.7 所示。

表 5.7　心理韧性测量题项

变量	题项	来源
心理韧性	PSY1 在工作中遇到挫折时，我很难从中恢复过来	Luthans、Youssef 和 Avolio（2008）
	PSY2 我直面工作中的问题	
	PSY3 如果不得不去做某项工作，我也能独立应战	
	PSY4 对于工作中的压力，我通常能泰然处之	
	PSY5 过去战胜困难的经历帮助我克服工作中的难题	
	PSY6 在我目前的工作中，我感觉自己能同时处理很多事情	

资料来源：本书整理。

三、预调查与问卷修正

（一）预调查

为保证正式调研中量表的信效度，本书在初始量表修订后开展了预调查，通过与河南省、山东省和北京市的6家通信设备制造、汽车制造等企业取得联系。子研究3预调研以纸质、电子问卷或作答链接的形式共发放问卷135份，收回有效问卷110份，有效回收率为81.48%。性别方面，男性61人，占比为55.5%，女性49人，占比为44.5%；年龄方面，25岁及以下16人，占比14.5%，26~30岁24人，占比21.8%，31~35岁25人，占比22.7%，36~40岁31人，占比28.2%，41岁及以上14人，占比12.7%；受教育程度方面，大专及以下24人，占比21.8%，本科60人，占比54.5%，研究生26人，占比23.6%；工作年限方面，5年及以内30人，占比27.3%，6~10年26人，占比23.6%，11~15年18人，占比16.4%，16年及以上36人，占比32.7%；行业方面，通信IT行业44人，占比40.0%，生物医药行业15人，占比13.6%，机械制造行业41人，占比37.3%，化工材料行业10人，占比9.1%。

（二）社会称许性检验

考虑到华人作答特点与越轨创新行为本身的特征（具体见前文，在此不再赘述），研究通过检验越轨创新行为和社会称许性的相关性来判断本书的研究中是否存在称许性问题。本书引入Fischer和Fick（1993）修订的社会称许性量表进行测量，越轨创新行为的社会称许性分析结果见表5.8。表5.8表明，12个题项与社会称许性变量相关系数绝对值均低于0.2，均未达到显著水平，所以不存在称许性问题。

表5.8 社会称许性检验

变量	题项	系数	显著性
越轨创新行为	CD1	-0.071	0.500
	CD2	-0.094	0.373
	CD3	-0.049	0.640
	CD4	-0.108	0.307

续表

变量	题项	系数	显著性
越轨创新行为	CD5	-0.019	0.858
	CD6	0.055	0.604
	CD7	0.011	0.916
	CD8	0.055	0.605
	CD9	-0.083	0.432
	CD10	-0.172	0.102
	CD11	0.033	0.757
	CD12	0.068	0.518

（三）量表修订

CITC（Corrected Item-Total Correlation）系数是同一变量（潜变量或观测变量）下每一题项和其他题项之和的相关系数，杨术（2016）建议在预调查数据处理中应删除 CITC 系数低于 0.3 的“垃圾题项”。本书通过 Cronbach's α 系数检验各量表的一致性。

如表 5.9 所示，越轨创新行为量表总体的 α 系数达到 0.872，角色型越轨创新行为、人际型越轨创新行为和组织型越轨创新行为 3 个维度 α 系数分别为 0.879、0.795 和 0.802，12 个题项的 CITC 系数均达到 0.300 的临界值，均符合标准，且删除任一题项均不能使整个越轨创新行为量表的信度水平提升。因此，保留越轨创新行为量表的全部题项。

表 5.9　越轨创新行为的 CITC 系数与信度检验

变量	维度	题项	CITC 系数	删除后 α 系数	维度 α 系数	量表 α 系数
越轨创新行为	角色型越轨创新行为	CD1	0.596	0.859	α=0.879	α=0.872
		CD2	0.592	0.859		
		CD3	0.637	0.857		
		CD4	0.509	0.865		

续表

变量	维度	题项	CITC 系数	删除后 α 系数	维度 α 系数	量表 α 系数
越轨创新行为	人际型越轨创新行为	CD5	0.645	0.856	α=0.795	α=0.872
		CD6	0.427	0.869		
		CD7	0.603	0.859		
		CD8	0.432	0.869		
	组织型越轨创新行为	CD9	0.597	0.859	α=0.802	
		CD10	0.559	0.862		
		CD11	0.563	0.861		
		CD12	0.549	0.862		

如表 5.10 所示，在资源整合量表中，资源整合量表的 Cronbach's α 系数为 0.804，题项 RC3 的 CITC 系数低于 0.300 的临界值，题项 RC3 对应的 CITC 系数分别为 0.273，其余 5 个题项的 CITC 系数均达到 0.300 的临界值，均符合标准。删除题项 RC3 使资源整合量表的 Cronbach's α 系数变为 0.842。因此，在后续调研中采用删除垃圾题项 RC3 的资源整合量表。

表 5.10 资源整合的 CITC 系数与信度检验

变量	题项	CITC 系数	删除后 α 系数	量表 α 系数
资源整合	RC1	0.565	0.771	$\alpha^1=0.804$ $\alpha^2=0.842$
	RC2	0.635	0.756	
	RC3	0.273	0.842	
	RC4	0.642	0.757	
	RC5	0.582	0.769	
	RC6	0.733	0.730	

注：“α^1” 和 “α^2” 分别为删除题项前和后维度/量表的一致性系数，下同。

如表 5.11 所示，自我损耗量表的 Cronbach's α 系数为 0.842，所有题项的 CITC 系数均达到 0.300 的临界值，均符合标准。因此，不对自我损耗量表进行题项删减。

表 5.11 自我损耗的 CITC 系数与信度检验

变量	题项	CITC 系数	删除后 α 系数	量表 α 系数
自我损耗	ED1	0.628	0.816	α=0.842
	ED2	0.678	0.806	
	ED3	0.783	0.771	
	ED4	0.394	0.883	
	ED5	0.823	0.762	

如表 5.12 所示，在员工创新绩效量表中，量表的 Cronbach's α 系数为 0.784，8 个题项中有 2 个题项的 CITC 系数低于 0.300 的临界值，分别是题项 IP2 和题项 IP8，对应的 CITC 系数分别为 0.241 和 0.154，其余 6 个题项的 CITC 系数均达到 0.300 的临界值，均符合标准。删除题项 IP2 使创新绩效量表的 α 系数变为 0.813，删除题项 IP8 使创新绩效量表的 Cronbach's α 系数变为 0.819，同时删除垃圾题项 IP2 和 IP8 后，创新绩效量表的 Cronbach's α 系数为 0.876。因此，在后续调研中采用删除 2 个垃圾题项的员工创新绩效量表。

表 5.12 员工创新绩效的 CITC 系数与信度检验

变量	题项	CITC 系数	删除后 α 系数	量表 α 系数
员工创新绩效	IP1	0.675	0.732	$\alpha^1=0.784$ $\alpha^2=0.876$
	IP2	0.241	0.813	
	IP3	0.638	0.738	
	IP4	0.658	0.734	
	IP5	0.706	0.725	
	IP6	0.506	0.758	
	IP7	0.564	0.749	
	IP8	0.154	0.819	

如表 5.13 所示，在个人声誉量表中，个人声誉量表的 Cronbach's α 系数为 0.838，题项 PR3、PR9 和 PR11 的 CITC 系数低于 0.300 的临界值，对应的 CITC 系数分别为 0.267、0.283 和 0.293，其余 9 个题项的 CITC 系数均达到 0.300 的临界值，均符合标准。删除题项 PR3 可使个人声誉量表的 Cronbach's α 系数提

升为0.846，删除题项PR9可使个人声誉量表的Cronbach's α系数提升为0.842，删除题项PR11可使个人声誉量表的Cronbach's α系数提升为0.842，删除题项PR3、PR9和PR11后，个人声誉量表的信度达到0.859。因此，在后续调研中采用删除垃圾题项PR3、PR9和PR11的个人声誉量表。

表5.13 个人声誉的CITC系数与信度检验

变量	题项	CITC系数	删除后α系数	量表α系数
个人声誉	PR1	0.607	0.817	$\alpha^1=0.838$ $\alpha^2=0.859$
	PR2	0.537	0.823	
	PR3	0.267	0.846	
	PR4	0.637	0.817	
	PR5	0.540	0.823	
	PR6	0.523	0.825	
	PR7	0.718	0.809	
	PR8	0.521	0.825	
	PR9	0.283	0.842	
	PR10	0.584	0.820	
	PR11	0.293	0.842	
	PR12	0.563	0.822	

如表5.14所示，心理韧性量表的Cronbach's α系数为0.912，所有题项的CITC系数均达到0.300的临界值，均符合标准。因此，不对心理韧性量表进行题项删减。

表5.14 心理韧性的CITC系数与信度检验

变量	题项	CITC系数	删除后α系数	量表α系数
心理韧性	PS1	0.735	0.900	α=0.912
	PS2	0.795	0.891	
	PS3	0.805	0.890	
	PS4	0.794	0.891	
	PS5	0.683	0.906	
	PS6	0.724	0.901	

（四）探索性因子分析

根据田立法（2015）的建议，参考凌玲和卿涛（2013）的做法，通过探索性因子分析分别检验本书中越轨创新行为、资源整合、自我损耗、个人声誉、心理韧性和员工创新绩效量表的有效性，并将解释方差高于40%作为有效性的判别标准。

如表5.15所示，越轨创新行为、资源整合、自我损耗、个人声誉、心理韧性和员工创新绩效都适合进行因子分析。对预调查数据的测试结果显示，本书中越轨创新行为、资源整合、自我损耗、个人声誉、心理韧性和员工创新绩效量表均具有良好的有效性。

表5.15　探索性因子分析结果

变量	KMO	近似卡方	*df*	显著性	解释方差
越轨创新行为	0.870	621.159	66	0.000	69.192%
资源整合	0.804	220.772	10	0.000	61.452%
自我损耗	0.787	304.044	10	0.000	63.922%
个人声誉	0.808	426.067	36	0.000	61.890%
心理韧性	0.789	510.449	15	0.000	69.735%
员工创新绩效	0.816	357.907	15	0.000	62.016%

四、正式调查

子研究3的正式调查采用本书修订后的越轨创新行为量表、资源整合量表、自我损耗量表、个人声誉量表、心理韧性量表和员工创新绩效量表，于2020年9月12日到11月8日，本书选择广东、北京、山东、湖北、河南、辽宁、吉林、广西等地区的28家企业作为调查对象。考虑到本书的核心变量越轨创新行为与员工创新绩效的特征，因此，主要向技术研发部门的员工进行问卷投放。为了尽可能地避免同源偏差，结合变量的特征，本书采取跨时点的方式收集问卷，其中越轨创新行为、个人声誉和心理韧性在第一次作答，时隔1个月后，发放包含资源整合、自我损耗和员工创新绩效的问卷，并获取性别、年龄、学历、工作年限和行业等人口学信息，通过每次填写员工工号进行匹配。

子研究3通过网络和纸质两种方式发放问卷。网络发放主要通过三种方式：

第一，在获得部分企业管理层同意的情况下，通过与企业负责人联系，取得参与调查的员工列表，通过链接或邮箱，发放电子版问卷；第二，与吉林省、广西壮族自治区与河南省三所高校的 MBA 取得联系，通过与班长或班级成员、负责老师等沟通，进入班级微信群或者交由他人代为发放链接；第三，邀请课题组成员每人跟踪发放一定数量的、符合条件的被试参与调查。纸质版发放主要通过两种方式：第一，通过与企业联系，由笔者亲自前往企业按部门或车间发放问卷，随后收回；第二，通过与吉林省某会计师事务所取得联系，与广西壮族自治区某企业培训公司取得联系，获得其稳定的客户资源并征得客户的同意，委托这些企业的负责人发放问卷，事后通过邮寄等方式转交给课题组。根据 Weng 和 Cheng（2000）的建议，通过发红包、赠送小礼品和介绍研究目的等方式，最大程度上提高被调查者的作答动力。

在时间点 1 共计发放问卷 521 份，收回问卷 486 份，借助测谎题量表的设置剔除虚假作答问卷、空白过多及规律答题等不合格的问卷，获得有效问卷 458 份；在时间点 2 发放问卷 458 份，借助测谎题设置剔除虚假作答问卷、空白过多及规律答题等不合格的问卷，获得有效问卷 422 份，剔除无法匹配的问卷 23 份，收回有效匹配问卷 399 份。其中线上收集有效数据 146 份，线下收集有效数据 253 份，具体情况如表 5.16 和表 5.17 所示。

表 5.16　线上人口统计学变量

变量	类别	百分比（%）	变量	类别	百分比（%）
性别	男	58.2	工作年限	5 年及以下	30.8
	女	41.8		6~10 年	30.8
年龄	25 岁及以下	21.9		11~15 年	16.4
	26~30 岁	21.9		16 年及以上	21.9
	31~35 岁	35.6	行业	通信 IT	53.4
	36~40 岁	8.9		生物医药	10.3
	41 岁及以上	11.6		机械制造	36.3
学历	大专及以下	23.3		化工材料	0.0
	本科	43.8			
	研究生	32.9			

表 5.17　线下人口统计学变量

变量	类别	百分比（%）	变量	类别	百分比（%）
性别	男	66.4	工作年限	5 年及以下	21.7
	女	33.6		6~10 年	33.2
年龄	25 岁及以下	22.5		11~15 年	17.4
	26~30 岁	19.8		16 年及以上	27.7
	31~35 岁	41.5	行业	通信 IT	50.6
	36~40 岁	11.1		生物医药	18.2
	41 岁及以上	5.1		机械制造	31.2
学历	大专及以下	22.5		化工材料	0.0
	本科	39.5			
	研究生	37.5			

第五节　数据分析与结果

在预调研与正式调研的基础上，本节对越轨创新行为、资源整合、自我损耗、个人声誉、心理韧性和员工创新绩效之间的关系和假设进行进一步检验。

一、信效度检验

（一）信度检验

本书的研究在设计之初，参考刘颖（2007）的做法，从世界广泛使用的明尼苏达多项人格测评（MMPI）量表中抽取 4 个测谎题，用于帮助研究者筛选和剔除虚假作答的不可信问卷。进而，本书借助 SPSS26.0，通过 Cronbach's α 值来衡量量表信度，将 0.7 作为信度达标的临界值，具体的信度检验结果如表 5.18 所示。从分析结果中可以看出，越轨创新行为、资源整合、自我损耗、个人声誉、心理韧性和员工创新绩效 6 个变量的 Cronbach's α 系数值分别为 0.872、0.836、0.889、0.937、0.827 和 0.862，均高于 0.7，并且，删除任意一个题项均无法显著提升对应量表的 Cronbach's α 系数值。因此，本书所采用的量表可靠性较高，通过了信度检验。

表 5.18　信度检验结果

变量	Cronbach's α
越轨创新行为	0.872
资源整合	0.836
自我损耗	0.889
个人声誉	0.937
心理韧性	0.827
员工创新绩效	0.862

（二）效度检验

在核心变量的测量上，为保证量表的合理性与有效性，本书充分借鉴了国内外学者开发的成熟量表。同时，对员工和焦点小组成员展开深入访谈，并借鉴专家建议，反复修改和调整题项。进一步地，根据预调研的结果，通过删除不达标题项优化了问卷的结构和内容后形成最终问卷。因此，本书采用的越轨创新行为、资源整合、自我损耗、个人声誉、心理韧性和员工创新绩效量表具有良好的内容效度。

对越轨创新行为、资源整合、自我损耗、个人声誉、心理韧性和员工创新绩效之间的区分效度进行检验。如表 5.19 所示，六因子模型拟合度最优（χ^2/df=2.028，CFI=0.914，TLI=0.906，IFI=0.915，RMSEA=0.051），可以判定变量间区分效度较好。

表 5.19　区分效度分析

模型	χ^2/df	CFI	TLI	IFI	RMSEA
六因子模型（越轨创新行为；资源整合；自我损耗；个人声誉；心理韧性；员工创新绩效）	2.028	0.914	0.906	0.915	0.051
五因子模型（越轨创新行为；资源整合+自我损耗；个人声誉；心理韧性；员工创新绩效）	3.872	0.755	0.738	0.757	0.085

续表

模型	χ^2/df	CFI	TLI	IFI	RMSEA
四因子模型（越轨创新行为；资源整合+自我损耗；个人声誉+心理韧性；员工创新绩效）	5.354	0.625	0.602	0.627	0.105
三因子模型（越轨创新行为+员工创新绩效；资源整合+自我损耗；个人声誉+心理韧性）	7.040	0.478	0.449	0.480	0.123
二因子模型（越轨创新行为+员工创新绩效；资源整合+自我损耗+个人声誉+心理韧性）	7.428	0.444	0.413	0.446	0.127
单因子模型（越轨创新行为+员工创新绩效+资源整合+自我损耗+个人声誉+心理韧性）	8.949	0.311	0.274	0.314	0.141

注："+"表示组合为一个因子。

二、共同方法偏差检验

本书在前期通过访谈和预调查对问卷进行反复修正，借助两阶段的形式采集数据，通过信息隐匿法、设置测谎题等来收集问卷，采用 Harman 单因素检验法和无可测方法学因子法对共同方法偏差进行检验。Harman 单因素检验发现最大因子解释总变异的 15.655%，低于 40%的判别标准，可以判定共同方法偏差并不严重。

进一步地，根据 Podsakoff 等（2012）的建议，将越轨创新行为、资源整合、自我损耗、个人声誉、心理韧性和员工创新绩效载荷到一个共同方法潜因子（CMV）上构建方法学因子模型。与六因子模型对比，CFI、TLI、IFI 和 RMSEA 的指标变化量的绝对值（$\Delta CFI=0.004$，$\Delta TLI=0.003$，$\Delta IFI=0.004$，$\Delta RMSEA=0.001$）均小于 0.020 的判别标准，再次判断本书中共同方法偏差不严重（Podsakoff et al.，2012）。

三、描述性统计与相关分析

由表 5.20 可知：越轨创新行为与资源整合显著正相关（$r=0.347$，$p<0.001$），与自我损耗显著正相关（$r=0.185$，$p<0.001$），与个人声誉和心理韧性相关不显著，与员工创新绩效显著正相关（$r=0.308$，$p<0.001$）；资源整合与员工创新绩效显著正相关（$r=0.530$，$p<0.001$），与自我损耗、个人声誉和心理韧

性相关不显著；自我损耗与员工创新绩效显著负相关（r=-0.116，p<0.05），与个人声誉显著负相关（r=-0.185，p<0.001），与心理韧性相关不显著。

通过以上分析，可以看出越轨创新行为、资源整合、自我损耗、个人声誉、心理韧性和员工创新绩效 6 个变量两两之间的相关系数绝对值均小于 0.6，共线性检验发现，VIF 最大值为 1.173，低于 10 的临界标准，可以判定本书不存在严重的多重共线性问题。

表 5.20 描述性统计与相关分析

变量	1	2	3	4	5	6	7	8	9	10	11
GEN											
AGE	-0.138[b]										
EDU	-0.416[c]	0.335[c]									
TIM	-0.065	0.666[c]	0.231[c]								
IND	-0.080	-0.287[c]	-0.100[a]	-0.318[c]							
CD	0.071	-0.047	0.012	-0.052	0.005						
RC	0.015	-0.083	0.002	-0.053	-0.034	0.347[c]					
ED	0.033	-0.055	-0.038	0.060	-0.026	0.185[c]	0.067				
PR	-0.086	0.100[a]	-0.019	-0.005	0.092	-0.004	0.055	-0.185[c]			
PS	0.071	0.067	-0.106[a]	0.044	-0.036	0.009	-0.031	-0.017	0.086		
IP	-0.005	-0.131[b]	0.049	-0.108[a]	-0.035	0.308[c]	0.530[c]	-0.116[a]	0.203[c]	-0.088	
M	1.366	2.601	2.133	2.431	1.815	3.937	3.873	3.605	3.779	3.809	4.690
SD	0.482	1.160	0.757	1.123	0.903	0.623	0.775	1.117	1.056	1.134	0.867

注：GEN、AGE、EDU、TIM 和 IND 分别表示性别、年龄、学历、工作年限和行业；CD 表示越轨创新行为；RC 表示资源整合；ED 表示自我损耗；PR 表示个人声誉；PS 表示心理韧性；IP 表示员工创新绩效；a 表示 p<0.05，b 表示 p<0.01，c 表示 p<0.001，下同。

四、假设检验

通过构建回归模型的方式来检验本书提出的假设，将虚拟化后的性别、年龄、学历、工作年限和所在行业作为控制变量纳入回归模型予以分析（古扎拉蒂和波特，2010）。在本书中，借助 SPSS 26.0 进行以下操作：将性别、年龄、学

历、工作年限和所在行业分别以男性、25 岁及以下、大专及以下、5 年及以下和以通信 IT 为参照进行虚拟化。之后依次纳入自变量（越轨创新行为）、中介变量（资源整合和自我损耗）、调节变量（个人声誉和心理韧性）以及交互项，对研究假设是否成立进行检验。

（一）总效应检验

检验越轨创新行为与员工创新绩效的关系，要将越轨创新行为作为自变量，员工创新绩效作为因变量，同时将控制变量共同纳入回归模型来进行回归，越轨创新行为对员工创新绩效的回归结果（Model 2）如表 5.21 所示。由结果可知，越轨创新行为显著正向影响员工创新绩效（$\beta=0.423$，$p<0.001$），引入越轨创新行为后，Model 2 的 R^2 解释力相比 Model 1 增加了 0.086。因此，本书的假设 H1 得到验证。

表 5.21　总效应检验

因变量		员工创新绩效	
模型		Model 1	Model 2
性别（以男性为参照）	女	0.042	−0.019
年龄（以 25 岁及以下为参照）	26~30 岁	0.111	0.037
	31~35 岁	−0.005	−0.081
	36~40 岁	−0.228	−0.266
	≥41 岁	−0.413	−0.339
学历（以大专及以下为参照）	本科	0.112	0.108
	研究生	0.277[a]	0.239
工作年限（以 5 年及以下为参照）	6~10 年	−0.066	−0.012
	11~15 年	−0.410[a]	−0.332
	≥16 年	−0.174	−0.160
行业（以通信 IT 为参照）	生物医药	−0.063	0.089
	机械制造	−0.240	−0.228
越轨创新行为			0.423[c]
R^2		0.057	0.143
ΔR^2		—	0.086
F		1.959[a]	4.957[c]

（二）间接效应检验

三步层次回归方法是中介效应检验使用最为广泛的方法（温忠麟和叶宝娟，2014a），该方法主要包括三个步骤：第一，检验自变量（本书中的越轨创新行为）对因变量（本书中的员工创新绩效）回归系数的显著性，该步在假设 H1 中得到验证，进行第二步检验；第二，检验自变量（本书中的越轨创新行为）对中介变量（本书中的资源整合和自我损耗）、中介变量（本书中的资源整合和自我损耗）对因变量（本书中的员工创新绩效）回归系数的显著性，若结果显著，方可进行下一步；第三，将自变量（本书中的越轨创新行为）和中介变量（本书中的资源整合和自我损耗）共同对因变量（本书中的员工创新绩效）进行回归，若自变量的系数相比第一步中的系数变化仍然显著，则判定该模型为部分中介效应模型。

随着管理学研究问题的深入和研究方法的进展，易明等（2018）、王辉和彭倩（2020）等学者发现自变量和因变量之间的中介效应还会存在一正一负的复杂情况（易明等，2018；王辉和彭倩，2020）。若自变量的系数相比第一步中的系数上升且显著，则判定研究中出现了遮掩效应（程富，2015）。温忠麟和叶宝娟（2014b）在进行中介效应分析方法总结时给出建议："比较好的做法是将这种情形与通常的中介效应区分开来。"因此，本书区分开来分析资源整合、自我损耗在越轨创新行为与员工创新绩效之间的中介作用。

1. 资源整合中介效应检验

首先，分析越轨创新行为与资源整合之间的关系，将控制变量、越轨创新行为依次作为自变量，资源整合作为因变量，共同纳入回归模型来构建 Model 3 和 Model 4，结果如表 5.22 所示，越轨创新行为显著正向影响资源整合（$\beta=0.431$，$p<0.001$），假设 H2 得到验证。其次，检验资源整合与员工创新绩效之间的关系，由 Model 5 可知，资源整合显著正向影响员工创新绩效（$\beta=0.582$，$p<0.001$），假设 H3 得到验证。

为分析资源整合的中介效应，将越轨创新行为与资源整合同时作为自变量，员工创新绩效作为因变量，并将虚拟化后的控制变量加入回归分析，假设检验结果如表 5.22 所示。由表 5.22 可知，Model 6 检验了资源整合的中介作用，自变量（越轨创新行为）仍然显著正向影响因变量（员工创新绩效）（$\beta=0.195$，$p<$

0.01)，回归系数由 Model 1 中的 0.423 下降至 Model 6 中的 0.195，影响效果明显下降，资源整合仍显著正向影响创新绩效（$\beta=0.530$，$p<0.001$）。因此，资源整合在越轨创新行为对员工创新绩效的影响中发挥正向的中介效应，假设 H4 得到验证。

表 5.22　资源整合的中介效应检验

因变量		资源整合		员工创新绩效	
模型		Model 3	Model 4	Model 5	Model 6
性别（以男性为参照）	女	0.045	-0.017	0.015	-0.010
年龄（以 25 岁及以下为参照）	26~30 岁	0.288[a]	0.212	-0.056	-0.076
	31~35 岁	-0.011	-0.089	0.001	-0.034
	36~40 岁	-0.107	-0.146	-0.166	-0.189
	≥41 岁	-0.390	-0.315	-0.186	-0.172
学历（以大专及以下为参照）	本科	-0.067	-0.071	0.151	0.146
	研究生	0.044	0.005	0.252[a]	0.237[a]
工作年限（以 5 年及以下为参照）	6~10 年	-0.077	-0.022	-0.021	-0.012
	11~15 年	0.010	0.090	-0.416[b]	-0.379[a]
	≥16 年	-0.010	0.004	-0.168	-0.162
行业（以通信 IT 为参照）	生物医药	-0.062	0.093	-0.026	0.040
	机械制造	-0.244[a]	-0.231[a]	-0.098	-0.106
越轨创新行为			0.431[c]		0.195[b]
资源整合				0.582[c]	0.530[c]
R^2		0.037	0.148	0.318	0.334
ΔR^2		—	0.111	0.261	0.057
F		1.222	5.162[b]	13.838[c]	13.778[c]

在越轨创新行为到员工创新绩效的资源增益过程中，资源整合的中介效应值为 0.228（$0.431\times0.530=0.228$），越轨创新行为到员工创新绩效的直接效应值为 0.195，相加与 Model 2 求出的总效应值 0.423 一致。因此，资源整合在越轨创新行为对员工创新绩效的影响中发挥正向的中介作用。

2. 自我损耗中介效应检验

首先，分析越轨创新行为与自我损耗之间的关系，将控制变量、越轨创新行为依次作为自变量，自我损耗作为因变量，共同纳入回归模型来构建 Model 7 和 Model 8，结果如表 5.23 所示，越轨创新行为显著正向影响自我损耗（$\beta=0.293$，$p<0.01$），假设 H5 得到验证。其次，检验自我损耗与员工创新绩效之间的关系，由 Model 9 可知，自我损耗显著负向影响员工创新绩效（$\beta=-0.097$，$p<0.05$），假设 H6 得到验证。

为分析自我损耗的中介效应，将越轨创新行为与自我损耗同时作为自变量，员工创新绩效作为因变量，并将虚拟化后的控制变量加入回归分析，假设检验结果如表 5.23 所示。由表 5.23 可知，Model 10 检验了自我损耗的中介作用，自变量（越轨创新行为）对因变量（员工创新绩效）的正向作用仍然显著（$\beta=0.464$，$p<0.001$），回归系数由 Model 1 中的 0.423 上升至 Model 10 中的 0.464，影响效果上升，自我损耗仍显著负向影响创新绩效（$\beta=-0.139$，$p<0.001$）。因此，自我损耗在越轨创新行为对员工创新绩效的影响中发挥负向的中介效应，假设 H7 得到验证。

表 5.23　自我损耗的中介效应检验

因变量		自我损耗		员工创新绩效	
模型		Model 7	Model 8	Model 9	Model 10
性别（以男性为参照）	女	0.045	0.003	0.046	-0.019
年龄（以 25 岁及以下为参照）	26~30 岁	0.140	0.088	0.125	0.049
	31~35 岁	-0.179	-0.232	-0.023	-0.114
	36~40 岁	-0.468	-0.494	-0.273	-0.335
	≥41 岁	-0.794[b]	-0.743[a]	-0.490	-0.442
学历（以大专及以下为参照）	本科	0.181	0.178	0.129	0.133
	研究生	-0.065	-0.091	0.271	0.227
工作年限（以 5 年及以下为参照）	6~10 年	0.001	0.038	-0.066	-0.007
	11~15 年	0.463[a]	0.517[a]	-0.365	-0.260
	≥16 年	0.530[a]	0.539[a]	-0.123	-0.085

续表

因变量		自我损耗		员工创新绩效	
模型		Model 7	Model 8	Model 9	Model 10
行业（以通信 IT 为参照）	生物医药	-0.575[b]	-0.469[a]	-0.118	0.024
	机械制造	-0.211	-0.203	-0.261	-0.256
越轨创新行为			0.293[b]		0.464[c]
自我损耗				-0.097[a]	-0.139[c]
R^2		0.063	0.088	0.072	0.173
ΔR^2		—	0.025	0.009	0.101
F		2.160[a]	2.848[b]	2.298[b]	5.719[c]

在越轨创新行为到员工创新绩效的资源减损过程中，自我损耗的中介效应值为-0.041（-0.139×0.293=-0.041），越轨创新行为到员工创新绩效的直接效应值为0.464，相加与 Model 2 求出的总效应值 0.423 一致。因此，自我损耗在越轨创新行为对员工创新绩效的影响中发挥负向的中介作用。

（三）调节效应检验

在个人声誉和心理韧性调节作用的分析过程中，对变量进行中心化处理后构建自变量（此处的自变量为资源整合或自我损耗）与调节变量（个人声誉或心理韧性）的乘积项，以降低多重共线性的影响。本书检验了个人声誉对资源整合与员工创新绩效之间关系的调节作用、心理韧性对自我损耗与员工创新绩效之间关系的调节作用。

1. 个人声誉对资源整合与员工创新绩效关系的调节作用检验

将员工创新绩效作为因变量，引入虚拟化后的控制变量、自变量（资源整合）、调节变量（个人声誉）和乘积项（资源整合×个人声誉）进行回归分析，假设检验结果如表 5.24 所示。由表 5.24 可知，Model 11 验证了资源整合（β=0.562，$p<0.001$）和个人声誉（β=0.171，$p<0.001$）对员工创新绩效的正向影响作用。最后，Model 12 将资源整合与个人声誉的交互项引入回归分析，结果表明，资源整合与个人声誉的交互项（β=0.142，$p<0.001$）对员工创新绩效具有正向影响作用，个人声誉强化了资源整合对员工创新绩效的正向影响。因此，本书的假设 H8 成立。进一步地，绘制直观的调节效应交互图如图 5.4 所示。

表 5.24 个人声誉对资源整合与员工创新绩效关系的调节作用检验

因变量		员工创新绩效	
模型		Model 11	Model 12
性别（以男性为参照）	女	0.055	0.048
年龄（以 25 岁及以下为参照）	26~30 岁	-0.077	-0.178
	31~35 岁	-0.038	-0.011
	36~40 岁	-0.226	-0.209
	≥41 岁	-0.347	-0.260
学历（以大专及以下为参照）	本科	0.105	0.123
	研究生	0.283[a]	0.259[a]
工作年限（以 5 年及以下为参照）	6~10 年	-0.034	-0.037
	11~15 年	-0.417[b]	-0.402[b]
	≥16 年	-0.124	-0.130
行业（以通信 IT 为参照）	生物医药	-0.034	-0.024
	机械制造	-0.129	-0.081
资源整合		0.562[c]	0.548[c]
个人声誉		0.171[c]	0.139[c]
资源整合×个人声誉			0.142[c]
R^2		0.358	0.386
ΔR^2		0.040	0.028
F		15.297[c]	16.030[c]

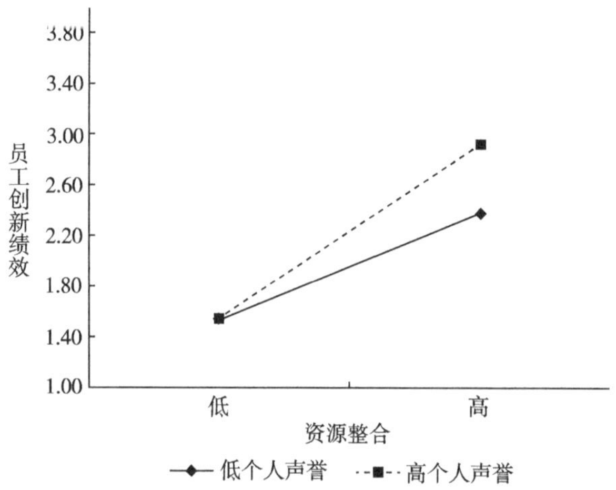

图 5.4 个人声誉的调节效应

2. 心理韧性对自我损耗与员工创新绩效关系的调节作用检验

将员工创新绩效作为因变量，引入虚拟化后的控制变量、自变量（自我损耗）、调节变量（心理韧性）和乘积项（自我损耗×心理韧性）进行回归分析，假设检验结果如表 5.25 所示。由表 5.25 可知，Model 13 表明自我损耗显著负向影响员工创新绩效（β=−0.098，p<0.05），心理韧性无法显著影响员工创新绩效。最后，Model 14 将自我损耗与心理韧性的交互项引入回归分析，结果表明，自我损耗与心理韧性的交互项（β=0.127，p<0.01）对员工创新绩效的影响显著，心理韧性弱化了自我损耗对员工创新绩效的负向影响。因此，本书的假设 H9 成立。进一步地，绘制直观的调节效应交互图如图 5.5 所示。

表 5.25　心理韧性对自我损耗与员工创新绩效关系的调节作用检验

因变量		员工创新绩效	
模型		Model 13	Model 14
性别（以男性为参照）	女	0.048	0.059
年龄（以 25 岁及以下为参照）	26~30 岁	0.136	0.106
	31~35 岁	−0.013	−0.053
	36~40 岁	−0.262	−0.295
	≥41 岁	−0.454[a]	−0.486[a]
学历（以大专及以下为参照）	本科	0.125	0.113
	研究生	0.250	0.244
工作年限（以 5 年及以下为参照）	6~10 年	−0.060	−0.052
	11~15 年	−0.373[a]	−0.312
	≥16 年	−0.119	−0.074
行业（以通信 IT 为参照）	生物医药	−0.122	−0.105
	机械制造	−0.266[a]	−0.240[a]
自我损耗		−0.098[a]	−0.098[a]
心理韧性		−0.060	−0.052
自我损耗×心理韧性			0.127[b]
R^2		0.078	0.099
ΔR^2		0.006	0.021
F		2.320[b]	2.797[c]

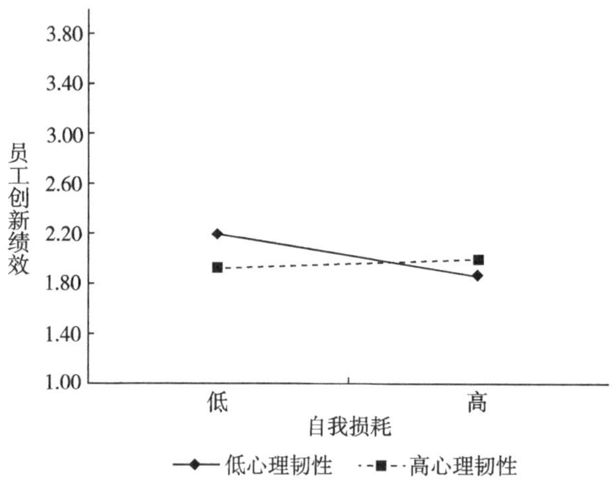

图 5.5　心理韧性的调节效应

（四）有调节的中介效应检验

本书的中介效应和调节效应同时存在，根据温忠麟和叶宝娟（2014b）以及仲理峰、孟杰和高蕾（2019）的建议，采用四步法分别检验个人声誉对资源整合中介效应的调节作用、心理韧性对自我损耗中介效应的调节作用。

1. 个人声誉对越轨创新行为通过资源整合对员工创新绩效间接作用的调节效应检验

为进一步检验个人声誉对越轨创新行为通过资源整合对员工创新绩效间接作用的调节，需要进行以下四个步骤：第一步，做员工创新绩效关于越轨创新行为和个人声誉的回归，检验越轨创新行为对员工创新绩效的效应能否达到显著；第二步，做资源整合关于越轨创新行为和个人声誉的回归，检验越轨创新行为对资源整合的效应能否达到显著；第三步，做员工创新绩效关于越轨创新行为、个人声誉和资源整合的回归，检验资源整合在越轨创新行为和员工创新绩效关系中的中介效应是否显著；第四步，做员工创新绩效关于越轨创新行为、个人声誉、资源整合和交互项的回归，检验资源整合和个人声誉交互项的效应能否达到显著。四个步骤分别对应表 5.26 中的 Model 15、Model 18、Model 16 和 Model 17。由表 5.26 可知：第一步中，越轨创新行为对员工创新绩效的效应达到显著（$\beta=0.415$，$p<0.001$）；第二步中，越轨创新行为对资源整合的效应达到显著（$\beta=$

0.429，p<0.001）；第三步中，资源整合在越轨创新行为和员工创新绩效关系中的中介效应显著（β=0.509，p<0.001）；第四步中，资源整合和个人声誉交互项的效应达到显著（β=0.143，p<0.001）。根据以上检验结果，可以判定个人声誉对资源整合在越轨创新行为与员工创新绩效之间的中介效应具有调节作用。据此，假设 H10 得到验证。

表 5.26　个人声誉对资源整合中介效应的调节作用

因变量		员工创新绩效			资源整合
模型		Model 15	Model 16	Model 17	Model 18
性别（以男性为参照）	女	0.028	0.030	0.022	-0.003
年龄（以 25 岁及以下为参照）	26~30 岁	0.006	-0.097	-0.199	0.203
	31~35 岁	-0.126	-0.074	-0.047	-0.102
	36~40 岁	-0.334	-0.250	-0.232	-0.166
	≥41 岁	-0.523[a]	-0.334	-0.246	-0.371
学历（以大专及以下为参照）	本科	0.055	0.099	0.117	-0.087
	研究生	0.276[a]	0.268[a]	0.243[a]	0.016
工作年限（以 5 年及以下为参照）	6~10 年	-0.026	-0.013	-0.015	-0.027
	11~15 年	-0.334[a]	-0.380[a]	-0.364[a]	0.090
	≥16 年	-0.107	-0.118	-0.124	0.020
行业（以通信 IT 为参照）	生物医药	0.079	0.033	0.044	0.089
	机械制造	-0.259[a]	-0.137	-0.088	-0.240[a]
越轨创新行为		0.415[c]	0.197[b]	0.199[b]	0.429[c]
资源整合			0.509[c]	0.494[c]	
个人声誉		0.203[c]	0.172[c]	0.140[c]	0.062
资源整合×个人声誉				0.143[c]	
R^2		0.200	0.374	0.403	0.155
ΔR^2		—	0.174	0.029	—
F		6.853[c]	15.284[c]	16.085[c]	5.030[c]

2. 心理韧性对越轨创新行为通过自我损耗对员工创新绩效间接作用的调节效应检验

为进一步检验心理韧性对越轨创新行为通过自我损耗对员工创新绩效间接作

用的调节，需要进行以下四个步骤：第一步，做员工创新绩效关于越轨创新行为和心理韧性的回归，检验越轨创新行为对员工创新绩效的效应能否达到显著；第二步，做自我损耗关于越轨创新行为和心理韧性的回归，检验越轨创新行为对自我损耗的效应能否达到显著；第三步，做员工创新绩效关于越轨创新行为、心理韧性和自我损耗的回归，检验自我损耗在越轨创新行为和员工创新绩效关系中的中介效应是否显著；第四步，做员工创新绩效关于越轨创新行为、心理韧性、自我损耗和交互项的回归，检验自我损耗和心理韧性交互项的效应能否达到显著。四个步骤分别对应表 5.27 中的 Model 19、Model 20、Model 21 和 Model 22。由表 5.27 可知：第一步中，越轨创新行为对员工创新绩效的效应达到显著（$\beta=0.425$，$p<0.001$）；第二步中，越轨创新行为对自我损耗的效应达到显著（$\beta=0.293$，$p<0.01$）；第三步中，自我损耗在越轨创新行为和员工创新绩效关系中的中介效应显著（$\beta=-0.140$，$p<0.001$）；第四步中，自我损耗和心理韧性交互项的效应达到显著（$\beta=0.093$，$p<0.05$）。根据以上检验结果，可以判定心理韧性对自我损耗在越轨创新行为与员工创新绩效之间的中介效应具有调节作用。据此，假设 H11 得到验证。

表 5.27　心理韧性对自我损耗中介效应的调节作用

因变量		员工创新绩效			自我损耗
模型		Model 19	Model 20	Model 21	Model 22
性别（以男性为参照）	女	−0.017	−0.017	−0.006	0.004
年龄（以 25 岁及以下为参照）	26~30 岁	0.048	0.061	0.042	0.092
	31~35 岁	−0.071	−0.103	−0.129	−0.228
	36~40 岁	−0.254	−0.323	−0.344	−0.490
	≥41 岁	−0.301	−0.403	−0.429[a]	−0.730[a]
学历（以大专及以下为参照）	本科	0.103	0.128	0.119	0.176
	研究生	0.218	0.204	0.202	−0.098
工作年限（以 5 年及以下为参照）	6~10 年	−0.006	−0.001	0.003	0.040
	11~15 年	−0.339[a]	−0.267	−0.227	0.515[a]
	≥16 年	−0.157	−0.082	−0.050	0.540[a]

续表

因变量		员工创新绩效			自我损耗
模型		Model 19	Model 20	Model 21	Model 22
行业（以通信 IT 为参照）	生物医药	0.087	0.021	0.027	−0.470[a]
	机械制造	−0.234[a]	−0.262[a]	−0.244[a]	−0.205
越轨创新行为		0.425[c]	0.466[c]	0.446[c]	0.293[b]
自我损耗			−0.140[c]	−0.138[c]	
心理韧性		−0.062	−0.065	−0.059	−0.021
自我损耗×心理韧性				0.093[a]	
R^2		0.119	0.147	0.156	0.088
ΔR^2		—	0.028	0.009	—
F		4.830[c]	5.586[c]	5.611[c]	2.652[b]

（五）稳健性检验

1. 个人声誉影响下有调节的中介效应稳健性检验

为了验证越轨创新行为—资源整合—员工创新绩效整个“资源增益”机制在个人声誉调节作用下间接效应的稳健性和显著性，采用 BOOTSTRAP 法进行检验。采用 PROCESS 插件 3.5，通过个人声誉均值加减一个标准差进行高低分组，重复抽样 5000 次，分别计算出不同个人声誉水平时的间接效应及其在 95%显著性水平下的置信区间 CI 值，如表 5.28 所示。

表 5.28　个人声誉影响下有调节的中介效应稳健性检验

个人声誉	间接效应				被调节的中介			
	Effect	Boot SE	Boot LLCI	Boot ULCI	INDEX	Boot SE	Boot LLCI	Boot ULCI
高	0.305	0.061	0.192	0.431	0.076	0.026	0.029	0.132
中	0.205	0.037	0.136	0.280				
低	0.154	0.033	0.094	0.223				

注：个人声誉的高低值为其均值加减一个标准差。

由表 5.28 可知，相比中或低个人声誉水平下越轨创新行为通过资源整合正向影响员工创新绩效的间接效应，高个人声誉水平下的间接效应值最大，为 0.305，在 95%的置信区间内不包含 0［0.192，0.431］。中或低个人声誉水平下，越轨创新行为通过资源整合正向影响员工创新绩效的间接效应值分别为0.205和0.154，置信区间均不包含0，由此可见，无论个人声誉取值高低，越轨创新行为通过资源整合对员工创新绩效的间接效应都是正向且显著的。有调节的中介INDEX值为0.076，置信区间为［0.029，0.132］，置信区间不包含0。由此可以判断，随着个人声誉水平上升，资源整合在越轨创新行为与员工创新绩效之间的正向中介效应会增强。假设H10再次得到验证。

2. 心理韧性影响下有调节的中介效应稳健性检验

为了验证越轨创新行为—自我损耗—员工创新绩效整个“资源减损”机制在心理韧性调节作用下间接效应的稳健性和显著性，采用BOOTSTRAP法进行检验。采用PROCESS插件3.5，通过心理韧性均值加减一个标准差进行高低分组，重复抽样5000次，分别计算出不同心理韧性水平时的间接效应及其在95%显著性水平下的置信区间CI值，见表5.29。

由表5.29可知，相比中或低心理韧性水平下越轨创新行为通过自我损耗负向影响员工创新绩效的间接效应，高心理韧性水平下的间接效应值最小，为-0.019，在95%的置信区间为［-0.058，0.013］，包含0，不显著。中或低心理韧性水平下，越轨创新行为通过自我损耗负向影响员工创新绩效的间接效应值分别为-0.040和-0.069，置信区间均不包含0，由此可见，随着心理韧性水平的提升，越轨创新行为通过自我损耗对员工创新绩效的负向间接效应逐渐减弱，在高心理韧性水平下，越轨创新行为无法通过自我损耗对员工创新绩效产生影响。有调节的中介INDEX值为0.021，置信区间为［0.002，0.049］，置信区间不包含0。由此可以判断，随着心理韧性水平上升，自我损耗在越轨创新行为与员工创新绩效之间的负向中介效应会被削弱，直至不显著。假设H11再次得到验证。

表5.29　心理韧性影响下有调节的中介效应稳健性检验

心理韧性	间接效应				被调节的中介			
	Effect	Boot SE	Boot LLCI	Boot ULCI	INDEX	Boot SE	Boot LLCI	Boot ULCI
高	-0.019	0.018	-0.058	0.013	0.021	0.012	0.002	0.049
中	-0.040	0.018	-0.080	-0.010				
低	-0.069	0.029	-0.130	-0.018				

注：心理韧性的高低值为其均值加减一个标准差。

五、研究结果

本章（子研究 3）基于资源保存理论“增益—减损”模型，从微观的双刃剑机制视角解答了越轨创新行为与员工创新绩效关系不一致的问题。本章共提出 11 个假设，假设检验结果汇总如表 5.30 所示。

表 5.30　假设检验结果汇总

编号	研究假设	结果
H1	越轨创新行为总体上正向影响员工创新绩效	成立
H2	越轨创新行为正向影响资源整合	成立
H3	资源整合正向影响员工创新绩效	成立
H4	资源整合在越轨创新行为与员工创新绩效之间发挥正向中介作用	成立
H5	越轨创新行为正向影响自我损耗	成立
H6	自我损耗负向影响员工创新绩效	成立
H7	自我损耗在越轨创新行为与员工创新绩效之间发挥负向中介作用	成立
H8	个人声誉强化资源整合对员工创新绩效的正向影响	成立
H9	心理韧性弱化自我损耗对员工创新绩效的负向影响	成立
H10	个人声誉强化资源整合在越轨创新行为与员工创新绩效之间的正向中介作用	成立
H11	心理韧性弱化自我损耗在越轨创新行为与员工创新绩效之间的负向中介作用	成立

本章基于资源保存理论提出了越轨创新行为对员工创新绩效差异化影响的双刃剑机制模型，检验了越轨创新行为通过增加资源整合提高员工创新绩效的资源增益路径和越轨创新行为导致自我损耗抑制员工创新绩效的资源减损路径，同时检验了个人声誉对资源增益路径的调节作用以及心理韧性对资源减损路径的调节作用。本书共提出 11 个假设，所有假设均得到验证。

（一）越轨创新行为对员工创新绩效的主效应结果分析

本书的越轨创新行为对员工创新绩效的主效应分析发现，越轨创新行为显著正向影响员工创新绩效（$\beta = 0.423$，$p<0.001$），并且达到了 0.001 的显著性水平。这与黄玮等（2017）、王弘钰和万鹏宇（2020）的研究结果一致，也与子研究 2 的检验结果一致。本书的假设 H1 得到验证，说明越轨创新行为总体上是正

向影响员工创新绩效的。

（二）越轨创新行为资源增益路径中介与调节效应的结果分析

在越轨创新行为资源增益路径的检验中发现：越轨创新行为显著正向影响资源整合（β=0.431，p<0.001），假设H2得到验证；资源整合显著正向影响员工创新绩效（β=0.582，p<0.001），假设H3得到验证。越轨创新行为资源增益路径的前半段和后半段均得以验证。

资源整合的中介效应检验发现：越轨创新行为和资源整合同时显著正向影响员工创新绩效（β=0.195，p<0.01；β=0.530，p<0.001），越轨创新行为的回归系数由0.423下降至0.195，可以判定资源整合在越轨创新行为对员工创新绩效的正向影响中发挥正向的中介效应，假设H4得到验证。

个人声誉的调节效应及有调节的中介效应检验发现：资源整合与个人声誉的交互项对员工创新绩效具有正向影响作用（β=0.142，p<0.001），个人声誉强化了资源整合对员工创新绩效的正向影响，假设H8成立。根据温忠麟和叶宝娟（2014b）以及仲理峰、孟杰和高蕾（2019）的建议，采用四步法检验个人声誉对资源整合中介效应的调节作用，结果发现个人声誉对资源整合在越轨创新行为与员工创新绩效之间的正向中介效应具有调节作用。据此，假设H10得到验证。

为了检验不同个人声誉水平下越轨创新行为—资源整合—员工创新绩效整个“资源增益”路径间接效应的稳健性和显著性，采用BOOTSTRAP法进行检验。结果发现：无论个人声誉取值高低，越轨创新行为通过资源整合对员工创新绩效的间接效应都是正向且显著的，置信区间均不包含0。随着个人声誉水平上升，资源整合在越轨创新行为与员工创新绩效之间的正向中介效应会增强。

（三）越轨创新行为资源减损路径中介与调节效应的结果分析

在越轨创新行为资源减损路径的检验中发现：越轨创新行为显著正向影响自我损耗（β=0.293，p<0.01），假设H5得到验证；自我损耗显著负向影响员工创新绩效（β=-0.097，p<0.05），假设H6得到验证。越轨创新行为资源减损路径的前半段和后半段均得以验证。

自我损耗的中介效应检验发现：越轨创新行为仍然显著正向影响员工创新绩效（β=0.464，p<0.001），自我损耗仍显著负向影响员工创新绩效（β=-0.139，p<0.001），越轨创新行为的回归系数由0.423上升至0.464，可以判定自我损耗

在越轨创新行为对员工创新绩效的正向影响中发挥负向的中介效应，假设 H7 得到验证。

心理韧性的调节效应及有调节的中介效应检验发现：自我损耗与心理韧性的交互项对员工创新绩效的影响显著（$\beta=0.127$，$p<0.01$），心理韧性弱化了自我损耗对员工创新绩效的负向影响，假设 H9 成立。根据温忠麟和叶宝娟（2014b）以及仲理峰、孟杰和高蕾（2019）的建议，采用四步法检验心理韧性对自我损耗中介效应的调节作用，结果发现心理韧性对自我损耗在越轨创新行为与员工创新绩效之间的中介效应具有调节作用。据此，假设 H11 得到验证。

为了检验不同心理韧性水平下越轨创新行为—自我损耗—员工创新绩效整个“资源减损”路径间接效应的稳健性和显著性，采用 BOOTSTRAP 法进行检验。结果发现：在高心理韧性水平下，越轨创新行为无法通过自我损耗对员工创新绩效产生影响，置信区间包含 0。随着心理韧性水平上升，自我损耗在越轨创新行为与员工创新绩效之间的负向中介效应会被削弱，直至不显著。

第六节　本章小结

本章以资源保存理论为基础，从资源增益和资源减损两个视角，构建了“越轨创新行为—资源整合—员工创新绩效”和“越轨创新行为—自我损耗—员工创新绩效”一正一负的双通道模型，全面审视了越轨创新行为作用于员工创新绩效的“双刃剑”机制，深刻揭示了越轨创新行为通过资源整合促进创新绩效提升的积极传导机制，同时揭示了越轨创新行为导致自我损耗抑制创新绩效的消极传导机制。根据资源保存理论“增益—减损”模型，针对资源增益过程，研究选取“促进性因素”个人声誉作为调节变量，探究了个人声誉对资源整合在越轨创新行为与员工创新绩效间中介效应的调节作用，针对资源减损过程，研究选取“防御性因素”心理韧性作为调节变量，探究了心理韧性对自我损耗在越轨创新行为与员工创新绩效间中介效应的调节作用，并提出了越轨创新行为差异化影响员工创新绩效的双刃剑机制模型与相关假设。

为了确保本章测量工具的信效度，本章首先根据前人的研究以及本书中变量的特征对自评与他评进行了比较，最终选择了自评，从明尼苏达多项人格测评抽选出 4 个经典测谎题项便于剔除无效问卷，对河南省、山东省和北京市的 6 家通信设备制造、汽车制造等企业的 110 名员工进行了预调查。预调查结果表明，除资源整合、个人声誉和员工创新绩效量表外，其他变量均不存在垃圾题项，因此，本书删除了资源整合、个人声誉和员工创新绩效量表中"我及时发现工作过程中出现的错误""人们知道我只会产生高质量的结果"等统计效果不达标的垃圾题项。

在预调查的基础上，正式调查采用跨时点的方式采集了北京、吉林、河南等地区的 28 家企业 399 名员工的两阶段数据，其中越轨创新行为、个人声誉和心理韧性在第一次测量，时隔 1 个月后，测量了员工的资源整合、自我损耗和员工创新绩效并获取了性别、年龄、学历、工作年限和行业等人口学信息。通过数据分析，研究的假设 H1、假设 H2、假设 H3、假设 H4、假设 H5、假设 H6、假设 H7、假设 H8、假设 H9、假设 H10 和假设 H11 均通过验证。

在越轨创新行为影响员工创新绩效的资源增益路径中，研究发现：①越轨创新行为总体上正向影响员工创新绩效；②资源整合在越轨创新行为对员工创新绩效的影响中发挥了正向中介作用，越轨创新行为通过促进资源整合提高员工创新绩效；③个人声誉调节了资源整合与员工创新绩效之间的关系，个人声誉越高，资源整合对员工创新绩效的正向影响越强；④个人声誉对资源整合在越轨创新行为与员工创新绩效之间的中介效应起调节作用，个人声誉越高，资源整合的中介效应越大，越轨创新行为越能通过资源整合对员工创新绩效产生正向影响。

在越轨创新行为影响员工创新绩效的资源减损路径中，研究发现：①越轨创新行为正向影响员工创新绩效；②自我损耗在越轨创新行为对员工创新绩效的影响中发挥了负向中介作用，越轨创新行为带来自我损耗最终抑制员工创新绩效；③心理韧性调节了自我损耗与员工创新绩效之间的关系，心理韧性越高，自我损耗对员工创新绩效的负向影响越弱；④心理韧性对自我损耗在越轨创新行为与员工创新绩效之间的中介效应起调节作用，心理韧性越高，自我损耗的中介效应越小，越轨创新行为越难以通过导致自我损耗而对员工创新绩效产生负向影响，在高心理韧性水平下，自我损耗的中介效应不显著，即越轨创新行为无法通过自我

损耗抑制员工创新绩效，此时越轨创新行为的资源减损路径消失。从研究效应值来看，资源整合的正向中介效应强于自我损耗的负向中介效应，这也不难解释为何多数学派支持越轨创新行为的正向观，以及越轨创新行为总体上正向影响员工创新绩效这一结论。

第六章　结论与对策

通过前面五个章节的详细分析，子研究 1 厘清了越轨创新行为的内涵和结构，开发了基于组织规范理论的越轨创新行为量表，针对越轨创新行为与员工创新绩效关系不一致的问题，子研究 2 基于个人—环境匹配理论，对越轨创新行为差异化影响员工创新绩效的情境边界展开研究，从宏观的情境边界视角解答了何时“赋能”何时“负担”的问题，子研究 3 基于资源保存理论，对越轨创新行为差异化影响员工创新绩效的双刃剑机制展开研究，从微观的机制视角解答了越轨创新行为的“收益”以及怎样强化“收益”“代价”以及怎样弱化“代价”的问题。本章主要总结了三个子研究的结论、贡献、启示和不足，并提出未来展望。

第一节　研究结论

本书通过回溯越轨学派发展进程中的经典观点，选取了组织规范理论，厘清了越轨创新行为的概念与结构，开发了基于组织规范理论的越轨创新行为测量量表。针对越轨创新行为与员工创新绩效关系不一致这个学术界争议数十年的问题，紧紧围绕该问题设计两个子研究进行解答：以个人—环境匹配理论为大背景，有依据地选取个人—组织匹配和个人—上级匹配两个子理论，探究组织情境（组织创新氛围）和领导情境（领导权变激励和领导容错性）对越轨创新行为影响员工创新绩效的边界作用；以资源保存理论为基础，构建了资源增益路径，探

究了资源整合在越轨创新行为影响员工创新绩效中的正向中介机制以及个人声誉对正向中介机制的调节作用，同时构建了资源减损路径，探究了自我损耗在越轨创新行为影响员工创新绩效中的负向中介机制以及心理韧性对负向中介机制的调节作用。基于此，本书得出以下结论：

（1）越轨创新行为是一个二阶三因子构念。

为了涵盖越轨创新行为的全貌，避免再次掉入将“越轨”等同于“公开或潜在违背领导命令”的“陷阱”，本书抓住“越轨”这一越轨创新行为区别于一般创新行为的典型特征，通过组织规范理论为越轨创新行为的判定确立了一个系统全面的标准，进而通过文献调研、个人深度访谈、焦点小组访谈、编码及实证检验等，发现越轨创新行为是一个二阶三因子的构念，开发了基于组织规范理论的越轨创新行为测量量表，包含角色型越轨创新行为、人际型越轨创新行为和组织型越轨创新行为三个维度。其中，组织型越轨创新行为是本书新发现的维度，人际型越轨创新行为涵盖和统领了违抗领导创新这一原有子维度和违抗群体创新这一全新子维度。本书基于组织规范理论界定了越轨创新行为的内涵与结构，开发了对应量表，加深了学术界和实践界从一个更全面的视角理解和认识越轨创新行为，最重要的是摆脱了传统视角的束缚，填补了将“轨”等同于“领导命令”的概念漏洞，为后期越轨创新行为的实证研究开展提供了可靠的测量工具。

（2）越轨创新行为总体上正向影响员工创新绩效。

彻底解答越轨创新行为正向还是负向影响员工创新绩效，是理解越轨创新行为“忠诚”还是“叛逆”的基本途径，也是研究越轨创新行为影响结果必须首要回答的基本问题，否则，探究越轨创新行为对团队、组织效能和创新产品的影响无异于“空中楼阁”。然而，越轨创新行为的建设性学派和破坏性学派围绕该观点争论了数十年。本书从探索学习优势、资源整合优势和延迟公开优势的角度探讨越轨创新行为对员工创新绩效的积极作用（王弘钰和万鹏宇，2020），同时也考虑了越轨创新行为实施难度、缺乏指导和被过度关注等问题，潜在抑制个体绩效创造，最终提出越轨创新行为总体上正向影响员工创新绩效的核心假设。子研究 2 在预调查的基础上，基于 219 名员工两阶段的跨时点数据，验证了该核心假设，子研究 3 在预调查的基础上，基于 399 名员工两阶段的跨时点数据，再次验证了该核心假设。这与黄玮（2017）、王弘钰和万鹏宇（2020）的研究结果一致。本书基于理论和数据揭示了越轨创新行为对员工创新绩效的积极作用，为学术界理解越轨创新行为提供了一定借鉴。但是，这并不意味着越轨创新行为与员工创新绩效之间只是简单的正向关系，因此，有必要从宏观情境和微观机制的视角进一步挖掘两者之间的关系，彻底解答该问题。

（3）组织创新氛围是越轨创新行为差异化影响员工创新绩效的组织情境边界。

本书基于个人—组织匹配理论，从组织情境边界的视角构建了组织创新氛围对越轨创新行为与员工创新绩效关系的调节模型。实证检验发现，组织创新氛围是越轨创新行为影响员工创新绩效的重要组织情境，组织创新氛围强化了越轨创新行为对员工创新绩效的正向影响。具体而言：高水平的组织创新氛围下，越轨创新行为对员工创新绩效的正向影响最强；中等水平的组织创新氛围下，越轨创新行为依然显著正向影响员工创新绩效；低水平的组织创新氛围下，越轨创新行为对员工创新绩效的影响不显著。虽然组织创新氛围未能达到区分越轨创新行为正、负向影响员工创新绩效的预期效果，但足以区分越轨创新行为何时正向影响以及何时无法影响员工创新绩效。因此，组织创新氛围是越轨创新行为差异化影响员工创新绩效的重要组织情境边界。

（4）领导权变激励和领导容错性是越轨创新行为差异化影响员工创新绩效的领导情境边界。

领导权变激励是越轨创新行为正向或负向影响员工创新绩效的“分水岭”。研究发现越轨创新行为与高领导权变激励的匹配会促进员工创新绩效，越轨创新行为与低领导权变激励之间的不匹配会挫伤员工创新绩效，领导权变激励强化了越轨创新行为对员工创新绩效的正向影响，也是区分越轨创新行为正向、负向影响的重要边界条件：高水平的领导权变激励下，越轨创新行为对员工创新绩效的正向影响最强；中等水平的领导权变激励下，越轨创新行为依然显著正向影响员工创新绩效；低水平的领导权变激励下，越轨创新行为显著负向影响员工创新绩效。该结论为研究者加强灵活、权变管理策略提供了一个思路，引导管理者避免根据员工行为的某一特征“一刀切”的肯定或否定，提示企业领导应当全面审视，具体问题具体分析。

领导容错性根植于“海纳百川”“兼容并包”的传统品质和文化，在中国情境下对越轨创新行为的成败解释更强。因此，研究在个人—上级匹配理论的基础上，揭示了领导容错性对越轨创新行为和员工创新绩效关系的调节作用。本书发现，领导容错性是越轨创新行为正向或负向影响员工创新绩效的“分水岭”，领导的宽容处理方式对于一些非原则性错误、开展方式上不合理，但本质和目的具有合理性的越轨创新行为发展、完善和向绩效的转化提供了一定的空间。本书发现越轨创新行为与高领导容错性的匹配会促进员工创新绩效，越轨创新行为与低领导容错性之间的不匹配会挫伤员工创新绩效，领导容错性强化了越轨创新行为对员工创新绩效的影响，也是区分越轨创新行为正向、负向影响的重要边界条件：高水平的领导容错性下，越轨创新行为对员工创新绩效的正向影响最强；中等水平的领导容错性下，越轨创新行为依然显著正向影响员工创新绩效；低水平的领导容错性下，越轨创新行为显著负向影响员工创新绩效。本书的研究结论为管理者加强自身容错、包容能力建设提供了启发，再次印证了包容美德在创新试错、探索中的重要意义。

（5）越轨创新行为通过推动资源整合提升员工创新绩效。

本书基于资源保存理论“增益—减损”模型，首先围绕越轨创新行为如何正向影响员工创新绩效的问题展开，探讨了资源增益过程。越轨创新行为的边缘性、超前性和高难度性帮助越轨创新者获取了某些空白领域的探索性知识、经验，促进个体将散碎资源“化零为整”，向内汲取组织中的冗余资源，向外借助社会资本，最终实现各类资源的有效整合。在资源整合中，员工获得了新资源（知识、经验、技术等），进而对自身资源体系进行重组和更新，打破了原有固化的思维模式和知识壁垒，不断更迭的资源帮助员工获取和了解最便捷的、最前沿的工作方法，知识和想法的碰撞会产生新思路和新创意（万鹏宇、邹国庆和汲海锋，2019），最终提高了员工创新绩效。本书揭示了资源整合在越轨创新行为与员工创新绩效之间的正向中介作用，从资源整合视角响应了越轨创新行为建设学派的观点，为企业引导越轨创新员工进行资源整合和绩效创造提供了理论依据。

（6）个人声誉对越轨创新行为的资源增益路径起强化作用。

本书发现，在个体越轨创新行为激活资源整合最终转化为员工创新绩效的资源增益过程中，个人声誉起到了“锦上添花”的强化作用，即个人声誉不仅强化了资源整合对员工创新绩效的正向影响，还强化了资源整合在越轨创新行为与员工创新绩效之间的正向中介作用。无论个人声誉水平的高低，资源整合在越轨创新行为与员工创新绩效之间的正向中介效应均达到显著水平，随着个人声誉水平的提高，资源整合在越轨创新行为与员工创新绩效之间的中介效应值越来越大。由此可见，在越轨创新行为从事者进行资源整合最终转化为绩效的过程中，个人声誉作为一种建立在个体能力基础上的、具有广泛影响力和潜在价值的个体资源，能够有效帮助越轨创新者完成创新绩效。该结论推动了声誉理论在资源保存理论中的应用和发展。

（7）越轨创新行为通过导致自我损耗抑制员工创新绩效。

从本质特征看，越轨创新行为既是资源增益的过程，也是资源损耗的过程，但以往鲜有学者关注越轨创新行为与员工创新绩效之间资源减损机制，本书则揭示了自我损耗在越轨创新行为与员工创新绩效之间的负向中介作用。越轨创新行为是需要投入大量时间、能量、情感资源的活动，无法获得组织正式支持，并与个体角色内任务不一致，复杂化、模糊化的信息带来干扰，产生一系列的资源损耗。同时，越轨创新行为跨越规范边界，从事者需要面临更大的压力甚至排斥，削弱其心理资源。这都将导致自我损耗，最终减少个体用于绩效创造的资源投入，抑制员工创新绩效。该结论从自我损耗视角响应了越轨创新行为破坏学派的观点，为企业对越轨创新员工自我损耗的预警和干预提供了理论依据。

（8）心理韧性对越轨创新行为的资源减损路径起弱化作用。

本书发现，在越轨创新行为导致自我损耗最终抑制员工创新绩效的资源减损过程中，心理韧性起到了“雪中送炭”的弱化作用。心理韧性不仅弱化了自我损耗对员工创新绩效的负向影响，还弱化了自我损耗在越轨创新行为与员工创新绩效之间的负向中介作用，自我损耗的负向中介效应随着心理韧性的提高而被削弱，具体而言：在低心理韧性水平下，自我损耗的负向中介效应最强且显著；在中心理韧性水平下，自我损耗的负向中介效应有所下降，但依然显著；在高心理韧性水平下，自我损耗在越轨创新行为与员工创新绩效之间的中介效应不显著。由此印证了心理韧性是个体应对外界不良因素（如压力、危险、威胁和挫折等）的保护因子和宝贵资源，心理韧性能够最大程度上减少不良因素对个体产生的不良影响，帮助个体及时从损耗中恢复，削弱越轨创新行为的资源减损过程，

帮助个体专注创新工作，摆脱这些不良冲击的消极影响。

第二节 理论贡献

（1）界定了越轨创新行为的内涵与结构，丰富了组织规范理论的应用范围。

现有关于越轨创新行为的维度划分并未把握越轨创新行为区别于一般创新行为的核心特征，本书从越轨创新行为区别于一般创新行为的显著特征“越轨”入手，通过国内外越轨学派（越轨行为学派和建设性越轨行为学派）的文献回顾，发现组织规范不仅是越轨学派维度划分的重要依据，还是判别员工创新行为是否越轨的重要判断标准。在此基础上，选取组织规范理论作为探索越轨创新行为内涵与结构的理论支撑，通过质性研究和实证研究，发现越轨创新行为是一个包含角色型越轨创新行为、人际型越轨创新行为和组织型越轨创新行为的合并型多维构念。本书首次将组织规范理论应用范畴从越轨行为、建设性越轨行为的领域拓展到越轨创新行为的研究领域，完善了越轨创新行为的内涵界定与结构划分，丰富了组织规范理论在创新时代的内涵和应用范围。

（2）发现了组织型越轨创新行为的新维度，增加了测量的完整性与科学性。

本书通过质性研究和实证研究，发现了越轨创新行为的新维度，对中国情境下越轨创新行为的结构和测量作出了较大的边际贡献。具体而言，本书发现了越轨创新行为的新维度：组织型越轨创新行为，同时发现了人际型越轨创新行为维度中的另一子维度：违抗群体创新。由此，越轨创新行为包含了 3 个维度。本书提炼的基于组织规范理论的越轨创新行为在结构维度上与前人研究既存在关联又存在区别：①本书提出的角色型越轨创新行为是员工为了实现创新目标，与角色规范冲突的创新行为，对应了 Criscuolo 团队基于挑战角色的私密视角开发的单维度越轨创新行为量表。②人际型越轨创新行为是员工为实现创新目标对（正式/非正式）领导或群体命令的违背。这一维度则涵盖了 Lin 和 Mainemelis（2016）基于公开违背领导命令的抗令视角开发的单维度越轨创新行为量表，不同的是，本书关注的抗令不仅涵盖了违背正式领导，还涵盖了违背非正式领导，最重要的是，该维度涵盖了违背群体创新这一全新子维度。因此，人际型越轨创新行为从更加全面、系统的人际规范视角涵盖和统领了以往具有人际指向的越轨创新行为研究。③组织型越轨创新行为是员工为实现创新目标，违背组织（正式/非正式）制度的创新行为。这一维度是以往越轨创新行为研究中完全忽视的，本书通过回溯越轨行为和建设性越轨行为的维度划分，以及深度访谈，发现了组织（正式/非正式）制度在越轨创新行为维度划分中的重要意义，由此将该维度纳入现有越轨创新行为的测量中。

（3）揭示了组织创新氛围是越轨创新行为差异化影响员工创新绩效的边界条件，推动了个人—组织匹配理论的应用和发展。

研究正面响应了 Augsdorfer（2005）以及赵斌、古睿和李瑶（2019）的建议，在个人—环境匹配理论的整体框架下，选取了个人—组织匹配理论构建了越轨创新行为、组织创新氛围和员工创新绩效的匹配模型。揭示了组织创新氛围是越轨创新行为能否显著影响员工创新绩效的边界，低组织创新氛围是越轨创新行为无法影响员工创新绩效的条件因素，在一定程度上丰富了个人—组织匹配理论的内涵，凸显了组织创新氛围在行为—绩效转化中的重要作用，从组织情境的视角推动了个人—组织匹配理论和个人—环境匹配理论在组织创新中的应用和发展。

（4）揭示了领导权变激励、领导容错性对于区分越轨创新行为正向、负向影响员工创新绩效的边界作用，推动了个人—上级匹配理论的应用和发展。

本书在个人—环境匹配理论的整体框架下，选取了个人—上级匹配理论构建了越轨创新行为、领导情境（领导权变激励和领导容错性）和员工创新绩效的匹配模型。验证了领导权变激励、领导容错性对越轨创新行为和员工创新绩效不一致关系的解释作用，通过区分高低水平的领导权变激励、领导容错性，揭示越轨创新行为正向、负向影响员工创新绩效的“分水岭”。本书发现，在低领导权变激励或低领导容错性的情况下，越轨创新行为均显著负向影响员工创新绩效。这在一定程度上丰富了个人—上级匹配理论的内涵，凸显了领导权变激励和领导容错性在行为—绩效转化中的重要作用，从领导情境的视角推动了个人—环境匹配理论在组织创新中的应用和发展。

（5）揭示了越轨创新行为资源增益的作用机制和边界，从资源整合与个人声誉的视角丰富了资源保存理论的研究。

国内外学者均指出：越轨创能行为能否转化为员工创新绩效，与该行为所处的环境息息相关（Criscuolo，Salter & Wal，2014；赵斌、古睿和李瑶，2019）。但是，本书除探究所处环境外，还关注并揭示了行为本身及其引发的资源变动（资源整合和自我损耗）也是越轨创新行为能否转化为员工创新绩效的关键。本书不仅关注了越轨创新行为对员工创新绩效的正向影响机制，验证了资源整合在这一过程中的传递作用。同时，引入个人声誉作为促进性的宝贵资源，探究了个人声誉对资源整合正向中介作用的强化。本书揭示了越轨创新行为差异化影响员工创新绩效中的正向作用机制和边界，帮助大家从积极的“收益”角度认识越轨创新行为对员工创新绩效的资源增益机制，从资源整合与个人声誉的视角丰富了资源保存理论的研究，拓宽了资源保存理论“增益—减损”模型的应用范围。

（6）揭示了越轨创新行为资源减损的作用机制和边界，从自我损耗与心理韧性的视角丰富了资源保存理论的研究。

本书关注了越轨创新行为破坏学派的观点，检验了越轨创新行为引发自我损耗最终抑制员工创新绩效的资源减损路径，揭示了心理韧性对自我损耗在越轨创新行为与员工创新绩效之间中介效应的边界作用，最终呈现了越轨创新行为对员工创新绩效的负向作用机制。本书从资源增益与损耗的辩证视角对以往研究结论的分歧给予解释，关注了越轨创新行为对员工创新绩效资源减损的“代价”，帮助学术界以更加辩证的角度理解越轨创新行为，更从自我损耗与心理韧性的视角丰富了资源保存理论的研究，拓宽了资源保存理论“增益—减损”模型的应用范围。

第三节 对策建议

（1）有助于企业识别越轨创新行为，更好地管理员工和完善组织规范。

随着创新驱动战略的实施和行业竞争的加剧，员工创新行为的多元化和复杂化趋势更加明显，资源的有限性和员工创新资源的无限需求、组织规范与员工自主性之间的平衡在短时间内难以解决（赵斌、古睿和李瑶，2019；Piezunka & Dahlander，2019；王弘钰和万鹏宇，2020），企业应尽可能多地鼓动员工产生尽可能多的想法，但是考虑到资源和时间成本、想法成熟度等因素，又否定了员工的大多数创新想法（Lin，Mainemelis & Kark，2016；王弘钰等，2019），这都将导致越轨创新行为的不断涌现和凸显。虽然越轨创新行为总体上有利，但也在一定程度上造成组织无序、领导威胁感等。对此，企业需要对员工的越轨创新行为进行识别，做好控制和引导工作。同时，要及时识别出、筛选出有前景的越轨创新项目，给予正式支持，最大程度地促进其实现创新收益的初衷。对识别出的确实不合时宜的项目，要进行彻底中断和及时止损。因此，识别越轨创新行为可以帮助组织更好地管理员工。

识别越轨创新行为推进管理者对组织规范的思考和完善。组织通过规范化的流程和惯例在一定程度上提升员工的工作效率，同时，相对滞后的制度、僵化的层级结构、固化的任务流程、脱离一线实际的失调命令等组织规范，很大程度上降低了员工的灵活性与创造性（Barnett & Pratt，2000；Lin，Mainemelis & Kark，2016）。越轨创新行为在一定程度上是员工脱离死板工作流程、失调指令等落后规范，在工作程序和灵活变通之间寻找最佳平衡的权宜做法。当管理者识别到组织内的同一员工多次从事越轨创新行为，或多数员工频繁从事越轨创新行为时，管理者应当对组织规范进行思考：组织惯例是否陈旧、制度是否失调和命令是否脱离一线和实际？而这一切都需要建立在对越轨创新行为本质把握、准确识别和精准测量的基础上。因此，借助越轨创新行为量表识别出组织内的现状，对于广泛群体频繁从事越轨创新行为时，就要考虑基于现有观念、行为设计的组织制度、工作流程和 HR 政策等是否存在相对滞后性，避免“循规蹈矩”的程序化流程限制员工的创新，将组织发展引入了死胡同（王弘钰和万鹏宇，2020）。

（2）有助于企业强化组织创新氛围，推动越轨创新行为的创新绩效转化。

本书揭示了越轨创新行为最大程度转化为员工创新绩效的组织情境（高组织创新氛围），还揭示了越轨创新行为无法显著影响员工创新绩效的组织情境（低组织创新氛围）。由此可见，不同的组织创新氛围下，越轨创新行为会朝着不同的方向发展，组织创新氛围是越轨创新行为能否带来员工创新绩效的“分水岭”。管理者应当和员工一道努力，共同培育和提升组织创新氛围，对促进越轨创新行为的绩效转化提供针对性的组织氛围培养建议。

（3）有助于企业加强领导权变激励和领导容错性建设，推动越轨创新行为的创新绩效转化。

本书揭示了越轨创新行为最大程度转化为员工创新绩效的领导情境（高领导权变激励或高领导容错性），还揭示了越轨创新行为显著负向影响员工创新绩效的领导情境（低领导权变激励或低领导容错性）。由此可见，不同水平的领导权变激励或领导容错性，会导致越轨创新行为朝着截然相反的两个方向发展，领导权变激励和领导容错性是越轨创新行为带来还是抑制员工创新绩效的“分水岭”。管理者应当加强自身水平建设，充分考虑到员工创新的前瞻性、能动性与管理的相对滞后性，采取权变管理的手段增加组织管理柔性，对于员工创新想法给予恰当反馈，结合内外部情况管理员工行为。对于现阶段不成熟或与员工能力不符的越轨创新行为，也应当通过机动处理，避免挫伤员工创新积极性和使命感。再者，应当充分关注领导容错能力建设，中国古语云“君子以厚德载物”，身为组织内的领导者，海纳百川的包容品质不仅是一种美德，更是一门根植文化传统的管理哲学，通过对员工的越轨创新试错给予一定的“容”，让其从容地“放”，为其演化成长提供一定空间，避免打击员工的创新热情。

（4）有助于企业员工借助越轨创新行为完成资源整合与绩效增益，借助个人声誉强化越轨创新行为的“收益”。

本书帮助企业管理者和员工更加直观地了解了越轨创新行为影响员工创新绩效的关键资源增益路径与过程，启发企业管理者与员工从资源整合与个人声誉的角度分析、审视越轨创新行为的发展过程，最大程度上发挥越轨创新行为的价值，完成创新绩效的创造。具体而言，管理者应当意识到越轨创新行为也是获取资源并使其发挥效用的过程，辩证、客观地分析越轨创新行为可能带来的利好与危害，为越轨创新行为提供适当的物质或情感支持。员工自身也应当积极推进资源整合、勇敢试错，借助越轨创新行为实践构建一套与自身相得益彰的资源体系。同时加强个人声誉水平建设，利用个人声誉这一无形资源促进自身持续成长，强化越轨创新行为的“收益”，拓宽个体和组织的创新渠道，获取越轨创新绩效（王弘钰、万鹏宇和张振铎，2020）。

（5）有助于企业员工减少越轨创新行为导致的自我损耗与绩效减损，借助心理韧性阻断越轨创新行为的“代价”。

本书帮助企业管理者和员工关注到了越轨创新行为影响员工创新绩效的潜在资源减损路径与过程，呼吁企业管理者与员工从自我损耗与心理韧性的角度把握、控制越轨创新行为的“阴暗面”发展，最大程度上遏制越轨创新行为带来的自我损耗，减少对创新绩效的不良影响。同时，呼吁员工积极主动地评判自身的优势与劣势，权衡自身通过越轨创新行为带来的资源整合和自我损耗，若资源整合的创新“收益”难以抵消自我损耗的创新“代价”，应当立刻停止从事越轨创新行为，及时止损。领导者和个体应当关注心理韧性，推动创新实施、克服外界不良干扰。对心理韧性高的员工，领导应鼓励他们从事角色外亲组织、挑战性的越轨创新行为，创造符合其兴趣的挑战性工作内容，强化越轨创新行为的“收益”，拓宽个体和组织的创新渠道，获取越轨创新绩效（王弘钰、万鹏宇和张振铎，2020）。综上所述，本书为企业推进越轨创新行为的资源转化以促进员工创新绩效、缓解其变为沉没成本并抑制员工创新绩效提供了重要的实践启示。

第四节　研究局限与展望

虽然本书的研究具有较大的理论贡献，为企业管理识别和管理越轨创新行为提供一些有价值的启发，但仍存在以下不足，对未来研究改进和展望指明了方向：

在样本选择上，本书调研对象所在地虽然涵盖了广东、北京、山东、湖北、河南、辽宁、吉林、广西共计 8 个省份，但是根据 2018 年各省份市场化指数，研究尚未涵盖市场化指数偏低地区的企业，在后期可增加这些地区的样本，使得样本涵盖尽可能多的地区，增加结论的说服力与科学性。行业选择上，本书主要选择了通信 IT、生物医药、机械制造和化工材料，未来可增加服务业等行业，扩大行业涵盖范围，提升结论的生态效度。

在数据收集方面，子研究 2 和子研究 3 中采用了两阶段的多时点的形式进行数据采集，后期可以通过瞬时评估、追踪等更多方法获取数据。考虑到人力、物力，研究采用方便抽样的非概率抽样法，借助 MBA、会计师事务所等获取数据，后期可以采用分层随机抽样的方法增加抽样过程的严谨性。

在子研究 1 中，本书通过回溯越轨学派的成熟研究，将组织中的重要群体参照规范作为判断创新行为是否越轨的判别标准，进而选取了组织规范理论作为维度划分的理论支撑，最终识别出了新的维度成分。但是，重要群体参照规范随着时代不断被赋予新的内容，现在看似合情合理的规范在几年后可能成为阻碍组织发展的“桎梏”（杨杰、凌文辁和方俐洛，2004）。从根本上讲，企业内的管理科学知识乃至企业规范都是可错的，总在员工和企业的不断试错和调整中趋向于最优（谢科范和彭华涛，2005）。而且，任何量表的开发都不是一劳永逸的。因此，我们应当结合时代发展，不断完善组织规范，不断赋予越轨创新行为新的时代内涵。

在子研究 2 中，本书从组织情境（组织创新氛围）和领导情境（领导权变激励和领导容错性）两个层面解答了导致越轨创新行为与员工创新绩效不一致关系的情境因素，领导情境（领导权变激励和领导容错性）的设置达到了区分越轨创新行为何时正（负）向影响员工创新绩效的效果，但组织情境（组织创新氛围）的设置仅能区分越轨创新行为何时正向影响员工创新绩效、何时无法影响员工创新绩效。是否存在组织容错氛围、组织包容性等组织情境变量，构成越轨创新行为与员工创新绩效正负关系的“分水岭”？后续可以通过延伸探索丰富研究的情境性。

在子研究 3 中，本书从资源增益机制（资源整合）和资源减损机制（自我损耗）两条路径解答了导致越轨创新行为与员工创新绩效不一致关系的机制因素。本书主要探究了越轨创新行为带来的知识、经验和信息等资源的整合，越轨创新行为作为个体“好之乐之”想法的践行，是否会给个体带来满足感等情感资源，进而影响员工创新绩效，值得未来探讨。在作用机制的边界上：本书探究了个人声誉作为宝贵的促进性资源对资源增益路径的强化作用，是否存在其他促进性因素同样发挥“锦上添花”的作用？值得进一步探讨；本书探究了心理韧性作为防御性资源对资源减损路径的弱化作用，发现了高心理韧性可以帮助越轨创新行为从事者及时从资源减损“旋涡”中脱离出来，使越轨创新行为的“代价”机制消失，是否存在其他防御性因素同样发挥“雪中送炭”的作用？这对阻断越轨创新行为的“代价”具有重要价值，值得进一步挖掘。

本书彻底解答了越轨创新行为与员工创新绩效的关系，发现了两者之间不是单向的简单关系，回答了探究越轨创新行为影响后果必须首要解答的问题，使得后续其他层面影响结果的研究不至于成为“空中楼阁”。但是，本书并未关注越轨创新行为在人际层面和领导层面的影响结果。越轨创新行为对同事这一旁观者产生什么影响？越轨创新行为（团队内人均越轨创新行为从事时间、频率等）与团队创新绩效一定是现有学者提出的促进关系吗？这之中是否也存在着复杂的情境或双刃剑机制？这些问题有待通过理论和实证进一步检验。

参考文献

[1] Abbas M, Raja U, Darr W, et al. Combined effects of perceived politics and psychological capital on job satisfaction, turnover intentions, and performance [J]. Journal of Management, 2014, 40 (7): 1813-1830.

[2] Abbas M, Raja U. Impact of psychological capital on innovative performance and job stress [J]. Canadian Journal of Administrative Sciences, 2015, 32 (2): 128-138.

[3] Ali E A, Keskin H, Byrne J C, et al. Emotional and learning capability and their impact on product innovativeness and firm performance [J]. Technovation, 2007, 27 (9): 501-513.

[4] Amabile T M, Conti R, Coon H, et al. Assessing the work environment for creativity [J]. Academy of Management Journal, 1996, 39 (5): 1154-1184.

[5] Amabile T M. Componential theory of creativity [J]. Harvard Business School, 2012, 12 (96): 1-10.

[6] Andela M, Doef M. A comprehensive assessment of the person-environment fit dimensions and their relationships with work-related outcomes [J]. Journal of Career Development, 2019, 46 (5): 567-582.

[7] Argyris C. Single-loop and double-loop models in research on decision making [J]. Administrative Science Quarterly, 1976 (21): 363-375.

[8] Augsdorfer P. A diagnostic personality test to identify likely corporate bootleg researchers [J]. International Journal of Innovation Management, 2012, 16 (1): 125-133.

[9] Augsdorfer P. Bootlegging and path dependency [J]. Research Policy, 2005, 34 (1): 1-11.

[10] Augsdorfer P. The manager as pirate: An inspection of the gentle art of bootlegging [J]. Creativity and Innovation Management, 1994, 3 (2): 91-95.

[11] Bagozzi R P, Yi Y . On the evaluation of structure equation models [J]. Journal of the Academy of Marketing, 1988, 16 (1): 74-94.

[12] Baines S . New technologies and old ways of working in the home of the self-employed teleworker [J]. New Technology Work & Employment, 2010, 17 (2): 89-101.

[13] Barnett C K, Pratt M G . From threat-rigidity to flexibility-toward a learning model of autogenic crisis in organizations [J]. Journal of Organizational Change Management, 2000, 13 (1): 74-88.

[14] Bateman T S, Organ D W. Job satisfaction and the good soldier: The relationship between affect and employee "citizenship" [J]. Academy of Management Journal, 1983, 26 (4): 587-595.

[15] Baumeister R F, Bratslavsky E, Muraven M, et al. Ego depletion: Is the active self a limited resource? [J]. Journal of Personality and Social Psychology, 1998, 74 (5): 1252-1265.

[16] Beal D J, Weiss H M, Barros E, et al. An episodic process model of affective influences on performance [J]. Journal of Applied Psychology, 2005, 90 (6): 1054-1068.

[17] Bennett R J, Robinson S L. Development of a measure of workplace deviance [J]. Journal of Applied Psychology, 2000, 85 (3): 349-360.

[18] Berry C M, Ones D S, Sackett P R. Interpersonal deviance, organizational deviance, and their common correlates: A review and meta-analysis [J]. Journal of Applied Psychology, 2007, 92 (2): 410-426.

[19] Bock G, Zmud R W, Kim Y, et al. Behavioral intention formation in knowledge sharing: Examining the roles of extrinsic motivators, social-psychological factors, and organizational climate [J]. Management Information Systems Quarterly,

2005, 29 (1): 87-111.

[20] Bolino M C, Grant A M. The bright side of being prosocial at work, and the dark side, too: A review and agenda for research on other-oriented motives, behavior, and impact in organizations [J]. Academy of Management Annals, 2016, 10 (1): 599-670.

[21] Bolino M C, Hsiung H, Harvey J, et al. "Well, I'm tired of trying!" Organizational citizenship behavior and citizenship fatigue [J]. Journal of Applied Psychology, 2015, 100 (1): 56-74.

[22] Brower R S, Abolafia M Y. The structural embeddedness of resistance among public managers [J]. Group & Organization Management, 1995, 20 (2): 149-166.

[23] Buengeler C, Homan A C, Voelpel S C. The challenge of being a young manager: The effects of contingent reward and participative leadership on team-level turnover depend on leader age [J]. Journal of Organizational Behavior, 2016, 37 (8): 1224-1245.

[24] Caplan R D. Person-environment fit theory and organizations: Commensurate dimensions, time perspectives, and mechanisms [J]. Journal of Vocational Behavior, 1987, 31 (3): 248-267.

[25] Carmeli A, Reiter-Palmon R, Ziv E. Inclusive leadership and employee involvement in creative tasks in the workplace: The mediating role of psychological safety [J]. Creativity Research Journal, 2010, 22 (3): 250-260.

[26] Chatman J A. Improving interactional organizational research: A model of person-organization fit [J]. Academy of Management Review, 1989, 14 (3): 333-349.

[27] Chen C J, Huang J W. Strategic human resource practices and innovation performance—The mediating role of knowledge management capacity [J]. Journal of Business Research, 2009, 62 (1): 104-114.

[28] Chen L, Luo F, Zhu X, et al. Inclusive leadership promotes challenge-oriented organizational citizenship behavior through the mediation of work engagement and moderation of organizational innovative atmosphere [J]. Frontiers in Psychology,

2020 (11): 1-16.

[29] Chuang A, Hsu R S, Wang A C, et al. Does West "fit" with East? In search of a Chinese model of person-environment fit [J]. Academy of Management Journal, 2015, 58 (2): 480-510.

[30] Churchill G A, Jr. A paradigm for developing better measures of marketing constructs [J]. Journal of Marketing Research, 1979, 16 (1): 64-73.

[31] Coase R H. The nature of the firm: Origins Evolution and Development [M]. New York: Oxford University Press, 1991.

[32] Cosh A, Fu X, Hughes A . Organization structure and innovation performance in different environment [J]. Small Business Economics, 2012, 39 (2): 1-17.

[33] Criscuolo P, Salter A, Wal A L . Going underground: Bootlegging and individual innovative performance [J]. Organization Science, 2014, 25 (5): 1287-1305.

[34] Dahling J J, Chau S L, Mayer D M, et al. Breaking rules for the right reasons? An investigation of pro-social rule breaking [J]. Journal of Organizational Behavior, 2012, 33 (1): 21-42.

[35] Damen F, Van Knippenberg B, Van Knippenberg D. Affective match in leadership: Leader emotional displays, follower positive affect, and follower performance [J]. Journal of Applied Social Psychology, 2008, 38 (4): 868-902.

[36] Demerouti E, Bakker A B, Bulters A J. The loss spiral of work pressure, work-home interference and exhaustion: Reciprocal relations in a three-wave study [J]. Journal of Vocational Behavior, 2004, 64 (1): 131-149.

[37] Diehl M, Stroebe W . Productivity loss in brainstorming groups: Toward the solution of a riddle [J]. Journal of Personality & Social Psychology, 1987, 53 (3): 497-509.

[38] Dietfried G . Taking or avoiding risk through secret innovation activities-the relationships among employees' risk propensity, bootlegging, and management support [J]. International Journal of Innovation Management, 2019, 23 (3): 1-41.

[39] Edmondson A C. Making it safe: The effects of leader inclusiveness and

professional status on psychological safety and improvement efforts in health care teams [J]. Journal of Organizational Behavior, 2006 (3): 941-966.

[40] Edwards J R, Cable D M, Williamson I O, et al. The phenomenology of fit: Linking the person and environment to the subjective experience of person-environment fit [J]. Journal of Applied Psychology, 2006, 91 (4): 802-827.

[41] Edwards J R. 4 person-environment fit in organizations: An assessment of theoretical progress [J]. Academy of Management Annals, 2008, 2 (1): 167-230.

[42] Eissa G, Lester S W. When good deeds hurt: The potential costs of interpersonal helping and the moderating roles of impression management and prosocial values motives [J]. Journal of Leadership & Organizational Studies, 2018, 25 (3): 339-352.

[43] Enkel E, Gassmann O. Creative imitation: Exploring the case of cross-industry innovation [J]. R&D Management, 2010, 40 (3): 256-270.

[44] Fama E F. Agency problems and the theory of the firm [J]. Journal of Political Economy, 1980, 88 (2): 288-307.

[45] Feldman D C. The development and enforcement of group norms [J]. Academy of Management Review, 1984, 9 (1): 47-53.

[46] Finn R H. Effects of some variations in rating scale characteristics on the means and reliabilities of ratings [J]. Educational and Psychological Measurement, 1972, 32 (2): 255-265.

[47] Fischer D G, Fick C. Measuring social desirability: Short forms of the Marlowe-Crowne social desirability scale [J]. Educational and Psychological Measurement, 1993, 53 (2): 417-424.

[48] Ford C M . A Theory of individual creative action in multiple social domains [J]. Academy of Management Review, 1996, 21 (4): 1112-1142.

[49] Fornell C, Larcker D F. Structural equation models with unobservable variables and measurement error: Algebra and statistics [J]. Journal of Marketing Research, 1981, 18 (1): 382-388.

[50] Fox S, Spector P E, Goh A, et al. Does your coworker know what you're doing? Convergence of self-and peer-reports of counterproductive work behavior [J].

International Journal of Stress Management, 2007, 14 (1): 41-60.

[51] Frese M, Teng E, Wijnen C J D. Helping to improve suggestion systems: Predictors of making suggestions in companies [J]. Journal of Organizational Behavior, 1999, 20 (7): 1139-1155.

[52] Gabriel A S, Koopman J, Rosen C C, et al. Helping others or helping oneself? An episodic examination of the behavioral consequences of helping at work [J]. Personnel Psychology, 2018, 71 (1): 85-107.

[53] Gailliot M T, Schmeichel B J, Baumeister R F. Self-regulatory processes defend against the threat of death: Effects of self-control depletion and trait self-control on thoughts and fears of dying [J]. Journal of Personality and Social Psychology, 2006, 91 (1): 49-62.

[54] Galperin B L. Determinants of deviance in the workplace: An empirical examination in Canada and Mexico [D]. Concordia University, 2003.

[55] Galperin B L. Exploring the nomological network of workplace deviance: Developing and validating a measure of constructive deviance [J]. Journal of Applied Social Psychology, 2012, 42 (12): 2988-3025.

[56] Ginkel W P V, Knippenberg D V . Group information elaboration and group decision making: The role of shared task representations [J]. Organizational Behavior & Human Decision Processes, 2008, 105 (1): 82-97.

[57] Griffith J A, Gibson C, Medeiros K, et al. Are you thinking what I'm thinking? The influence of leader style, distance, and leader-follower mental model congruence on creative performance [J]. Journal of Leadership & Organizational Studies, 2018, 25 (2): 153-170.

[58] Groot J I M, Steg L. Morality and prosocial behavior: The role of awareness, responsibility, and norms in the norm activation model [J]. The Journal of Social Psychology, 2009, 149 (4): 425-449.

[59] Guzman F A, Espejo A. Introducing changes at work: How voice behavior relates to management innovation [J]. Journal of Organizational Behavior, 2019, 40 (1): 73-90.

[60] Hair J F, Black W C, Babin B J, et al. Multivariate data analysis [M]. Upper Saddle River, NJ: Prentice Hall, 1998.

[61] Hakanen J J, Peeters M C W, Perhoniemi R. Enrichment processes and gain spirals at work and at home: A 3-year cross-lagged panel study [J]. Journal of Occupational and Organizational Psychology, 2011, 84 (1): 8-30.

[62] Halbesleben J R B, Harvey J, Bolino M C . Too engaged? A conservation of resources view of the relationship between work engagement and work interference with family [J]. Journal of Applied Psychology, 2009, 94 (6): 1452-1465.

[63] Halbesleben J R B, Neveu J P, Paustian-Underdahl S C, et al. Getting to the "COR" understanding the role of resources in conservation of resources theory [J]. Journal of Management, 2014, 40 (5): 1334-1364.

[64] Halbesleben J R B, Wheeler A R. The relative roles of engagement and embeddedness in predicting job performance and intention to leave [J]. Work & Stress, 2008, 22 (3): 242-256.

[65] Halbesleben J R B, Wheeler A R. To invest or not? The role of coworker support and trust in daily reciprocal gain spirals of helping behavior [J]. Journal of Management, 2015, 41 (6): 1628-1650.

[66] Halbesleben J R, Bowler W M. Emotional exhaustion and job performance: The mediating role of motivation [J]. Journal of Applied Psychology, 2007, 92 (1): 93-106.

[67] Han Y, Altman Y. Supervisor and subordinate guanxi: A grounded investigation in the People's Republic of China [J]. Journal of Business Ethics, 2009, 88 (1): 91-104.

[68] Hinkin T R. A brief tutorial on the development of measures for use in survey questionnaires [J]. Organizational Research Methods, 1998, 1 (1): 104-121.

[69] Hinkin T R. Research in organizations: Foundations and methods in inquiry-scale, development principles and practices [M]. Oakland: Berrett-Koehler Publishers, 2005.

[70] Hirak R, Peng A C, Carmeli A, et al. Linking leader inclusiveness to

work unit performance: The importance of psychological safety and learning from failures [J]. The Leadership Quarterly, 2012, 23 (1): 107-117.

[71] Hobfoll S E, Lilly R S. Resource conservation as a strategy for community psychology [J]. Journal of Community Psychology, 1993, 21 (2): 128-148.

[72] Hobfoll S E. Conservation of resources: A new attempt at conceptualizing stress [J]. American Psychologist, 1989, 44 (3): 513-524.

[73] Hobfoll S E. Conservation of resources: A rejoinder to the commentaries [J]. Applied Psychology, 2001, 50 (3): 419-421.

[74] Hobfoll S E. Social and psychological resources and adaptation [J]. Review of General Psychology, 2002, 6 (4): 307-324.

[75] Hobfoll S E. The ecology of stress [M]. Oxford: Taylor & Francis, 1988.

[76] Hochwarter W A, Ferris G R, Zinko R, et al. Reputation as a moderator of political behavior-work outcomes relationships: A two-study investigation with convergent results [J]. Journal of Applied Psychology, 2007, 92 (2): 567-576.

[77] Holland J L. A theory of vocational choice [J]. Journal of Counseling Psychology, 1959, 6 (1): 35-45.

[78] Hollinger R C, Clark J P. Theft by employees [M]. Lexington Mass: Lexington Books, 1983.

[79] Hsu M L A, Fan H L. Organizational innovation climate and creative outcomes: Exploring the moderating effect of time pressure [J]. Creativity Research Journal, 2010, 22 (4): 378-386.

[80] Huy Q N . Emotional capability, emotional intelligence, and radical change [J]. The Academy of Management Review, 1999, 24 (2): 325-345.

[81] Jaaron A A M, Backhouse C J. Operationalising "double-loop" learning in service organisations: A systems approach for creating knowledge [J]. Systemic Practice and Action Research, 2017, 30 (4): 317-337.

[82] Marrone J A, Tesluk P E, Carson J B. A multilevel investigation of antecedents and consequences of team member boundary-spanning behavior [J]. Academy of Management Journal, 2007, 50 (6): 1423-1439.

[83] Jung D I, Avolio B J. Opening the black box: An experimental investigation of the mediating effects of trust and value congruence on transformational and transactional leadership [J]. Journal of Organizational Behavior, 2000, 21 (8): 949-964.

[84] Kamasak, Rifat. Determinants of innovation performance: A resource-based study [J]. Procedia Social & Behavioral Sciences, 2015, 195: 1330-1337.

[85] Kaplan H B. Self-attitudes and deviant behavior [M]. California: Goodyear, 1975.

[86] King D D, Newman A, Luthans F, et al. Not if, but when we need resilience in the workplace [J]. Journal of Organizational Behavior, 2016, 37 (5): 782-786.

[87] Koopman J, Lanaj K, Scott B A. Integrating the bright and dark sides of OCB: A daily investigation of the benefits and costs of helping others [J]. Academy of Management Journal, 2016, 59 (2): 414-435.

[88] Koslowsky M, Dishon-Berkovits M. Self-report measures of employee lateness: Conceptual and methodological issues [J]. European Journal of Work and Organizational Psychology, 2001, 10 (2): 145-159.

[89] Kristof A L. Person-organization fit: An integrative review of its conceptualizations, measurement, and implications [J]. Personnel Psychology, 1996, 49 (1): 1-49.

[90] Kristof A L, Zimmerman R D, Johnson E C. Consequences of individuals' fit at work: A meta-analysis of person-job, person-organization, person-group, and person-supervisor fit [J]. Personnel Psychology, 2005, 58 (2): 281-342.

[91] Law K S, Wong C S, Wang D, et al. Effect of supervisor-subordinate guanxi on supervisory decisions in China: An empirical investigation [J]. International Journal of Human Resource Management, 2000, 11 (4): 751-765.

[92] Lee R T, Ashforth B E. A meta-analytic examination of the correlates of the three dimensions of job burnout [J]. Journal of Applied Psychology, 1996, 81 (2): 123-133.

[93] Lee Y, Antonakis J. When preference is not satisfied but the individual is: How power distance moderates person-job fit [J]. Journal of Management, 2014, 40

(3): 641-675.

[94] Lewin K . Field theory in social science [M]. New York: Harper, 1951.

[95] Liang J, Farh C I C, Farh J L . Psychological antecedents of promotive and prohibitive voice: A two-wave examination [J]. Academy of Management Journal, 2012, 55 (1): 71-92.

[96] Lin B, Mainemelis C, Kark R. Leaders' responses to creative deviance: Differential effects on subsequent creative deviance and creative performance [J]. The Leadership Quarterly, 2016, 27 (4): 537-556.

[97] Lin K J, Ilies R, Pluut H, et al. You are a helpful co-worker, but do you support your spouse? A resource-based work-family model of helping and support provision [J]. Organizational Behavior and Human Decision Processes, 2017, 138: 45-58.

[98] Lin S H, Johnson R E . A suggestion to improve a day keeps your depletion away: Examining promotive and prohibitive voice behaviors within a regulatory focus and ego depletion framework [J]. Journal of Applied Psychology, 2015, 100 (5): 1381-1397.

[99] Linnenluecke M K. Resilience in business and management research: A review of influential publications and a research agenda [J]. International Journal of Management Reviews, 2017, 19 (1): 4-30.

[100] Liu F, Chow I H, Zhang J, et al. Organizational innovation climate and individual innovative behavior: Exploring the moderating effects of psychological ownership and psychological empowerment [J]. Review of Managerial Science, 2019, 13 (4):771-789.

[101] Lu L, Leung K, Koch P T. Managerial knowledge sharing: The role of individual, interpersonal, and organizational factors [J]. Management and Organization Review, 2006, 2 (1): 15-41.

[102] Luthans F, Avey J B, Avolio B J, et al. Psychological capital development: Toward a micro-intervention [J]. Journal of Organizational Behavior, 2006, 27 (3): 387-393.

[103] Luthans F, Vogelgesang G R, Lester P B. Developing the psychological capital of resiliency [J]. Human Resource Development Review, 2006, 5 (1): 25-44.

[104] Luthans F, Youssef C M, Avolio B J. 心理资本：打造人的竞争优势[M]. 李超平，译. 北京：中国轻工业出版社，2007.

[105] Madjar N, Greenberg E, Chen Z. Factors for radical creativity, incremental creativity, and routine, noncreative performance [J]. Journal of Applied Psychology, 2011, 96 (4): 730-743.

[106] Mainemelis C. Stealing fire: Creative deviance in the evolution of new ideas [J]. Academy of Management Review, 2010, 35 (4): 558-578.

[107] Makikangas A, Bakker A B, Aunola K, et al. Job resources and flow at work: Modelling the relationship via latent growth curve and mixture model methodology [J]. Journal of Occupational and Organizational Psychology, 2010, 83 (3): 795-814.

[108] Markham S E, Yammarino F J, Murry W D, et al. Leader-member exchange, shared values, and performance: Agreement and levels of analysis do matter [J]. The Leadership Quarterly, 2010, 21 (3): 469-480.

[109] Marrone J A, Carson T J B . A multilevel investigation of antecedents and consequences of team member boundary-spanning behavior [J]. Academy of Management Journal, 2007, 50 (6): 1423-1439.

[110] Maruyama T, Tietze S . From anxiety to assurance: Concerns and outcomes of telework [J]. Personnel Review, 2012, 41 (4): 450-469.

[111] Masoudnia Y, Szwejczewski M. Bootlegging in the R&D departments of high-technology firms [J]. Research-Technology Management, 2012, 55 (5): 35-42.

[112] Matta F K, Scott B A, Koopman J, et al. Does seeing "eye to eye" affect work engagement and organizational citizenship behavior? A role theory perspective on LMX agreement [J]. Academy of Management Journal, 2015, 58 (6): 1686-1708.

[113] Mertens W, Recker J. How store managers can empower their teams to engage in constructive deviance: Theory development through a multiple case study [J]. Journal of Retailing and Consumer Services, 2020, 10 (52): 1-17.

[114] Meshkova N, Enikolopov S. Creativity and deviance: Communication and interaction [J]. Journal of Higher School of Economics, 2018, 15 (2): 279-290.

[115] Morgeson F P, Humphrey S E . The Work Design Questionnaire (WDQ): Developing and validating a comprehensive measure for assessing job design and the nature of work [J]. Journal of Applied Psychology, 2006, 91 (6): 1321-1339.

[116] Muchinsky P M, Monahan C J. What is person-environment congruence? Supplementary versus complementary models of fit [J]. Journal of Vocational Behavior, 1987, 31 (3): 268-277.

[117] Mueller J S, Kamdar D. Why seeking help from teammates is a blessing and a curse: A theory of help seeking and individual creativity in team contexts [J]. Journal of Applied Psychology, 2011, 96 (2): 263-276.

[118] Mumford M D, Marks M A, Connelly M S, et al. Domain-based scoring in divergent-thinking tests: Validation evidence in an occupational sample [J]. Creativity Research Journal, 1998, 11 (2): 151-163.

[119] Nembhard I M, Edmondson A C. Making it safe: The effects of leader inclusiveness and professional status on psychological safety and improvement efforts in health care teams [J]. Journal of Organizational Behavior, 2006 (3): 941-966.

[120] Nemeth C J . Managing innovation: When less is more [J]. California Management Review, 1997, 40 (1): 59-74.

[121] Ones D S, Viswesvaran C, Schmidt F L. Comprehensive meta-analysis of integrity test validities: Findings and implications for personnel selection and theories of job performance [J]. Journal of Applied Psychology, 1993, 78 (4): 679-703.

[122] Paraskevas P, Dimitri V D L, Catalina S O. When breaking the rules relates to creativity: The role of creative problem-solving demands and organizational constraints [J]. The Journal of Creative Behavior, 2018, 54 (1): 184-195.

[123] Parker D, Manstead A S R, Stradling S G. Extending the theory of planned behaviour: The role of personal norm [J]. British Journal of Social Psychology, 1995, 34 (2): 127-138.

[124] Pervin L A. Persons, situations, interactions: The history of a controversy

and a discussion of theoretical models [J]. Academy of Management Review, 1989, 14 (3): 350-360.

[125] Piezunka H, Dahlander L. Idea rejected, tie formed: Organizations' feedback on crowdsourced ideas [J]. Academy of Management Journal, 2019, 62 (2): 503-530.

[126] Podsakoff P M, Mackenzie S B, Podsakoff N P. Sources of method bias in social science research and recommendations on how to control it [J]. Annual Review of Psychology, 2012, 63 (1): 539-569.

[127] Rabenu E, Tziner A. Employee resilience: A faceted analytical approach [J]. Industrial and Organizational Psychology, 2016, 9 (2): 480-485.

[128] Raelin J A. An examination of deviant/adaptive behaviors in the organizational careers of professionals [J]. Academy of Management Review, 1984, 9 (3): 413-427.

[129] Randel A E, Galvin B M, Shore L M, et al. Inclusive leadership: Realizing positive outcomes through belongingness and being valued for uniqueness [J]. Human Resource Management Review, 2018, 28 (2): 190-203.

[130] Richard O C. Racial diversity, business strategy, and firm performance: A resource - based view [J]. Academy of Management Journal, 2000, 43 (2): 164-177.

[131] Robinson S L, Bennett R J. A typology of deviant workplace behaviors: A multidimensional scaling study [J]. Academy of Management Journal, 1995, 38 (2): 555-572.

[132] Rosen C C, Koopman J, Gabriel A S, et al. Who strikes back? A daily investigation of when and why incivility begets incivility [J]. Journal of Applied Psychology, 2016, 101 (11): 1620-1634.

[133] Rosenbaum M, Palmon N. Helplessness and resourcefulness in coping with epilepsy [J]. Journal of Consulting and Clinical Psychology, 1984, 52 (2): 244-253.

[134] Roux-Dufort C. Why organizations don't learn from crises: The perverse power of normalization [J]. Review of Business, 2000, 21 (3/4): 25-30.

[135] Saks A M, Ashforth B E . A longitudinal investigation of the relationships between job information sources, applicant perceptions of fit, and work outcomes [J]. Personnel Psychology, 1997, 50 (2): 395-426.

[136] Schriesheim C A, Powers K J, Scandura T A, et al. Improving construct measurement in management research: Comments and a quantitative approach for assessing the theoretical content adequacy of paper-and-pencil survey-type instruments [J]. Journal of Management, 1993, 19 (2): 385-417.

[137] Schwartz S H, Fleishman J A. Effects of negative personal norms on helping behavior [J]. Personality and Social Psychology Bulletin, 1982, 8 (1): 81-86.

[138] Schwartz S H, Howard J A. Explanations of the moderating effect of responsibility denial on the personal norm-behavior relationship [J]. Social Psychology Quarterly, 1980: 441-446.

[139] Shaw J, Mclean K C, Taylor B G, et al. Beyond resilience: Why we need to look at systems too [J]. Psychology of Violence, 2016, 6 (1): 34-41.

[140] Shin J, Taylor M S, Seo M G. Resources for change: The relationships of organizational inducements and psychological resilience to employees' attitudes and behaviors toward organizational change [J]. Academy of Management Journal, 2012, 55 (3): 727-748.

[141] Shore L M, Randel A E, Chung B G, et al. Inclusion and diversity in work groups: A review and model for future research [J]. Journal of Management, 2011, 37 (4): 1262-1289.

[142] Silverthorne C . The impact of organizational culture and person-organization fit on organizational commitment and job satisfaction in Taiwan [J]. Leadership & Organization Development Journal, 2004, 25 (7): 592-599.

[143] Simonton D K . Creativity as blind variation and selective retention: Is the creative process darwinian? [J]. Psychological Inquiry, 1999, 10 (4): 309-328.

[144] Sonnentag, Sabine. Recovery, work engagement, and proactive behavior: A new look at the interface between nonwork and work [J]. Journal of Applied Psychology, 2003, 88 (3): 518-528.

[145] Spreitzer G M, Sonenshein S . Toward the construct definition of positive deviance [J]. American Behavioral Scientist, 2004, 47 (6): 828-847.

[146] Spreitzer G M, Sonenshein S. Toward the construct definition of positive deviance [J]. American Behavioral Scientist, 2004, 47 (6): 828-847.

[147] Staw B M, Boettger R D. Task revision: A neglected form of work performance [J]. Academy of Management Journal, 1990, 33 (3): 534-559.

[148] Sutton A W, Baldwin S P, Wood L, et al. A meta-analysis of the relationship between rater liking and performance ratings [J]. Human Performance, 2013, 26 (5): 409-429.

[149] Tang N, Jiang Y, Chen C, et al. Inclusion and inclusion management in the Chinese context: An exploratory study [J]. International Journal of Human Resource Management, 2015, 26 (6): 856-874.

[150] Tenzer H, Yang P. Personality, values, or attitudes? Individual-level antecedents to creative deviance [J]. International Journal of Innovation Management, 2019, 23 (2): 1-37.

[151] Thau S, Mitchell M S. Self-gain or self-regulation impairment? Tests of competing explanations of the supervisor abuse and employee deviance relationship through perceptions of distributive justice [J]. Journal of Applied Psychology, 2010, 95 (6): 1009-1031.

[152] Thompson V A. Modern organization [M]. Tuscaloosa: University of Alabama Press, 1977.

[153] Trougakos J P, Beal D J, Cheng B H, et al. Too drained to help : A resource depletion perspective on daily interpersonal citizenship behaviors [J]. Journal of Applied Psychology, 2015, 100 (1): 227-236.

[154] Tsai K H, Liao Y C, Hsu T T. Does the use of knowledge integration mechanisms enhance product innovativeness? [J]. Industrial Marketing Management, 2015, 46: 214-223.

[155] Tsui A S . A role set analysis of managerial reputation [J]. Organizational Behavior & Human Performance, 1984, 34 (1): 64-96.

[156] Umphress E E, Bingham J B. When employees do bad things for good reasons: Examining unethical pro-organizational behaviors [J]. Organization Science, 2011, 22 (3): 621-640.

[157] Vadera A K, Pratt M G, Mishra P. Constructive deviance in organizations: Integrating and moving forward [J]. Journal of Management, 2013, 39 (5): 1221-1276.

[158] Van D L, Lepine J A. Helping and voice extra-role behaviors: Evidence of construct and predictive validity [J]. Academy of Management Journal, 1998, 41 (1): 108-119.

[159] Van Vianen A E M, Shen C T, Chuang A. Person-organization and person-supervisor fits: Employee commitments in a Chinese context [J]. Journal of Organizational Behavior, 2011, 32 (6): 906-926.

[160] Varnum M E W, Grossmann I, Kitayama S, et al. The origin of cultural differences in cognition: The social orientation hypothesis [J]. Current Directions in Psychological Science, 2010, 19 (1): 9-13.

[161] Vianen V, Annelies E M . Person-Environment Fit: A Review of its Basic Tenets [J]. Annual Review of Organizational Psychology and Organizational Behavior, 2018, 5: 75-101.

[162] Waheed A, Miao X, Waheed S, et al. How new HRM practices, organizational innovation, and innovative climate affect the innovation performance in the IT industry: A moderated-mediation analysis [J]. Sustainability, 2019, 11 (3): 621-641.

[163] Warren D E. Constructive and destructive deviance in organizations [J]. Academy of Management Review, 2003, 28 (4): 622-632.

[164] Weng L J, Cheng C P. Effects of response order on likert-type scales [J]. Educational and Psychological Measurement, 2000, 60 (6): 908-924.

[165] Whiteley P, Sy T, Johnson S K. Leaders' conceptions of followers: Implications for naturally occurring pygmalion effects [J]. The Leadership Quarterly, 2012, 23 (5): 822-834.

［166］ Whiting S W, Podsakoff P M, Pierce J R . Effects of task performance, helping, voice, and organizational loyalty on performance appraisal ratings ［J］. Journal of Applied Psychology, 2008, 93 (1): 125-139.

［167］ Wiklund J, Shepherd D A. The effectiveness of alliances and acquisitions: The role of resource combination activities ［J］. Entrepreneurship Theory and Practice, 2009, 33 (1): 193-212.

［168］ Williams L J, Anderson S E . Job satisfaction and organizational commitment as predictors of organizational citizenship behavior and in-role behavior ［J］. Journal of Management, 1991, 17 (3): 601-617.

［169］ Xanthopoulou D, Bakker A B, Demerouti E, et al. Work engagement and financial returns: A diary study on the role of job and personal resources ［J］. Journal of Occupational and Organizational Psychology, 2009, 82 (1): 183-200.

［170］ Yam K C, Chen X P, Reynolds S J . Ego depletion and its paradoxical effects on ethical decision making ［J］. Organizational Behavior & Human Decision Processes, 2014, 124 (2): 204-214.

［171］ Yang Y, Li Z, Liang L, et al. Why and when paradoxical leader behavior impact employee creativity: Thriving at work and psychological safety ［J］. Current Psychology, 2019, 23 (1): 1-12.

［172］ Zhou J. When the presence of creative coworkers is related to creativity: Role of supervisor close monitoring, developmental feedback, and creative personality ［J］. Journal of Applied Psychology, 2003, 88 (3): 413-422.

［173］ Zinko R, Ferris G R, Humphrey S E, et al. Personal reputation in organizations: Two-study constructive replication and extension of antecedents and consequences ［J］. Journal of Occupational and Organizational Psychology, 2012, 85 (1): 156-180.

［174］ 曹大友，刘夏青．鼓励还是打压？——创造性角色认同对越轨创新行为的影响机制研究［J］．西南政法大学学报，2020，22（1）：139-151.

［175］ 曹霞，瞿皎姣．资源保存理论溯源、主要内容探析及启示［J］．中国人力资源开发，2014（15）：75-80.

[176] 陈超，刘新梅，段成钢．未充分就业感知对抗令创新的影响 [J]．科技进步与对策，2020，37（13）：134-140.

[177] 陈伍洋，叶茂林，陈宇帅，彭坚．下属越轨创新对主管阻抑的影响——地位威胁感和权威主义取向的作用 [J]．心理科学，2017，40（3）：670-677.

[178] 陈晓萍，徐淑英，樊景立．组织与管理研究的实证方法（第 2 版）[M]．北京：北京大学出版社，2012.

[179] 陈晓暾，陈欢，罗文春．助人行为与职业成长的倒 U 型关系：角色压力的中介作用和工作自主性的调节作用 [J]．中国人力资源开发，2020，37（4）：51-63.

[180] 陈艳虹．谦逊型领导对员工主动行为的影响机制研究 [D]．哈尔滨工业大学博士学位论文，2019.

[181] 陈艳虹，张莉，陈龙．中国文化背景下谦逊型领导的结构和测量 [J]．管理科学，2017，30（3）：14-22.

[182] 程宝良．个人声誉、建言建设性感知对建言行为的影响机制研究——感知的组织变革的调节效应 [J]．预测，2020，39（5）：68-74.

[183] 程富．CFO 特征对应计盈余质量的影响及作用机制研究 [D]．哈尔滨工业大学博士学位论文，2015.

[184] 达莫达尔·N. 古扎拉蒂，道恩·C. 波特．经济计量学精要（第 4 版）[M]．张涛，译．北京：机械工业出版社，2010.

[185] 杜鹏程，贾玉立，倪清．差错能成为创新之源吗——基于差错管理文化对员工创造力影响的跨层次分析 [J]．科技管理研究，2015，35（9）：161-166.

[186] 段锦云，杨静，朱月龙．资源保存理论：内容、理论比较及研究展望 [J]．心理研究，2020，13（1）：49-57.

[187] 顾远东，彭纪生．组织创新氛围对员工创新行为的影响：创新自我效能感的中介作用 [J]．南开管理评论，2010，13（1）：30-41.

[188] 郭萌．何以激发越轨创新——双元领导与责任知觉的作用 [J]．科技进步与对策，2020，37（9）：49-54.

［189］郭晓薇，张萌，范伟．真实影响还是主观偏差：评价源在上下级关系与绩效间的调节作用研究［J］．预测，2017，36（1）：8-14.

［190］韩翼，廖建桥，龙立荣．雇员工作绩效结构模型构建与实证研究［J］．管理科学学报，2007（5）：62-77.

［191］蒿坡．共享型领导对团队和个体产出的影响与作用机制研究［D］．华中科技大学博士学位论文，2016.

［192］侯烜方，刘蕴琦，黄蓉，李文琦．新生代员工工作价值观对越轨创新的影响机制：标新立异还是阳奉阴违［J］．科技进步与对策，2021，38（14）：143-150.

［193］黄玮，项国鹏，杜运周，刘洋．越轨创新与个体创新绩效的关系研究——地位和创造力的联合调节作用［J］．南开管理评论，2017，20（1）：143-154.

［194］贾俊生．习近平关于新发展格局的论述［J］．上海经济研究，2020（12）：14-21+112.

［195］江依．员工越轨创新行为研究综述及其展望［J］．科技管理研究，2018，38（10）：131-139.

［196］蒋天颖．员工知识学习绩效模型研究［J］．科学学研究，2009，27（10）：1551-1556.

［197］康鑫，尹净，冯志军．管理者亲社会行为对越轨创新的影响机制研究——调节焦点与工作自主性的作用［J］．技术经济，2020，39（8）：35-42+103.

［198］康勇军，彭坚．好管家的收益和代价：解密 CEO 管家行为对自身幸福感的双重影响［J］．南开管理评论，2020，23（4）：120-130.

［199］李红，刘洪．组织中的建设性越轨行为研究回顾与展望［J］．外国经济与管理，2014，36（8）：45-52.

［200］李树文，姚柱，张显春．员工越轨创新实现路径与边界：游戏动态性的触发作用［J］．科技进步与对策，2019，36（23）：147-152.

［201］李锡元，王伟叶．绩效压力对职场欺骗行为的影响机制研究［J］．商业经济与管理，2020（10）：39-51.

［202］李延喜，吴笛，肖峰雷，姚宏．声誉理论研究述评［J］．管理评论，2010，22（10）：3-11.

［203］李志成，祝养浩，占小军．创造力与职场不文明行为——基于自我损耗理论的视角［J］．当代财经，2019（9）：72-81.

［204］梁阜，郝凤鑫．学习型组织与员工创新绩效：组织制度的调节效应研究［J］．财政研究，2014（11）：31-35.

［205］凌玲，卿涛．培训能提升员工组织承诺吗——可雇佣性和期望符合度的影响［J］．南开管理评论，2013，16（3）：127-139.

［206］刘超，刘军，陈星汶，李巧，朱丽．本土组织情境下上下级匹配模型的构建与探讨［J］．中国人力资源开发，2020，37（3）：58-77.

［207］刘朝．情绪表现规则和情绪劳动对消极工作行为影响跨层次研究［D］．湖南大学博士学位论文，2013.

［208］刘镜，赵晓康，沈华礼．员工职业生涯规划有益于其创新行为吗？——持续学习和自我效能的中介作用及组织氛围的调节作用［J］．预测，2020，39（4）：53-60.

［209］刘良灿，赵龙英．跨界行为研究现状与展望［J］．科技管理研究，2019，39（17）：259-266.

［210］刘善仕．企业员工越轨行为的组织控制研究［J］．外国经济与管理，2002（7）：19-23.

［211］刘小娟，邓春平，王国锋，潘锦臻．基于角色重载与知识获取的 IT 员工跨边界活动对工作满意度的影响［J］．管理学报，2015，12（9）：1402-1412.

［212］刘颖．企业员工组织信任的内容结构及其相关问题的研究［D］．暨南大学博士学位论文，2007.

［213］刘云，石金涛．组织创新气氛与激励偏好对员工创新行为的交互效应研究［J］．管理世界，2009（10）：88-101+114+188.

［214］罗伯特·F. 德威利斯．量表编制：理论与应用［M］．魏勇刚，龙长权，宋武，译．重庆：重庆大学出版社，2004.

［215］马跃如，蒋珊珊．团队认知多样性、知识共享与团队创新绩效——基

于包容性领导的调节效应检验［J］. 湖南大学学报（社会科学版），2020，34（5）：45-51.

［216］苗仁涛，曹毅．资本整合视角下高绩效工作系统对员工创新行为的影响——一项跨层次研究［J］. 经济科学，2020（5）：72-85.

［217］施丽芳，廖飞，丁德明．个人声誉关注作为心理不确定的缓解器：程序公平——合作关系下的实证研究［J］. 管理世界，2012（12）：97-114+187-188.

［218］宋萌，胡鹤颜，王震，董玉杰．领导跨界行为对下属绩效的积极与消极效应研究［J］. 管理学报，2020，17（5）：671-679.

［219］唐汉瑛，龙立荣．员工建言促进工作绩效：谦卑领导的调节作用［J］. 管理科学，2019，32（1）：91-100.

［220］唐宁玉，张凯丽．包容性领导研究述评与展望［J］. 管理学报，2015，12（6）：932-938.

［221］田晓明，李锐．自我牺牲型领导能促进员工的前瞻行为吗？——责任感知的中介效应及其边界条件［J］. 心理学报，2015，47（12）：1472-1485.

［222］万鹏宇，邹国庆，汲海锋．精神型领导对知识型员工创新绩效的影响——知识分享和领导认同的作用［J］. 技术经济，2019，38（5）：29-37+66.

［223］王朝晖，刘嫦娥．智力资本要素内部契合对探索式创新和利用式创新的影响［J］. 科技进步与对策，2017，34（11）：6-13.

［224］王朝晖．员工资质过剩感与越轨创新——基于悖论视角的链式中介关系研究［J］. 经济经纬，2019，36（5）：128-134.

［225］王弘钰，崔智淞，李孟燃．冲突视角下新生代员工越轨创新行为的影响因素研究——独立型自我建构和组织创新氛围的调节作用［J］. 现代财经（天津财经大学学报），2018，38（7）：60-71.

［226］王弘钰，崔智淞，邹纯龙，于佳利，赵迪．忠诚还是叛逆？中国组织情境下的员工越轨创新行为［J］. 心理科学进展，2019，27（6）：975-989.

［227］王弘钰，崔智淞．中国情景下员工建设性越轨行为量表开发与验证［J］. 科技进步与对策，2018，35（15）：138-143.

［228］王弘钰，万鹏宇，夏天添．领导权变激励、员工工作旺盛感与越轨创

新行为——经验取样下的即时与延时效应［J］. 吉林大学社会科学学报，2021，61（2）：160-171+238.

［229］王弘钰，万鹏宇，张振铎．资质过剩感、证明目标导向与越轨创新：未来关注的视角［J］. 商业经济与管理，2020（2）：45-55.

［230］王弘钰，万鹏宇．效能视角下共享型领导、越轨创新对创新绩效的影响［J］. 现代财经（天津财经大学学报），2020，40（1）：84-97.

［231］王弘钰，于佳利．组织创新氛围对越轨创新行为的影响机制研究［J］. 软科学，2019，33（2）：126-129.

［232］王弘钰，邹纯龙，崔智淞．差序式领导对员工越轨创新行为的影响：一个有调节的中介模型［J］. 科技进步与对策，2018，35（9）：131-137.

［233］王弘钰，邹纯龙．变革型领导对员工越轨创新的影响—— 一个有调节的中介模型［J］. 科技管理研究，2019，39（2）：165-171.

［234］王弘钰，邹纯龙．上下级关系对员工越轨创新的影响机制研究［J］. 华东经济管理，2019，33（4）：37-43.

［235］王弘钰，邹纯龙．新时代背景下新生代员工越轨创新行为分析［J］. 管理现代化，2018，38（4）：93-96.

［236］王辉，彭倩．共享领导对员工创造力的“双刃剑”效应——心理安全感和角色压力的作用［J］. 财经理论与实践，2020，41（2）：138-144.

［237］王静，骆南峰，石伟，李祯．施助的代价：助人行为的负面影响及其潜在机制［J］. 中国人力资源开发，2019，36（7）：67-93.

［238］王良燕，韩冰，叶子．基于自我建构的社会规范中西差异化研究［J］. 系统管理学报，2016，25（3）：395-404.

［239］王鹏．知识型员工知识隐藏行为形成机理研究［D］. 大连理工大学博士学位论文，2019.

［240］王新刚，黄静．企业家社会责任行为偏离对品牌形象的影响［J］. 软科学，2014，28（5）：66-69.

［241］王艳子，张婷．建设性越轨行为对个体创新绩效的双刃剑影响效应［J］. 当代经济管理，2020，42（12）：73-78.

［242］王雁飞，孙楠．个人—环境匹配理论与相关研究新进展［J］. 科技管

理研究，2013，33（8）：139-147.

［243］王耀光．比较管理的范式研究［D］．首都经济贸易大学博士学位论文，2014.

［244］温忠麟，叶宝娟．中介效应分析：方法和模型发展［J］．心理科学进展，2014a，22（5）：731-745.

［245］温忠麟，叶宝娟．有调节的中介模型检验方法：竞争还是替补？［J］．心理学报，2014b，46（5）：714-726.

［246］翁清雄，胡啸天，陈银龄．职业妥协研究：量表开发及对职业承诺与工作倦怠的预测作用［J］．管理世界，2018，34（4）：113-126+175+188.

［247］吴明隆．结构方程模型：AMOS的操作与应用［M］．重庆：重庆大学出版社，2010.

［248］吴士健，杜梦贞，周忠宝．和合文化情境下包容性领导如何影响员工越轨创新行为［J］．科技进步与对策，2020，37（17）：142-151.

［249］吴士健，杜梦贞．真实型领导对员工建设性越轨行为的影响：一个链式中介效应模型［J］．软科学，2021，35（3）：101-107.

［250］吴颖宣，程学生，杨睿，施建军．抗令创新与团队创新绩效关系研究——建言行为和工作自主性的调节作用［J］．科学学与科学技术管理，2018，39（12）：142-155.

［251］吴玉明，潘诚，周银珍．谦卑型领导与越轨创新行为——上下级关系与心理特权的链式中介模型［J］．软科学，2020，34（4）：140-144.

［252］夏福斌．"行高人非"：旁观者不道德侵害"好公民"的原因及其机制探析［J］．管理评论，2020，32（1）：187-196.

［253］肖志明．"将在外，君命有所不受"——远程岗位真的有利于员工越轨创新行为吗？［J］．外国经济与管理，2020，42（4）：36-47.

［254］谢科范，彭华涛．创业企业社会网络构建的试错机理分析［J］．预测，2005（2）：34-37.

［255］徐磊．跨界行为、团队信任与创新绩效：资源损耗的调节作用［J］．科技进步与对策，2019，36（6）：11-18.

［256］徐淑英，刘贵明．中国企业管理的前沿研究［M］．北京：北京大学

出版社，2004：398-421.

［257］杨刚，宋建敏，纪谱华．员工创造力与越轨创新：心理特权和道德推脱视角［J］．科技进步与对策，2019，36（7）：115-122.

［258］杨剑钊，李晓娣．前摄型人格对越轨创新绩效作用路径研究——创新催化的中介作用及变革型领导行为的调节作用［J］．预测，2019，38（4）：17-23.

［259］杨杰，凌文辁，方俐洛．工作场所中越轨行为的定义、特性与分类体系解析［J］．心理科学进展，2004（3）：472-479.

［260］杨洁，张露，黄勇．互联网企业玩兴氛围对创新行为的跨层次作用机制［J］．心理科学进展，2020，28（4）：523-534.

［261］杨静，王重鸣．基于多水平视角的女性创业型领导对员工个体主动性的影响过程机制：LMX 的中介作用［J］．经济与管理评论，2016，32（1）：63-71.

［262］杨术．威权领导、员工沉默行为与员工绩效关系研究［D］．吉林大学博士学位论文，2016.

［263］杨新国，万鹏宇．战略共识对制造业一线销售离职倾向的影响［J］．湖南财政经济学院学报，2017，33（4）：105-111.

［264］姚明晖，李元旭．包容性领导对员工创新行为作用机制研究［J］．科技进步与对策，2014，31（10）：6-9.

［265］易明，罗瑾琏，王圣慧，钟竞．时间压力会导致员工沉默吗——基于 SEM 与 fsQCA 的研究［J］．南开管理评论，2018，21（1）：203-215.

［266］于洪彦，刘容，郑道武．基于价值共创理论的互动导向量表开发［J］．营销科学学报，2017，13（3）：1-24.

［267］詹姆斯·马奇，赫伯特·西蒙．组织［M］．邵冲，译．北京：机械工业出版社，2008.

［268］詹小慧，苏晓艳．建言者个人声誉对领导纳言的影响：权力距离的跨层次调节作用［J］．科学学与科学技术管理，2019，40（8）：126-140.

［269］张光磊，董悦，李铭泽，杨依蓝．政府联系对员工绩效的跨层次影响研究［J］．中国人力资源开发，2020，37（6）：105-120.

[270] 张弘，刘士平．变革型领导、员工责任感与越轨创新行为［J］．西南政法大学学报，2020，22（2）：140-151.

[271] 张凯丽，唐宁玉．组织中的诚实行为——员工差错承认的前因与结果探究［J］．南开管理评论，2016，19（6）：36-48.

[272] 张兴贵，罗中正，严标宾．个人—环境（组织）匹配视角的员工幸福感［J］．心理科学进展，2012，20（6）：935-943.

[273] 张亚军，张军伟，崔利刚，刘汕．组织政治知觉对员工绩效的影响：自我损耗理论的视角［J］．管理评论，2018，30（1）：78-88.

[274] 张燕，陈维政．工作场所偏离行为研究中自我报告法应用探讨［J］．科研管理，2012，33（11）：76-83.

[275] 赵斌，古睿，李瑶．员工越轨创新成功的情境化研究［J］．科学学研究，2019，37（11）：2102-2112.

[276] 赵斌，古睿，宇卫昕．员工越轨创新行为与创新绩效关系机理研究［J］．科技进步与对策，2020，37（21）：144-151.

[277] 赵慧军，王娟娟．中国情境的工作强化研究：结构探索与量表开发［J］．经济管理，2019，41（5）：192-208.

[278] 赵乐，乐嘉昂，王雷．领导调节聚焦行为对越轨创新的影响——创新资源结构性紧张和创造力的联合调节作用［J］．预测，2019，38（1）：1-7.

[279] 赵茜，赵东方，李冰洁，吕蕾．量表的选项顺序效应及其影响因素分析——以教育领域的李克特量表为例［J］．中国考试，2020（4）：22-27.

[280] 赵燕梅，张正堂．服务型领导在组织创新氛围影响员工创新行为动力机制中的调节效应［J］．华南师范大学学报（社会科学版），2020（6）：127-141+191-192.

[281] 钟竞，邓婕，罗瑾琏．包容型领导对团队绩效及员工创新绩效的影响——有调节的中介模型［J］．科学学与科学技术管理，2018，39（9）：137-148.

[282] 钟熙，付晔，王甜．包容性领导、内部人身份认知与员工知识共享——组织创新氛围的调节作用［J］．研究与发展管理，2019，31（3）：109-120.

［283］仲理峰，孟杰，高蕾．道德领导对员工创新绩效的影响：社会交换的中介作用和权力距离取向的调节作用［J］．管理世界，2019，35（5）：149-160.

［284］周春城．权变奖励领导对员工及团队绩效的影响机制研究［D］．中国科学技术大学博士学位论文，2019.

［285］周洁，张建卫，李海红，宣星宇．差错是创新之源吗？——双元视角下组织差错管理氛围对国防研发人员创新能力的作用机制［J］．预测，2020，39（6）：1-9.

［286］周维国．中学生地球科学素养测评研究［D］．华东师范大学博士学位论文，2020.

［287］周文霞，谢宝国，辛迅，白光林，苗仁涛．人力资本、社会资本和心理资本影响中国员工职业成功的元分析［J］．心理学报，2015，47（2）：251-263.

［288］周星，程坦．领导容错行为能否提高员工的积极性？——一项跨层次研究［J］．经济管理，2020，42（1）：109-124.

［289］诸彦含，赵玉兰，周意勇，吴江．组织中的韧性：基于心理路径和系统路径的保护性资源建构［J］．心理科学进展，2019，27（2）：357-369.

［290］邹纯龙．员工越轨创新行为的结构测量、形成机制及作用效果［D］．吉林大学博士学位论文，2020.

附录1　访谈提纲

尊敬的企业成员：

您好！我们是人力资源调查课题组。本文件是关于您和您所在企业的访谈提纲，您的回答将会被记录并做保密，仅用于研究。

感谢您的支持与配合！

一、访谈目的

员工的越轨创新行为目前被定义为员工坚信自己的创意会为组织或组织成员带来预期利好，主动违背角色规范、人际规范或制度规范其中一项或多项重要群体参照规范的创新行为。

二、核心问题

（1）您认为什么样的创新行为可以称之为越轨创新行为？或者越轨创新行为的判定标准是什么？

（2）您如何理解越轨创新行为？您如何理解组织中的规范？

（3）您如何理解角色型越轨创新行为、人际型越轨创新行为和组织型越轨创新行为？它们之间的联系和区别又是什么？

（4）您及您身边是否有人曾经或正在从事越轨创新行为，请您描述？

三、辅助问题

（1）您认为越轨创新行为和员工创新绩效是什么样的关系？

（2）您认为什么情境影响了越轨创新行为的成功或失败？

（3）您认为越轨创新行为会对员工自身产生哪些影响？

四、人口学信息

性别：

学历：

年龄：

岗位：

行业：

企业性质：

所在地：

附录2　第三章调查问卷

尊敬的员工：

您好！我们是企业管理调查课题组。以下调查是我们课题研究的一部分，请您匿名作答，答案无对错之分，仅需反映您的实际现状，请您根据真实体验，在每个题项对应的数字上打“√”或画“○”，结果仅用于学术研究，请您放心作答！

感谢您的支持与配合！

题　项	非常不符合	不符合	有些不符合	不确定	有些符合	符合	非常符合
我正在开展一些子项目，这帮助我接触一些新的领域	1	2	3	4	5	6	7
我乐于探索有助于工作任务的新知识领域	1	2	3	4	5	6	7
我会在工作中大胆尝试效率更高的新流程，不拘泥于现有流程	1	2	3	4	5	6	7
我会即兴地对工作任务的具体开展方式进行创新设计	1	2	3	4	5	6	7
我不满足于当前工作，追求任务挑战与创新	1	2	3	4	5	6	7
我有一定的时间和权力在任务之外自由创新和探索	1	2	3	4	5	6	7
虽然没有得到领导的认可，但我仍在继续改良并提升被否想法或方案的创新度	1	2	3	4	5	6	7
虽然领导已经明确要求我停止研发某些项目，但我仍在继续从事这些项目	1	2	3	4	5	6	7
我努力完善那些已被资深员工或非正式领袖否决的想法	1	2	3	4	5	6	7

续表

题项	非常不符合	不符合	有些不符合	不确定	有些符合	符合	非常符合
虽然某些想法已经被团队或团队中的多数群体否决，但我仍在改良它们	1	2	3	4	5	6	7
即使和多数团队成员观点不同，我也会将某些新颖想法实现并证明自己	1	2	3	4	5	6	7
为了创新性地解决工作难题，有时我会不按组织规定流程办事	1	2	3	4	5	6	7
为了更好地完成工作，有时我会打破既定的组织规范	1	2	3	4	5	6	7
我敢于打破潜规则，创造性地开展工作	1	2	3	4	5	6	7
为了用新方法解决组织中的问题，我会打破传统常识或惯例	1	2	3	4	5	6	7
我偶尔会对寻求帮助的人生气	1	2	3	4	5	6	7
不按照我的方法做事，我会生气	1	2	3	4	5	6	7
我偶尔会嫉妒他人的好运	1	2	3	4	5	6	7
我不会特别厌恶某个人	1	2	3	4	5	6	7
我对任何人都有礼貌	1	2	3	4	5	6	7
我愿意反抗权威，无论对错	1	2	3	4	5	6	7
我可以决定如何安排我的工作	1	2	3	4	5	6	7
我可以决定工作中事情的完成顺序	1	2	3	4	5	6	7
我可以计划如何工作	1	2	3	4	5	6	7
这份工作能让我发挥自己的主动性和判断力	1	2	3	4	5	6	7
这份工作让我可以自己做很多决定	1	2	3	4	5	6	7
这份工作给我很大的自主权来做决定	1	2	3	4	5	6	7
我可以决定用什么方法完成工作	1	2	3	4	5	6	7
这份工作给了我独立和自由的工作机会	1	2	3	4	5	6	7
我自主决定如何开展工作	1	2	3	4	5	6	7
在工作单位，我可以表达我的真实感情	1	2	3	4	5	6	7
在工作单位，我可以自由表达思想	1	2	3	4	5	6	7
在工作单位，表达真实感情是受欢迎的	1	2	3	4	5	6	7
在工作单位，即使我持不同意见，也没人挑我的毛病	1	2	3	4	5	6	7
在工作单位，我担心表达真实想法会给自己带来麻烦	1	2	3	4	5	6	7

基本信息：

性别：

□男　□女

年龄：

□25 岁及以下　□26~35 岁　□36~45 岁　□46~55 岁　□56 岁及以上

受教育程度：

□大专及以下　□本科　□硕士　□博士

工作年限：

□5 年及以下　□6~10 年　□11~15 年　□16~20 年　□21 年及以上

职位：

□基层员工　□基层管理　□中层管理　□高层管理

您每周大约花费多少小时用于开展越轨创新行为：＿＿＿＿＿＿＿＿＿＿

编号：＿＿＿＿＿＿＿＿

附录3　第四章预调查

尊敬的员工：

您好！我们是企业管理调查课题组。以下调查是我们课题研究的一部分，请您匿名作答，答案无对错之分，仅需反映您的实际现状，请您根据真实体验，在每个题项对应的数字上打“√”或画“○”，结果仅用于学术研究，请您放心作答！

感谢您的支持与配合！

题　项	非常不符合	不符合	有些不符合	不确定	有些符合	符合	非常符合
我正在开展一些子项目，这帮助我接触一些新的领域	1	2	3	4	5	6	7
我乐于探索有助于工作任务的新知识领域	1	2	3	4	5	6	7
我会即兴地对工作任务的具体开展方式进行创新设计	1	2	3	4	5	6	7
我有一定的时间和权力在任务之外自由创新和探索	1	2	3	4	5	6	7
虽然没有得到领导的认可，但我仍在继续改良并提升被否想法或方案的创新度	1	2	3	4	5	6	7
虽然领导已经明确要求我停止研发某些项目，但我仍在继续从事这些项目	1	2	3	4	5	6	7
我努力完善那些已被资深员工或非正式领袖否决的想法	1	2	3	4	5	6	7
虽然某些想法已经被团队或团队中的多数群体否决，但我仍在改良它们	1	2	3	4	5	6	7
为了创新性地解决工作难题，有时我会不按组织规定流程办事	1	2	3	4	5	6	7

续表

题项	非常不符合	不符合	有些不符合	不确定	有些符合	符合	非常符合
为了更好地完成工作，有时我会打破既定的组织规范	1	2	3	4	5	6	7
我敢于打破潜规则，创造性地开展工作	1	2	3	4	5	6	7
为了用新方法解决组织中的问题，我会打破传统常识或惯例	1	2	3	4	5	6	7
单位同事会互相支持、互相帮助	1	2	3	4	5	6	7
单位同事乐于分享交流工作方法和技术	1	2	3	4	5	6	7
单位同事共同探讨和解决问题	1	2	3	4	5	6	7
单位同事乐于对我的新想法提供意见或建议	1	2	3	4	5	6	7
主管难以接受下级的异议或不同看法	1	2	3	4	5	6	7
我的主管鼓励下属改进生产或服务	1	2	3	4	5	6	7
主管推动下属工作创意的实施	1	2	3	4	5	6	7
我的主管是一个优秀的创新榜样	1	2	3	4	5	6	7
企业鼓励员工创新尝试，从错误中学习	1	2	3	4	5	6	7
企业欣赏并认可有创新精神的员工	1	2	3	4	5	6	7
企业通常奖励员工的创意构想	1	2	3	4	5	6	7
企业崇尚自由开放与创新变革	1	2	3	4	5	6	7
当我做得比一般人好时，我的领导会表扬我	1	2	3	4	5	6	7
当我的工作做得好时，领导会给予我特别的认可	1	2	3	4	5	6	7
当我表现出色时，领导总会给予我积极的反馈	1	2	3	4	5	6	7
对我的良好表现，领导经常视若无睹	1	2	3	4	5	6	7
当下属无意犯错时，我的上级会容忍下属的过错	1	2	3	4	5	6	7
我的上级会原谅下属出现的差错	1	2	3	4	5	6	7
我的上级会接受下属提出的反对意见	1	2	3	4	5	6	7
我的上级会接受下属的批评意见并加以改进	1	2	3	4	5	6	7
通过新想法改善现状	1	2	3	4	5	6	7
主动支持具有创新性的思想	1	2	3	4	5	6	7
通过学习掌握新方法和新技能	1	2	3	4	5	6	7

续表

题项	非常不符合	不符合	有些不符合	不确定	有些符合	符合	非常符合
领导夸奖我的创意	1	2	3	4	5	6	7
使创新想法具备使用价值	1	2	3	4	5	6	7
面对问题能提出创造性解决方案	1	2	3	4	5	6	7
用系统的方法介绍创新性的思想	1	2	3	4	5	6	7
推动企业成员重视思维创新	1	2	3	4	5	6	7
我偶尔会对寻求帮助的人生气	1	2	3	4	5	6	7
不按照我的方法做事，我会生气	1	2	3	4	5	6	7
我偶尔会嫉妒他人的好运	1	2	3	4	5	6	7
我不会特别厌恶某个人	1	2	3	4	5	6	7
我对任何人都有礼貌	1	2	3	4	5	6	7
我愿意反抗权威，无论对错	1	2	3	4	5	6	7

基本信息：

性别：

□男　□女

年龄：

□25 岁及以下　□26~30 岁　□31~35 岁　□36~40 岁　□41 岁及以上

受教育程度：

□大专及以下　□本科　□硕士　□博士

工作年限：

□5 年及以下　□6~10 年　□11~15 年　□16 年及以上

行业：

□通信 IT　□生物医药　□机械制造　□化工材料

编号：________________

附录4　第四章正式调查（时间点1）

尊敬的员工：

您好！我们是企业管理调查课题组。以下调查是我们课题研究的一部分，请您匿名作答，答案无对错之分，仅需反映您的实际现状，请您根据真实体验，在每个题项对应的数字上打“√”或画“○”，结果仅用于学术研究，请您放心作答！

感谢您的支持与配合！

题　项	非常不符合	不符合	有些不符合	不确定	有些符合	符合	非常符合
我正在开展一些子项目，这帮助我接触一些新的领域	1	2	3	4	5	6	7
我乐于探索有助于工作任务的新知识领域	1	2	3	4	5	6	7
我会即兴地对工作任务的具体开展方式进行创新设计	1	2	3	4	5	6	7
我有一定的时间和权力在任务之外自由创新和探索	1	2	3	4	5	6	7
虽然没有得到领导的认可，但我仍在继续改良并提升被否想法或方案的创新度	1	2	3	4	5	6	7
虽然领导已经明确要求我停止研发某些项目，但我仍在继续从事这些项目	1	2	3	4	5	6	7
我努力完善那些已被资深员工或非正式领袖否决的想法	1	2	3	4	5	6	7
虽然某些想法已经被团队或团队中的多数群体否决，但我仍在改良它们	1	2	3	4	5	6	7
为了创新性地解决工作难题，有时我会不按组织规定流程办事	1	2	3	4	5	6	7

续表

题　项	非常不符合	不符合	有些不符合	不确定	有些符合	符合	非常符合
为了更好地完成工作，有时我会打破既定的组织规范	1	2	3	4	5	6	7
我敢于打破潜规则，创造性地开展工作	1	2	3	4	5	6	7
为了用新方法解决组织中的问题，我会打破传统常识或惯例	1	2	3	4	5	6	7
单位同事乐于分享交流工作方法和技术	1	2	3	4	5	6	7
单位同事共同探讨和解决问题	1	2	3	4	5	6	7
单位同事乐于对我的新想法提供意见或建议	1	2	3	4	5	6	7
我的主管鼓励下属改进生产或服务	1	2	3	4	5	6	7
主管推动下属工作创意的实施	1	2	3	4	5	6	7
我的主管是一个优秀的创新榜样	1	2	3	4	5	6	7
企业鼓励员工创新尝试，从错误中学习	1	2	3	4	5	6	7
企业欣赏并认可有创新精神的员工	1	2	3	4	5	6	7
企业通常奖励员工的创意构想	1	2	3	4	5	6	7
企业崇尚自由开放与创新变革	1	2	3	4	5	6	7
当我做得比一般人好时，我的领导会表扬我	1	2	3	4	5	6	7
当我的工作做得好时，领导会给予我特别的认可	1	2	3	4	5	6	7
当我表现出色时，领导总会给予我积极的反馈	1	2	3	4	5	6	7
对我的良好表现，领导经常视若无睹	1	2	3	4	5	6	7
当下属无意犯错时，我的上级会容忍下属的过错	1	2	3	4	5	6	7
我的上级会原谅下属出现的差错	1	2	3	4	5	6	7
我的上级会接受下属提出的反对意见	1	2	3	4	5	6	7
我的上级会接受下属的批评意见并加以改进	1	2	3	4	5	6	7
我有时会想骂人	1	2	3	4	5	6	7
有时我也说假话	1	2	3	4	5	6	7
有时我将今天该做的事拖到明天去做	1	2	3	4	5	6	7
有时我也会说别人的闲话	1	2	3	4	5	6	7

基本信息：

性别：

□男　□女

年龄：

□25 岁及以下　□26~30 岁　□31~35 岁　□36~40 岁　□41 岁及以上

受教育程度：

□大专及以下　□本科　□硕士　□博士

工作年限：

□5 年及以下　□6~10 年　□11~15 年　□16 年及以上

行业：

□通信 IT　□生物医药　□机械制造　□化工材料

编号：＿＿＿＿＿＿＿＿＿＿

附录5　第四章正式调查（时间点2）

尊敬的员工：

您好！我们是企业管理调查课题组。以下调查是我们课题研究的一部分，请您匿名作答，答案无对错之分，仅需反映您的实际现状，请您根据真实体验，在每个题项对应的数字上打“√”或画“○”，结果仅用于学术研究，请您放心作答！

感谢您的支持与配合！

题　项	非常不符合	不符合	有些不符合	不确定	有些符合	符合	非常符合
通过新想法改善现状	1	2	3	4	5	6	7
通过学习掌握新方法和新技能	1	2	3	4	5	6	7
领导夸奖我的创意	1	2	3	4	5	6	7
使创新想法具备使用价值	1	2	3	4	5	6	7
面对问题能提出创造性解决方案	1	2	3	4	5	6	7
用系统的方法介绍创新性的思想	1	2	3	4	5	6	7
我有时会想骂人	1	2	3	4	5	6	7
有时我也说假话	1	2	3	4	5	6	7
有时我将今天该做的事拖到明天去做	1	2	3	4	5	6	7
有时我也会说别人的闲话	1	2	3	4	5	6	7

基本信息：

性别：

□男 □女

年龄：

□25岁及以下 □26~30岁 □31~35岁 □36~40岁 □41岁及以上

受教育程度：

□大专及以下 □本科 □硕士 □博士

工作年限：

□5年及以下 □6~10年 □11~15年 □16年及以上

行业：

□通信IT □生物医药 □机械制造 □化工材料

编号：____________________

附录6　第五章预调查

尊敬的员工：

您好！我们是企业管理调查课题组。以下调查是我们课题研究的一部分，请您匿名作答，答案无对错之分，仅需反映您的实际现状，请您根据真实体验，在每个题项对应的数字上打“√”或画“○”，结果仅用于学术研究，请您放心作答！

感谢您的支持与配合！

题　项	非常不符合	不符合	有些不符合	不确定	有些符合	符合	非常符合
我正在开展一些子项目，这帮助我接触一些新的领域	1	2	3	4	5	6	7
我乐于探索有助于工作任务的新知识领域	1	2	3	4	5	6	7
我会即兴地对工作任务的具体开展方式进行创新设计	1	2	3	4	5	6	7
我有一定的时间和权力在任务之外自由创新和探索	1	2	3	4	5	6	7
虽然没有得到领导的认可，但我仍在继续改良并提升被否想法或方案的创新度	1	2	3	4	5	6	7
虽然领导已经明确要求我停止研发某些项目，但我仍在继续从事这些项目	1	2	3	4	5	6	7
我努力完善那些已被资深员工或非正式领袖否决的想法	1	2	3	4	5	6	7
虽然某些想法已经被团队或团队中的多数群体否决，但我仍在改良它们	1	2	3	4	5	6	7
为了创新性地解决工作难题，有时我会不按组织规定流程办事	1	2	3	4	5	6	7

续表

题 项	非常不符合	不符合	有些不符合	不确定	有些符合	符合	非常符合
为了更好地完成工作，有时我会打破既定的组织规范	1	2	3	4	5	6	7
我敢于打破潜规则，创造性地开展工作	1	2	3	4	5	6	7
为了用新方法解决组织中的问题，我会打破传统常识或惯例	1	2	3	4	5	6	7
我最近学到了新的技术专长	1	2	3	4	5	6	7
我迅速完善自身缺乏的工作知识	1	2	3	4	5	6	7
我及时发现工作过程中出现的错误	1	2	3	4	5	6	7
我不断积累供未来使用的独特资源	1	2	3	4	5	6	7
我主动开发用于新业务的新资源	1	2	3	4	5	6	7
我利用新获取的资源去开发新产品或提供新的服务	1	2	3	4	5	6	7
我感觉筋疲力尽	1	2	3	4	5	6	7
我感觉我的注意力难以集中	1	2	3	4	5	6	7
我需要付出大量努力才能集中精力在某件事情上	1	2	3	4	5	6	7
我感到精力不足	1	2	3	4	5	6	7
我感觉我的意志力消失了	1	2	3	4	5	6	7
人们把我当作工作中的重要信息来源	1	2	3	4	5	6	7
我很受别人的尊重	1	2	3	4	5	6	7
人们知道我只会产生高质量的结果	1	2	3	4	5	6	7
我在工作中受到同事的尊敬	1	2	3	4	5	6	7
我的同事都信任我	1	2	3	4	5	6	7
如果同事想把工作做得更好，他们会向我寻求帮助	1	2	3	4	5	6	7
别人认为我是做事有板有眼的人	1	2	3	4	5	6	7
我因为一贯的突出业绩而拥有良好声誉	1	2	3	4	5	6	7
人们期望我一直用良好表现来证明自己	1	2	3	4	5	6	7
我的名声很好	1	2	3	4	5	6	7
人们都指望我能一直保持较高绩效水平	1	2	3	4	5	6	7
我的同事认为我是一个非常正直的人	1	2	3	4	5	6	7

续表

题项	非常不符合	不符合	有些不符合	不确定	有些符合	符合	非常符合
在工作中遇到挫折时，我很难从中恢复过来	1	2	3	4	5	6	7
我直面工作中的问题	1	2	3	4	5	6	7
如果不得不去做某项工作，我也能独立应战	1	2	3	4	5	6	7
对于工作中的压力，我通常能泰然处之	1	2	3	4	5	6	7
过去战胜困难的经历帮助我克服工作中的难题	1	2	3	4	5	6	7
在我目前的工作中，我感觉自己能同时处理很多事情	1	2	3	4	5	6	7
通过新想法改善现状	1	2	3	4	5	6	7
主动支持具有创新性的思想	1	2	3	4	5	6	7
通过学习掌握新方法和新技能	1	2	3	4	5	6	7
领导夸奖我的创意	1	2	3	4	5	6	7
使创新想法具备使用价值	1	2	3	4	5	6	7
面对问题能提出创造性解决方案	1	2	3	4	5	6	7
用系统的方法介绍创新性的思想	1	2	3	4	5	6	7
推动企业成员重视思维创新	1	2	3	4	5	6	7
我偶尔会对寻求帮助的人生气	1	2	3	4	5	6	7
不按照我的方法做事，我会生气	1	2	3	4	5	6	7
我偶尔会嫉妒他人的好运	1	2	3	4	5	6	7
我不会特别厌恶某个人	1	2	3	4	5	6	7
我对任何人都有礼貌	1	2	3	4	5	6	7
我愿意反抗权威，无论对错	1	2	3	4	5	6	7

基本信息：

性别：

□男　□女

年龄：

□25 岁及以下　□26~30 岁　□31~35 岁　□36~40 岁　□41 岁及以上

受教育程度：

□大专及以下　□本科　□硕士　□博士

工作年限：

□5 年及以下　□6~10 年　□11~15 年　□16 年及以上

行业：

□通信 IT　□生物医药　□机械制造　□化工材料

编号：____________________

附录7　第五章正式调查（时间点1）

尊敬的员工：

您好！我们是企业管理调查课题组。以下调查是我们课题研究的一部分，请您匿名作答，答案无对错之分，仅需反映您的实际现状，请您根据真实体验，在每个题项对应的数字上打“√”或画“○”，结果仅用于学术研究，请您放心作答！

感谢您的支持与配合！

题　项	非常不符合	不符合	有些不符合	不确定	有些符合	符合	非常符合
我正在开展一些子项目，这帮助我接触一些新的领域	1	2	3	4	5	6	7
我乐于探索有助于工作任务的新知识领域	1	2	3	4	5	6	7
我会即兴地对工作任务的具体开展方式进行创新设计	1	2	3	4	5	6	7
我有一定的时间和权力在任务之外自由创新和探索	1	2	3	4	5	6	7
虽然没有得到领导的认可，但我仍在继续改良并提升被否想法或方案的创新度	1	2	3	4	5	6	7
虽然领导已经明确要求我停止研发某些项目，但我仍在继续从事这些项目	1	2	3	4	5	6	7
我努力完善那些已被资深员工或非正式领袖否决的想法	1	2	3	4	5	6	7
虽然某些想法已经被团队或团队中的多数群体否决，但我仍在改良它们	1	2	3	4	5	6	7

续表

题　项	非常不符合	不符合	有些不符合	不确定	有些符合	符合	非常符合
为了创新性地解决工作难题，有时我会不按组织规定流程办事	1	2	3	4	5	6	7
为了更好地完成工作，有时我会打破既定的组织规范	1	2	3	4	5	6	7
我敢于打破潜规则，创造性地开展工作	1	2	3	4	5	6	7
为了用新方法解决组织中的问题，我会打破传统常识或惯例	1	2	3	4	5	6	7
人们把我当作工作中的重要信息来源	1	2	3	4	5	6	7
我很受别人的尊重	1	2	3	4	5	6	7
我在工作中受到同事的尊敬	1	2	3	4	5	6	7
我的同事都信任我	1	2	3	4	5	6	7
如果同事想把工作做得更好，他们会向我寻求帮助	1	2	3	4	5	6	7
别人认为我是做事有板有眼的人	1	2	3	4	5	6	7
我因为一贯的突出业绩而拥有良好声誉	1	2	3	4	5	6	7
我的名声很好	1	2	3	4	5	6	7
我的同事认为我是一个非常正直的人	1	2	3	4	5	6	7
在工作中遇到挫折时，我很难从中恢复过来	1	2	3	4	5	6	7
我直面工作中的问题	1	2	3	4	5	6	7
如果不得不去做某项工作，我也能独立应战	1	2	3	4	5	6	7
对于工作中的压力，我通常能泰然处之	1	2	3	4	5	6	7
过去战胜困难的经历帮助我克服工作中的难题	1	2	3	4	5	6	7
在我目前的工作中，我感觉自己能同时处理很多事情	1	2	3	4	5	6	7
我有时会想骂人	1	2	3	4	5	6	7
有时我也说假话	1	2	3	4	5	6	7
有时我将今天该做的事拖到明天去做	1	2	3	4	5	6	7
有时我也会说别人的闲话	1	2	3	4	5	6	7

基本信息：

性别：

□男　□女

年龄：

□25 岁及以下　□26~30 岁　□31~35 岁　□36~40 岁　□41 岁及以上

受教育程度：

□大专及以下　□本科　□硕士　□博士

工作年限：

□5 年及以下　□6~10 年　□11~15 年　□16 年及以上

行业：

□通信 IT　□生物医药　□机械制造　□化工材料

编号：____________________

附录 8　第五章正式调查（时间点 2）

尊敬的员工：

您好！我们是企业管理调查课题组。以下调查是我们课题研究的一部分，请您匿名作答，答案无对错之分，仅需反映您的实际现状，请您根据真实体验，在每个题项对应的数字上打“√”或画“○”，结果仅用于学术研究，请您放心作答！

感谢您的支持与配合！

题项	非常不符合	不符合	有些不符合	不确定	有些符合	符合	非常符合
我最近学到了新的技术专长	1	2	3	4	5	6	7
我迅速完善自身缺乏的工作知识	1	2	3	4	5	6	7
我不断积累供未来使用的独特资源	1	2	3	4	5	6	7
我主动开发用于新业务的新资源	1	2	3	4	5	6	7
我利用新获取的资源去开发新产品或提供新的服务	1	2	3	4	5	6	7
我感觉筋疲力尽	1	2	3	4	5	6	7
我感觉我的注意力难以集中	1	2	3	4	5	6	7
我需要付出大量努力才能集中精力在某件事情上	1	2	3	4	5	6	7
我感到精力不足	1	2	3	4	5	6	7
我感觉我的意志力消失了	1	2	3	4	5	6	7

续表

题项	非常不符合	不符合	有些不符合	不确定	有些符合	符合	非常符合
通过新想法改善现状	1	2	3	4	5	6	7
通过学习掌握新方法和新技能	1	2	3	4	5	6	7
领导夸奖我的创意	1	2	3	4	5	6	7
使创新想法具备使用价值	1	2	3	4	5	6	7
面对问题能提出创造性解决方案	1	2	3	4	5	6	7
用系统的方法介绍创新性的思想	1	2	3	4	5	6	7
我有时会想骂人	1	2	3	4	5	6	7
有时我也说假话	1	2	3	4	5	6	7
有时我将今天该做的事拖到明天去做	1	2	3	4	5	6	7
有时我也会说别人的闲话	1	2	3	4	5	6	7

基本信息：

性别：

□男　□女

年龄：

□25 岁及以下　□26~30 岁　□31~35 岁　□36~40 岁　□41 岁及以上

受教育程度：

□大专及以下　□本科　□硕士　□博士

工作年限：

□5 年及以下　□6~10 年　□11~15 年　□16 年及以上

行业：

□通信 IT　□生物医药　□机械制造　□化工材料

编号：____________________